BIBLIOTHÈQUE CONTEMPORAINE
1re Série

ALEXANDRE DUMAS
OEUVRES COMPLÈTES

LE COLLIER
DE
LA REINE

II

PARIS
MICHEL LÉVY FRÈRES, LIBRAIRES-ÉDITEURS
RUE VIVIENNE, 2 BIS.
1853

ŒUVRES COMPLÈTES
D'ALEXANDRE DUMAS

CHEZ LES MÊMES ÉDITEURS.

BIBLIOTHÈQUE CONTEMPORAINE.

FORMAT IN-18 ANGLAIS.

Ire SÉRIE A 2 FRANCS LE VOL

		vol.
ALEX. DUMAS.	Le Vicomte de Bragelonne	6
—	Mém. d'un Médecin	5
—	Les Quarante-Cinq.	3
—	Le Comte de Monte-Cristo	6
—	Le Capitaine Paul.	1
—	Chev. d'Armental.	2
—	Trois Mousquetaires	2
—	Vingt ans après	3
—	La Reine Margot.	2
—	La Dame de Monsoreau	3
—	Jacques Ortis	1
—	Le Chev. de Maison Rouge	1
—	Georges	1
—	Fernande	1
—	Pauline et Pascal Bruno	1
—	Souvenirs d'Antony	1
—	Sylvandire	1
—	Le Maître d'armes.	1
—	Fille du Régent.	1
—	Guerre des femmes.	2
—	Isabel de Bavière.	2
—	Amaury	1
—	Cécile	1
—	Les Frères Corses.	1
—	Impress. de Voyage.	
—	— Suisse.	3
—	— Le Corricolo	2
—	— Midi de la France	2
—	Collier de la Reine.	3
GEORGE SAND.	La Petite Fadette.	1
E. DE GIRARDIN.	Études politiques..	1
—	Quest. administ. et financières	1
—	Le Pour et le Contre	1
—	Bon sens, bonne foi	1
—	Le Droit au travail au Luxembourg et à l'Assemblée nationale	2
EM. SOUVESTRE..	Un Philosophe sous les toits	1
—	Confes. d'un ouvrier	1
—	Derniers paysans..	2
—	Chron. de la mer.	1
—	Scènes de la Chouannerie	1
—	Dans la prairie	1
—	Les Clairières	1
—	Scènes de la vie intime	1
—	Le Foyer breton	2
—	Sous les filets	1
—	En Quarantaine	1
—	Histoires d'autrefois	1
—	Nouv. et romans (s. presse)	1
—	Derniers Bretons	
PAUL FÉVAL	Le Fils du diable.	4
—	Myst. de Londres..	3
—	Amours de Paris..	2
L. VITET	Les États d'Orléans.	1
BAB.-LARIBIÈRE.	Histoire de l'Assemblée nationale constituante	2
ALBERT AUBERT.	Les Illusions de jeunesse	1
F. LAMENNAIS..	La Société première	1

		vol.
EUGÈNE SUE	Les Sept Péchés capitaux	7
GAB. RICHARD..	Voy. autour de ma maîtresse	1
LOUIS REYBAUD.	Jérôme Paturot à la recherche de la meilleure des Républiques	4

IIe SÉRIE A 3 FRANCS LE VOL.

LAMARTINE	Geneviève	1
—	3 mois au Pouvoir.	1
JULES JANIN	Hist. de la littérature dramatique.	2
—	Contes d'été (s. pr.)	1
—	Contes fantastiques et littéraires (s. p.)	1
PR. MÉRIMÉE	Nouvelles (3e édit.).	1
—	Épisode de l'Hist. de Russie	1
—	Les Deux Héritages	1
—	Études sur l'Hist. romaine	1
—	Mélanges historiques et littéraires (sous presse)	1
DE STENDAHL..	De l'Amour	1
—	Promen. dans Rome	2
—	Chartreu. de Parme	1
—	Rouge et Noir	1
CH. DE BERNARD	Le Nœud Gordien.	1
—	Gerfaut	1
—	Le Paravent	1
HENRI BLAZE	Écrivains et Poètes de l'Allemagne.	1
—	Souv. et Récits des Camp. d'Autriche	1
—	Épisode de l'hist. du Hanovre (s. pr.)	1
JOHN LEMOINNE.	Études critiques et biographiques	1
GUST. PLANCHE..	Portraits d'artistes.	2
F. PONSARD	Théâtre complet	1
—	Études antiques	1
EMILE AUGIER..	Poésies complètes.	1
A. DE BROGLIE.	Études morales et littéraires	1
LOUIS REYBAUD.	Mœurs et Portraits.	2
—	Jérôme Paturot à la recherche d'une position sociale.	1
—	Nouvelles	1
—	Romans	1
—	La Comtesse de Mauléon	1
—	La Vie à rebours	1
—	Marines et voyages..	1
Mme E. GIRARDIN	Marguerite	1
—	Nouvelles	1
—	Le Vicomte de Launay	1
—	Le marquis de Pontanges	1
ALPH. KARR	Agathe et Cécile	1
—	Les Femmes	1
—	Soirées de Sainte-Adresse	3
—	Raoul Desloges	1
—	Lettres écrites de mon jardin (s.p.)	1
—	Au bord de la mer (sous presse)	1

TH. GAUTIER	Les Grotesques	
—	De Paris à Constantinople (s. presse)	
—	En Grèce et en Afrique (s. presse)	
MÉRY	Les Nuits anglaises	
—	Les Nuits italiennes	
DE PONTMARTIN.	Contes et Nouvelles	
OCT. FEUILLET..	Scènes et proverbes	
—	Bellah	
LEON GOZLAN..	Hist. de 130 femmes	
—	Les Vendanges	
—	Nouvelles	
D'HAUSSONVILLE	Histoire de la politique extérieure du gouvernement franç. 1830-1848	
EUG. FORCADE.	Études historiques	
HENRY MURGER.	Scèn. de la Bohème	
—	Scènes de la Vie de jeunesse	
—	Le pays Latin	
—	Scèn. de la campagne	
—	Scènes de la vie de Théâtre (sous presse)	
CUVILL.-FLEURY	Portraits politiques et révolutionnaires (2e édit.)	
—	Portraits historiques et littéraires (sous presse)	
JULES SANDEAU.	Catherine	
—	Nouvelles	
—	Sacs et Parchemins	
—	Un Héritage	
E. TEXIER	Critiques et Récits	
—	Contes et Voyages	
A. DUMAS FILS..	La Dame aux Camélias (5e édit.)	
—	Contes et Nouvelles	
—	La Vie à vingt ans	
—	Avent. de 4 femmes (sous presse)	
—	Antonina (s. presse)	
L. RATISBONNE.	L'Enfer du Dante (trad. en vers texte en regard)	
PAUL DELTUF..	Contes romanesques	
P. DE MOLÈNES..	Caractères et Récits du temps	
—	Aventures du temps passé	
THÉOD. PAVIE..	Scènes et Récits des Pays d'outre-mer	
—	Études et Voyages (sous presse)	
CH. REYNAUD...	D'Athènes à Baalbec	
—	Épitres, Contes et Pastorales	
HECT. BERLIOZ..	Les Soirées de l'orchestre	
F. DE CONCURS..	Léopold Robert	
L. P. D'ORLÉANS.	Mon Journal. Événements de 1815, ex-roi des Franç.	
DE GROISEILLIEZ	Histoire de la Chute de Louis-Philippe (2e édit.)	
CHAMPFLEURY..	Contes vieux et nouveaux	
—	Les Excentriques	
EMILE THOMAS..	Hist. des Ateliers nationaux	

Paris. — Imprimerie de Mme Ve Dondey-Dupré, rue Saint-Louis, 46, au Marais.

LE COLLIER
DE LA REINE

PAR

ALEXANDRE DUMAS

II

PARIS

MICHEL LÉVY FRÈRES, LIBRAIRES-ÉDITEURS

RUE VIVIENNE, 2 BIS.

1854

LE
COLLIER DE LA REINE

I.

LE BAL DE L'OPÉRA. — (SUITE.)

Au moment où Oliva, toute stupéfaite du grand nom que venait de proférer son domino bleu, se rangeait pour mieux voir et se tenait droite, suivant la recommandation plusieurs fois répétée, deux autres dominos, se débarrassant d'un groupe bavard et bruyant, se réfugièrent près du pourtour, à un endroit où les banquettes manquaient.

Il y avait là une sorte d'îlot désert, que mordaient par intervalles les groupes de promeneurs refoulés du centre à la circonférence.

— Adossez-vous sur ce pilier, comtesse, dit tout bas une voix qui fit impression sur le domino bleu.

Et presque au même instant un grand domino orange, dont les allures hardies révélaient l'homme utile plutôt que le courtisan agréable, fendit la foule et vint dire au domino bleu :

— C'est lui.

— Bien, répliqua celui-ci. Et du geste il congédia le domino jaune.

— Écoutez-moi, fit-il alors à l'oreille d'Oliva, ma bonne petite amie, nous allons commencer à nous réjouir un peu.

— Je le veux bien, car vous m'avez deux fois attristée, la première en m'ôtant Beausire, qui me fait rire toujours, la seconde en me parlant de Gilbert, qui me fit tant de fois pleurer.

— Je serai pour vous et Gilbert et Beausire, dit gravement le domino bleu.

— Oh! soupira Nicole.

— Je ne vous demande pas de m'aimer, comprenez cela; je vous demande de recevoir la vie telle que je vous la ferai, c'est-à-dire l'accomplissement de toutes vos fantaisies, pourvu que de temps en temps vous souscriviez aux miennes. Or, en voici une que j'ai.

— Laquelle?

— Le domino noir que vous voyez, c'est un Allemand de mes amis.

— Ah!

— Un perfide qui m'a refusé de venir au bal sous prétexte d'une migraine.

— Et à qui, vous aussi, avez dit que vous n'iriez point.

— Précisément.

— Il a une femme avec lui?

— Oui.

— Qui?

— Je ne la connais pas. Nous allons nous rapprocher, n'est-ce pas? Nous feindrons que vous êtes une Allemande; vous n'ouvrirez pas la bouche, de peur qu'il reconnaisse à votre accent que vous êtes une Parisienne pure.

— Très bien. Et vous l'intriguerez?

— Oh! je vous en réponds. Tenez, commencez à me le désigner du bout de votre éventail.

— Comme cela?

— Oui, très bien ; et parlez-moi à l'oreille.

Oliva obéit avec une docilité et une intelligence qui charmèrent son compagnon.

Le domino noir, objet de cette démonstration, tournait le dos à la salle ; il causait avec la dame sa compagne. Celle-ci, dont les yeux étincelaient sous le masque, aperçut le geste d'Oliva.

— Tenez, dit-elle tout bas, monseigneur, il y a là deux masques qui s'occupent de nous.

— Oh ! ne craignez rien, comtesse ; impossible qu'on nous reconnaisse. Laissez-moi, puisque nous voilà en chemin de perdition, laissez-moi vous répéter que jamais taille ne fût enchanteresse comme la vôtre, jamais regard aussi brûlant ; permettez-moi de vous dire...

— Tout ce qu'on dit sous le masque.

— Non, comtesse ; tout ce qu'on dit sous...

— N'achevez pas, vous vous damneriez... Et puis, danger plus grand, nos espions entendraient.

— Deux espions ! s'écria le cardinal ému.

— Oui, les voilà qui se décident ; ils s'approchent.

— Déguisez bien votre voix, comtesse, si l'on vous fait parler.

— Et vous, la vôtre, monseigneur.

Oliva et son domino bleu s'approchaient en effet.

Celui-ci s'adressant au cardinal :

— Masque, dit-il.

Et il se pencha à l'oreille d'Oliva qui lui fit un signe affirmatif.

— Que veux-tu ? demanda le cardinal en déguisant sa voix.

— Cette dame qui m'accompagne, répondit le domino bleu, me charge de t'adresser plusieurs questions.

— Fais vite, dit monsieur de Rohan.

— Et qu'elles soient bien indiscrètes, ajouta d'une voix flûtée madame de La Motte.

— Si indiscrètes, répliqua le domino bleu, que tu ne les entendras pas, curieuse.

Et il se pencha encore à l'oreille d'Oliva qui joua le même jeu.

Alors l'inconnu, dans un allemand irréprochable, adressa au cardinal cette question :

— Monseigneur, est-ce que vous êtes amoureux de la femme qui vous accompagne?

Le cardinal tressaillit.

— N'avez-vous pas dit monseigneur? répondit-il.

— Oui, monseigneur.

— Vous vous trompez, alors, et je ne suis pas celui que vous croyez.

— Oh! que si fait, monsieur le cardinal; ne niez point, c'est inutile; quand bien même moi je ne vous connaîtrais pas, la dame à laquelle je sers de cavalier me charge de vous dire qu'elle vous reconnaît à merveille.

Il se pencha vers Oliva et lui dit tout bas :

— Faites signe que oui. Faites ce signe chaque fois que je vous serrerai le bras.

Elle fit ce signe.

— Vous m'étonnez, répondit le cardinal tout désorienté; quelle est cette dame qui vous accompagne?

— Oh! monseigneur, je croyais que vous l'aviez déjà reconnue. Elle vous a bien deviné. Il est vrai que la jalousie...

— Madame est jalouse de moi! s'écria le cardinal.

— Nous ne disons pas cela, fit l'inconnu avec une sorte de hauteur.

— Que vous dit-on là? demanda vivement madame de La Motte, que ce dialogue allemand, c'est-à-dire inintelligible pour elle, contrariait au suprême degré.

— Rien, rien.

Madame de La Motte frappa du pied avec impatience.

— Madame, dit alors le cardinal à Oliva, un mot de vous, je vous en prie, et je promets de vous deviner avec ce seul mot.

Monsieur de Rohan avait parlé allemand; Oliva ne comprit pas un mot et se pencha vers le domino bleu.

— Je vous en conjure, s'écria celui-ci, madame, ne parlez pas.

Ce mystère piqua la curiosité du cardinal. Il ajouta :

— Quoi ! un seul mot allemand ! cela compromettrait bien peu madame.

Le domino bleu, qui feignait d'avoir pris les ordres d'Oliva, répliqua aussitôt :

— Monsieur le cardinal, voici les propres paroles de madame : — Celui dont la pensée ne veille pas toujours, celui dont l'imagination ne remplace pas perpétuellement la présence de l'objet aimé, celui-là n'aime pas ; il aurait tort de le dire.

Le cardinal parut frappé du sens de ces paroles. Toute son attitude exprima au plus haut degré la surprise, le respect, l'exaltation du dévouement, puis ses bras retombèrent.

— C'est impossible, murmura-t-il en français.

— Quoi donc impossible ? s'écria madame de La Motte, qui venait de saisir avidement ces seuls mots échappés dans toute la conversation.

— Rien, madame, rien.

— Monseigneur, en vérité, je crois que vous me faites jouer un triste rôle, dit-elle avec dépit.

Et elle quitta le bras du cardinal. Celui-ci non-seulement ne le reprit pas, mais il parut ne pas l'avoir remarqué, tant fut grand son empressement auprès de la dame allemande.

— Madame, dit-il à cette dernière, toujours raide et immobile derrière son rempart de satin, ces paroles que votre compagnon m'a dites en votre nom... ce sont des vers allemands que j'ai lus dans une maison connue de vous, peut-être ?

L'inconnu serra le bras d'Oliva.

— Oui, fit-elle de la tête.

Le cardinal frissonna.

— Cette maison, dit-il en hésitant, ne s'appelle-t-elle pas Schœnbrunn ?

— Oui, fit Oliva.

— Ils furent écrits sur une table de merisier avec un poinçon d'or par une main auguste ?

— Oui, fit Oliva.

Le cardinal s'arrêta. Une sorte de révolution venait de

s'opérer en lui. Il chancela et étendit la main pour chercher un point d'appui.

Madame de La Motte guettait à deux pas le résultat de cette scène étrange.

Le bras du cardinal se posa sur celui du domino bleu.

— Et, dit-il, en voici la suite...

« Mais celui-là qui voit partout l'objet aimé, qui le devine à une fleur, à un parfum, sous des voiles impénétrables, celui-là peut se taire, sa voix est dans son cœur, il suffit qu'un autre cœur l'entende pour qu'il soit heureux. »

— Ah çà! mais on parle allemand, par ici! dit tout à coup une voix jeune et fraîche partie d'un groupe qui avait rejoint le cardinal. Voyons donc un peu cela ; vous comprenez l'allemand, vous, maréchal?

— Non, monseigneur.

— Mais vous, Charny?

— Oh! oui, Votre Altesse.

— Monsieur le comte d'Artois! dit Oliva en se serrant contre le domino bleu, car les quatre masques venaient de la serrer un peu cavalièrement.

A ce moment, l'orchestre éclatait en fanfares bruyantes, et la poudre du parquet, la poudre des coiffures, montaient en nuages irisés jusqu'au-dessus des lustres enflammés qui doraient ce brouillard d'ambre et de rose.

Dans le mouvement que firent les masques, le domino bleu se sentit heurté.

— Prenez garde! messieurs, dit-il d'un ton d'autorité.

— Monsieur, répliqua le prince toujours masqué, vous voyez bien qu'on nous pousse. Excusez-nous, mesdames.

— Partons, partons, monsieur le cardinal, dit tout bas madame de La Motte.

Aussitôt le capuchon d'Oliva fut froissé, tiré en arrière par une main invisible, son masque dénoué tomba ; ses traits apparurent une seconde dans la pénombre de l'entablement formé par la première galerie au-dessus du parterre.

Le domino bleu poussa un cri d'inquiétude affectée ; Oliva, un cri d'épouvante.

Trois ou quatre cris de surprise répondirent à cette double exclamation.

Le cardinal faillit s'évanouir. S'il fût tombé à ce moment, il fût tombé à genoux. Madame de La Motte le soutint.

Un flot de masques, emportés par le courant, venait de séparer le comte d'Artois du cardinal et de madame de La Motte.

Le domino bleu, qui, rapide comme l'éclair, venait de rabaisser le capuchon d'Oliva et rattacher le masque, s'approcha du cardinal en lui serrant la main.

— Voilà, monsieur, lui dit-il, un malheur irréparable ; vous voyez que l'honneur de cette dame est à votre merci.

— Oh ! monsieur, monsieur... murmura le prince Louis en s'inclinant.

Et il passa sur son front ruisselant de sueur un mouchoir qui tremblait dans sa main.

— Partons vite, dit le domino bleu à Oliva.

Et ils disparurent.

— Je sais à présent ce que le cardinal croyait être impossible, se dit madame de La Motte ; il a pris cette femme pour la reine, et voilà l'effet que produit sur lui cette ressemblance. Bien ! encore une observation à conserver.

— Voulez-vous que nous quittions le bal, comtesse ? dit monsieur de Rohan d'une voix affaiblie.

— Comme il vous plaira, monseigneur, répondit tranquillement Jeanne.

— Je n'y vois pas grand intérêt, n'est-ce pas ?

— Oh ! non, je n'y en vois plus.

Et ils se frayèrent péniblement un chemin à travers les causeurs. Le cardinal, qui était de haute taille, regardait partout s'il retrouverait la vision disparue.

Mais, dès-lors, dominos bleus, rouges, jaunes, verts et gris tourbillonnèrent à ses yeux dans la vapeur lumineuse, en confondant leurs nuances comme les couleurs du prisme. Tout fut bleu de loin pour le pauvre seigneur ; rien ne le fut de près.

Il regagna dans cet état le carrosse qui l'attendait lui et sa compagne.

Ce carrosse roulait depuis cinq minutes, que le prélat n'avait pas encore adressé la parole à Jeanne.

II.

SAPHO.

Madame de La Motte, qui ne s'oubliait pas, elle, tira le prélat de la rêverie.

— Où me conduit cette voiture? dit-elle.

— Comtesse, s'écria le cardinal, ne craignez rien : vous êtes partie de votre maison, et bien! le carrosse vous y ramène.

— Ma maison!... du faubourg?

— Oui, comtesse... Une bien petite maison pour contenir tant de charmes !

En disant ces mots, le prince saisit une des mains de Jeanne et l'échauffa d'un baiser galant.

Le carrosse s'arrêta devant la petite maison où tant de charmes allaient essayer de tenir.

Jeanne sauta légèrement en bas de la voiture ; le cardinal se préparait à l'imiter.

— Ce n'est pas la peine, monseigneur, lui dit tout bas ce démon femelle.

— Comment, comtesse, ce n'est pas la peine de passer quelques heures avec vous?

— Et dormir, monseigneur, dit Jeanne.

— Je crois bien que vous trouverez plusieurs chambres à coucher chez vous, comtesse.

— Pour moi, oui ; mais pour vous...
— Pour moi, non ?
— Pas encore, dit-elle d'un air si gracieux et si provoquant que le refus valait une promesse.
— Adieu donc, répliqua le cardinal, si vivement piqué au jeu qu'il oublia un moment toute la scène du bal.
— Au revoir, monseigneur.
— Au fait, je l'aime mieux ainsi, dit-il en partant.

Jeanne entra seule dans sa maison nouvelle.

Six laquais, dont le sommeil avait été interrompu par le marteau du coureur, s'alignèrent dans le vestibule.

Jeanne les regarda tous avec cet air de supériorité calme que la fortune ne donne pas à tous les riches.

— Et les femmes de chambre ? dit-elle.

L'un des valets s'avança respectueusement.

— Deux femmes attendent madame dans la chambre, dit-il.

— Appelez-les.

Le valet obéit. Deux femmes entrèrent quelques minutes après.

— Où couchez-vous d'ordinaire ? leur demanda Jeanne.

— Mais... nous n'avons pas encore d'habitude, répliqua la plus âgée ; nous coucherons où il plaira à madame.

— Les clefs des appartemens ?

— Les voici, madame.

— Bien, pour cette nuit, vous coucherez hors de la maison.

Les femmes regardèrent leur maîtresse avec surprise.

— Vous avez un gîte dehors ?

— Sans doute, madame, mais il est un peu tard ; toutefois, si madame veut être seule...

— Ces messieurs vous accompagneront, ajouta la comtesse en congédiant les six valets, plus satisfaits encore que les femmes de chambre.

— Et... quand reviendrons-nous ? dit l'un d'eux avec timidité.

— Demain à midi.

1.

Les six valets et les deux femmes se regardèrent un instant ; puis, tenus en échec par l'œil impérieux de Jeanne, ils se dirigèrent vers la porte.

Jeanne les reconduisit, les mit dehors, et avant de fermer la porte :

— Reste-t-il encore quelqu'un dans la maison ? dit-elle.

— Mon Dieu ! non, madame, il ne restera personne. C'est impossible que madame demeure ainsi abandonnée ; au moins faut-il qu'une femme veille dans les communs, dans les offices, n'importe où, mais qu'elle veille.

— Je n'ai besoin de personne.

— Il peut survenir le feu, madame peut se trouver mal.

— Bonne nuit, allez tous.

Elle tira sa bourse :

— Et voilà pour que vous étrenniez mon service, dit-elle.

Un murmure joyeux, un remercîment de valets de bonne compagnie, fut la seule réponse, le dernier mot des valets. Tous disparurent en saluant jusqu'à terre.

Jeanne les écouta de l'autre côté de la porte : ils se répétaient l'un à l'autre que le sort venait de leur donner une fantasque maîtresse.

Lorsque le bruit des voix et le bruit des pas se furent amortis dans le lointain, Jeanne poussa les verroux et dit d'un air triomphant :

— Seule ! je suis seule ici chez moi !

Elle alluma un flambeau à trois branches aux bougies qui brûlaient dans le vestibule, et ferma également les verroux de la porte massive de cette antichambre.

Alors commença une scène muette et singulière qui eût bien vivement intéressé l'un de ces spectateurs nocturnes que les fictions du poète ont fait planer au-dessus des villes et des palais.

Jeanne visitait ses états ; elle admirait, pièce à pièce, toute cette maison dont le moindre détail acquérait à ses yeux une immense valeur depuis que l'égoïsme du propriétaire avait remplacé la curiosité du passant.

Le rez-de-chaussée, tout calfeutré, tout boisé, renfermait la salle de bain, les offices, les salles à manger, trois salons et deux cabinets de réception.

Le mobilier de ces vastes chambres n'était pas riche comme celui de la Guimard, ou coquet comme celui des amis de monsieur de Soubise, mais il sentait son luxe de grand seigneur ; il n'était pas neuf. La maison eût moins plu à Jeanne si elle eût été meublée de la veille exprès pour elle.

Toutes ces richesses antiques, dédaignées par les dames à la mode, ces merveilleux meubles d'ébène scuplté, ces lustres à girandoles de cristal, dont les branchages dorés lançaient du sein des bougies roses des lis brillans ; ces horloges gothiques, chefs-d'œuvre de ciselure et d'émail ; ces paravens brodés de figures chinoises, ces énormes potiches du Japon, gonflées de fleurs rares ; ces dessus de porte en grisaille ou en couleur de Boucher ou de Watteau, jetaient la nouvelle propriétaire dans d'indicibles extases.

Ici, sur une cheminée, deux tritons dorés soulevaient des gerbes de corail, aux branches desquelles s'accrochaient comme des fruits toutes les fantaisies de la joaillerie de l'époque. Plus loin, sur une console de bois doré à dessus de marbre blanc, un énorme éléphant de céladon, aux oreilles chargées de pendeloques de saphir, supportait une tour pleine de parfums et de flacons.

Des livres de femme dorés et enluminés brillaient sur des étagères de bois de rose à coins d'arabesques d'or.

Un meuble tout entier de fines tapisseries des Gobelins, chef-d'œuvre de patience qui avait coûté cent mille livres à la manufacture même, remplissait un petit salon gris et or, dont chaque panneau était une toile oblongue peinte par Vernet ou par Greuze. Le cabinet de travail était rempli des meilleurs portraits de Chardin, des plus fines terres cuites de Clodion.

Tout témoignait, non pas de l'empressement qu'un riche parvenu met à satisfaire sa fantaisie ou celle de sa maîtresse, mais du long, du patient travail de ces riches séculaires qui entassent sur les trésors de leurs pères des trésors pour leurs enfans.

Jeanne examina d'abord l'ensemble, elle dénombra les pièces ; puis elle se rendit compte des détails.

Et comme son domino la gênait, et comme son corps de baleine la serrait, elle entra dans sa chambre à coucher, se déshabilla rapidement, et revêtit un peignoir de soie ouatée, charmant habit que nos mères, peu scrupuleuses quand il s'agissait de nommer les choses utiles, avaient désigné par une appellation que nous ne pouvons plus écrire.

Frissonnante, demi-nue dans le satin qui caressait son sein et sa taille, sa jambe fine et nerveuse cambrée dans les plis de sa robe courte, elle montait hardiment les degrés, sa lumière à la main.

Familiarisée avec la solitude, sûre de n'avoir plus à redouter le regard même d'un valet, elle bondissait de chambre en chambre, laissant flotter au gré du vent qui sifflait sous les portes son fin peignoir de batiste relevé dix fois en dix minutes sur son genou charmant.

Et quand pour ouvrir une armoire elle élevait le bras, quand la robe s'écartant laissait voir la blanche rotondité de l'épaule jusqu'à la naissance du bras, que dorait un rutilant reflet de lumière familier aux pinceaux de Rubens, alors les esprits invisibles, cachés sous les tentures, abrités derrière les panneaux peints, devaient se réjouir d'avoir en leur possession cette charmante hôtesse qui croyait les posséder.

Une fois, après toutes ses courses, épuisée, haletante, sa bougie aux trois quarts consumée, elle rentra dans la chambre à coucher, tendue de satin bleu brodé de larges fleurs toutes chimériques.

Elle avait tout vu, tout compté, tout caressé du regard et du toucher; il ne lui restait plus à admirer qu'elle-même.

Elle posa la bougie sur un guéridon de Sèvres à galerie d'or ; et tout à coup ses yeux s'arrêtèrent sur un Endymion de marbre, délicate et voluptueuse figure de Bouchardon, qui se renversait ivre d'amour sur un socle de porphyre rouge-brun.

Jeanne alla fermer la porte et les portières de sa chambre, tira les rideaux épais, revint en face de la statue, et dévora des regards ce bel amant de Phœbé qui lui donnait le dernier baiser en remontant vers le ciel.

Le feu rouge, réduit en braise, échauffait cette chambre, où tout vivait, excepté le plaisir.

Jeanne sentit ses pieds s'enfoncer doucement dans la haute laine si moëlleuse du tapis ; ses jambes vacillaient et pliaient sous elle, une langueur qui n'était pas la fatigue, ou le sommeil, pressait son sein et ses paupières avec la délicatesse d'un toucher d'amant, tandis qu'un feu qui n'était pas la chaleur de l'âtre montait de ses pieds à son corps, et en montant, tordait dans ses veines toute l'électricité vivante qui, chez la bête, s'appelle le plaisir, chez l'homme, l'amour.

En ce moment de sensations étranges, Jeanne s'aperçut elle-même dans un trumeau placé derrière l'Endymion. Sa robe avait glissé de ses épaules sur le tapis. La batiste si fine avait, entraînée par le satin plus lourd, descendu jusqu'à la moitié des bras blancs et arrondis.

Deux yeux noirs, doux de mollesse, brillans de désir, les deux yeux de Jeanne frappèrent Jeanne au plus profond du cœur ; elle se trouva belle, elle se sentit jeune et ardente ; elle s'avoua que dans tout ce qui l'entourait, rien, pas même Phœbé, n'était aussi digne d'être aimé. Elle s'approcha du marbre pour voir si l'Endymion s'animait, et si pour la mortelle il dédaignerait la déesse.

Ce transport l'enivra ; elle pencha la tête sur son épaule avec des frémissemens inconnus, appuya ses lèvres sur sa chair palpitante, et comme elle n'avait pas cessé de plonger son regard, à elle, dans les yeux qui l'appelaient dans la glace, tout à coup ses yeux s'allanguirent, sa tête roula sur sa poitrine avec un soupir, et Jeanne alla tomber, endormie, inanimée, sur le lit, dont les rideaux s'inclinèrent au-dessus d'elle.

La bougie lança un dernier jet de flamme du sein d'une nappe de cire liquide, puis exhala son dernier parfum avec sa dernière clarté.

III.

L'ACADÉMIE DE MONSIEUR DE BEAUSIRE.

Beausire avait pris à la lettre le conseil du domino bleu ; il s'était rendu à ce qu'on appelait son académie.

Le digne ami d'Oliva, affriandé par le chiffre énorme de deux millions, redoutait bien plus encore la sorte d'exclusion que ses collègues avaient faite de lui dans la soirée en ne lui donnant pas communication d'un plan aussi avantageux.

Il savait qu'entre gens d'académie on ne se pique pas toujours de scrupule, et c'était pour lui une raison de se hâter, les absens ayant toujours tort quand ils sont absens par hasard, et bien plus tort encore lorsque l'on profite de leur absence.

Beausire s'était fait, parmi les associés de l'académie, une réputation d'homme terrible. Cela n'était pas étonnant ni difficile. Beausire avait été exempt ; il avait porté l'uniforme ; il savait mettre une main sur la hanche, l'autre sur la garde de l'épée. Il avait l'habitude, au moindre mot, d'enfoncer son chapeau sur ses yeux : toutes façons qui, pour des gens médiocrement braves, paraissaient assez effrayantes, surtout si ces gens ont à redouter l'éclat d'un duel et les curiosités de la justice.

Beausire comptait donc se venger du dédain qu'on avait professé pour lui, en faisant quelque peur aux confrères du tripot de la rue du Pot-de-Fer.

De la porte Saint-Martin à l'église Saint-Sulpice il y a loin ; mais Beausire était riche ; il se jeta dans un fiacre et promit cinquante sols au cocher, c'est-à-dire une gratification d'une livre ; la course nocturne valant d'après le tarif de cette époque ce qu'elle vaut aujourd'hui pendant le jour.

Les chevaux partirent rapidement. Beausire se donna un petit air furibond, et à défaut du chapeau qu'il n'avait pas, puisqu'il portait un domino ; à défaut de l'épée, il se composa une mine assez hargneuse pour donner de l'inquiétude à tout passant attardé.

Son entrée dans l'académie produisit une certaine sensation.

Il y avait là, dans le premier salon, un beau salon tout gris avec un lustre et force tables de jeu, il y avait, disons-nous, une vingtaine de joueurs qui buvaient de la bière et du sirop, en souriant du bout des dents à sept ou huit femmes affreusement fardées qui regardaient les cartes.

On jouait le pharaon à la principale table ; les enjeux étaient maigres, l'animation en proportion des enjeux.

A l'arrivée du domino, qui froissait son coqueluchon en se cambrant dans les plis de la robe, quelques femmes se mirent à ricaner, moitié raillerie, moitié agacerie. Monsieur Beausire était un bellâtre, et les dames ne le maltraitaient pas.

Cependant il s'avança comme s'il n'avait rien entendu, rien vu, et une fois près de la table, il attendit en silence une réplique à sa mauvaise humeur.

Un des joueurs, espèce de vieux financier équivoque dont la figure ne manquait pas de bonhomie, fut la première voix qui décida Beausire.

— Corbleu ! chevalier, dit ce brave homme, vous arrivez du bal avec une figure renversée.

— C'est vrai, dirent les dames.

— Eh ! cher chevalier, demanda un autre joueur, le domino vous blesse-t-il à la tête ?

— Ce n'est pas le domino qui me blesse, répondit Beausire avec dureté.

— La, la, fit le banquier qui venait de râcler une douzaine de louis, monsieur le chevalier de Beausire nous a fait une infidélité : ne voyez-vous pas qu'il a été au bal de l'Opéra, qu'aux environs de l'Opéra il a trouvé quelque bonne mise à faire, et qu'il a perdu ?

Chacun rit ou s'apitoya, suivant son caractère ; les femmes eurent compassion.

— Il n'est pas vrai de dire que j'aie fait des infidélités à mes amis, répliqua Beausire ; j'en suis incapable des infidélités, moi ! C'est bon pour certaines gens de ma connaissance de faire des infidélités à leurs amis. Et, pour donner plus de poids à sa parole, il eut recours au geste, c'est-à-dire qu'il voulut enfoncer son chapeau sur sa tête. Malheureusement, il n'aplatit qu'un morceau de soie qui lui donna une largeur ridicule, ce qui fit qu'au lieu d'un effet sérieux, il ne produisit qu'un effet comique.

— Que voulez-vous dire, cher chevalier ? demandèrent deux ou trois de ses associés.

— Je sais ce que je veux dire, répondit Beausire.

— Mais cela ne nous suffit pas, à nous, fit observer le vieillard de belle humeur.

—Cela ne vous regarde pas, vous, monsieur le financier, répartit maladroitement Beausire.

Un coup d'œil assez expressif du banquier avertit Beausire que sa phrase avait été déplacée.— En effet, il ne fallait pas opérer de démarcation dans cette audience entre ceux qui payaient et ceux qui empochaient l'argent.

Beausire le comprit, mais il était lancé ; les faux braves s'arrêtent plus difficilement que les braves éprouvés.

— Je croyais avoir des amis ici, dit-il.

— Mais... oui, répondirent plusieurs voix.

— Eh bien ! je me suis trompé.

— En quoi ?

— En ceci : que beaucoup de choses se font sans moi.

Nouveau signe du banquier, nouvelles protestations de ceux des associés qui étaient présens.

— Il suffit que je sache, dit Beausire, et les faux amis seront punis.

Il chercha la poignée de l'épée, mais ne trouva que son gousset, lequel était plein de louis et rendit un son révélateur.

— Oh ! oh ! s'écrièrent deux dames, monsieur de Beausire est en bonne disposition ce soir.

— Mais, oui, répondit sournoisement le banquier ; il me paraît que s'il a perdu, il n'a pas perdu tout, et que, s'il a fait infidélité aux légitimes, ce n'est pas une infidélité sans retour. Voyons, pontez, cher chevalier.

— Merci ! dit sèchement Beausire, puisque chacun garde ce qu'il a, je garde aussi.

— Que diable veux-tu dire ? lui glissa à l'oreille un des joueurs.

— Nous nous expliquerons tout à l'heure.

— Jouez donc, dit le banquier.

— Un simple louis, dit une dame en caressant l'épaule de Beausire pour se rapprocher le plus possible du gousset.

— Je ne joue que des millions, dit Beausire avec audace, et, vraiment, je ne conçois pas qu'on joue ici de misérables louis. Des millions ! — Allons, messieurs du Pot-de-Fer, puisqu'il s'agit de millions sans qu'on s'en doute, à bas les enjeux d'un louis ! Des millions, millionnaires !

Beausire en était à ce moment d'exaltation qui pousse l'homme au delà des bornes du sens commun. Une ivresse plus dangereuse que celle du vin l'animait. Tout à coup il reçut par derrière, dans les jambes, un coup assez violent pour s'interrompre soudain.

Il se retourna et vit à ses côtés une grande figure olivâtre, raide et trouée, aux deux yeux noirs lumineux comme des charbons ardens.

Au geste de colère que fit Beausire, ce personnage étrange répondit par un salut cérémonieux accompagné d'un regard long comme une rapière.

— Le Portugais ! dit Beausire stupéfait de cette salutation d'un homme qui venait de lui appliquer une bourrade.

— Le Portugais ! répétèrent les dames qui abandonnèrent Beausire pour aller papillonner autour de l'étranger.

Ce Portugais était, en réalité, l'enfant chéri de ces dames, auxquelles, sous prétexte qu'il ne parlait pas français, il apportait constamment des friandises, quelquefois enveloppées dans des billets de caisse de cinquante à soixante livres.

Beausire connaissait ce Portugais pour un des associés. Le Portugais perdait toujours avec les habitués du tripot. Il fixait ses mises à une centaine de louis par semaine, et régulièrement les habitués lui emportaient ses cent louis.

C'était l'amorceur de la société.— Tandis qu'il se laissait dépouiller de cent plumes dorées, les autres confrères dépouillaient les joueurs alléchés.

Aussi, le Portugais était-il considéré par les associés comme l'homme utile ; par les habitués, comme l'homme agréable. Beausire avait pour lui cette considération tacite qui s'attache toujours à l'inconnu, — quand même la défiance y entrerait pour quelque chose.

Beausire, ayant donc reçu le petit coup de pied que le Portugais lui venait d'appliquer dans les mollets, attendit, se tut, et s'assit.

Le Portugais prit place au jeu, mit vingt louis sur la table, et en vingt coups, qui durèrent un quart-d'heure à se débattre, il fut débarrassé de ses vingt louis par six pontes affamés qui oublièrent un moment les coups de griffes du banquier et des autres compères.

L'horloge sonna trois heures du matin, Beausire achevait un verre de bière.

Deux laquais entrèrent, le banquier fit tomber son argent dans le double fond de la table, car les statuts de l'association étaient si empreints de confiance envers les membres que jamais l'on ne remettait à l'un d'eux le maniement complet des fonds de la société.

L'argent tombait donc à la fin de la séance, par un petit guichet, dans le double fond de la table, et il était ajouté en post-scriptum à cet article des statuts que jamais le banquier n'aurait de manches longues, comme aussi il ne pourrait jamais porter d'argent sur lui.

Ce qui signifiait qu'on lui interdisait de faire passer une vingtaine de louis dans ses manches, et que l'assemblée se réservait le droit de le fouiller pour lui enlever l'or qu'il aurait su faire couler dans ses poches.

Les laquais, disons-nous, apportèrent aux membres du

cercle les houppelandes, les mantes et les épées ; plusieurs des joueurs heureux donnèrent le bras aux dames ; les malheureux se guindèrent dans une chaise à porteurs, encore de mode en ces quartiers paisibles, et la nuit se fit dans le salon de jeu.

Beausire, aussi, avait paru s'envelopper dans son domino comme pour faire un voyage éternel ; mais il ne passa pas le premier étage, et la porte s'étant refermée, tandis que les fiacres, les chaises et les piétons disparaissaient, il rentra dans le salon où douze des associés venaient de rentrer aussi.

— Nous allons nous expliquer, dit Beausire, enfin.

— Rallumez votre quinquet et ne parlez pas si haut, lui dit froidement et en bon français le Portugais, qui de son côté allumait une bougie placée sur la table.

Beausire grommela quelques mots auxquels personne ne fit attention ; le Portugais s'assit à la place du banquier ; on examina si les volets, les rideaux et les portes étaient soigneusement fermés ; on s'assit doucement, les coudes sur le tapis, avec une curiosité dévorante.

— J'ai une communication à faire, dit le Portugais ; heureusement suis-je arrivé à temps, car monsieur de Beausire est démangé, ce soir, par une intempérance de langue...

Beausire voulut s'écrier.

— Allons ! paix ! fit le Portugais ; pas de paroles perdues. Vous avez prononcé des mots qui sont plus qu'imprudens. Vous avez eu connaissance de mon idée, c'est bien. Vous êtes homme d'esprit, vous pouvez l'avoir devinée ; mais il me semble que jamais l'amour-propre ne doit primer l'intérêt.

— Je ne comprends pas, dit Beausire.

— Nous ne comprenons pas, dit la respectable assemblée.

— Si fait. Monsieur de Beausire a voulu prouver que le premier il avait trouvé l'affaire.

— Quelle affaire ? dirent les intéressés.

— L'affaire des deux millions ! s'écria Beausire avec emphase.

— Deux millions! firent les associés.

— Et d'abord, se hâta de dire le Portugais, vous exagérez ; il est impossible que l'affaire aille là. Je vais le prouver à l'instant.

— Nul ici ne sait ce que vous voulez dire, exclama le banquier.

— Oui, mais nous n'en sommes pas moins tout oreilles, ajouta un autre.

— Parlez le premier, dit Beausire.

— Je le veux bien.

Et le Portugais se versa un immense verre de sirop d'orgeat, qu'il but tranquillement sans rien changer à ses allures d'homme glacé.

— Sachez, dit-il, je ne parle pas pour monsieur de Beausire, que le collier ne vaut pas plus de quinze cent mille livres.

— Ah! s'il s'agit d'un collier, dit Beausire.

— Oui, monsieur, n'est-ce pas là votre affaire ?

— Peut-être.

— Il va faire le discret après avoir fait l'indiscret.

Et le Portugais haussa les épaules.

— Je vous vois à regret prendre un ton qui me déplaît, dit Beausire, avec l'accent d'un coq qui monte sur ses éperons.

— Mira! mira! dit le Portugais froid comme un marbre, vous direz après ce que vous direz, je dis avant ce que j'ai à dire, et le temps presse, car vous devez savoir que l'ambassadeur arrive dans huit jours au plus tard.

— Cela se complique, pensa l'assemblée palpitante d'intérêt : le collier, les quinze cent mille livres, un ambassadeur.... qu'est-ce cela ?

— En deux mots, voici, fit le Portugais. Messieurs Bœhmer et Bossange ont fait offrir à la reine un collier de diamans qui vaut quinze cent mille livres. La reine a refusé. Les joailliers ne savent qu'en faire et le cachent. Ils sont bien embarrassés, car ce collier ne peut être acheté que par une fortune royale ; eh bien! j'ai trouvé la personne royale qui achètera ce collier et le fera sortir du coffre-fort de messieurs Bœhmer et Bossange.

— C'est ?... dirent les associés.

— C'est ma gracieuse souveraine, la reine de Portugal.

Et le Portugais se rengorgea.

— Nous comprenons moins que jamais, dirent les associés.

— Moi, je ne comprends plus du tout, pensa Beausire.

— Expliquez-vous nettement, cher monsieur Manoël, dit-il, car les dissentimens particuliers doivent céder devant l'intérêt public. Vous êtes le père de l'idée, je le reconnais franchement. Je renonce à tout droit de paternité ; mais, pour l'amour de Dieu ! soyez clair.

— A la bonne heure, fit Manoël, en avalant une deuxième jatte d'orgeat. Je vais rendre cette question limpide.

— Nous sommes déjà certains qu'il existe un collier de quinze cent mille livres, dit le banquier. Voilà un point important.

— Et ce collier est dans le coffre de messieurs Bœhmer et Bossange. Voilà le second point, dit Beausire.

— Mais don Manoël a dit que Sa Majesté la reine de Portugal achetait le collier. Voilà ce qui nous déroute.

— Rien de plus clair pourtant, dit le Portugais. Il ne s'agit que de faire attention à mes paroles. L'ambassade est vacante. Il y a intérim ; l'ambassadeur nouveau, monsieur de Souza, n'arrive que dans huit jours au plus tôt.

— Bon ! dit Beausire.

— En huit jours, qui empêche que cet ambassadeur pressé de voir Paris n'arrive et ne s'installe ?

Les assistans s'entre-regardèrent bouche béante.

— Comprenez donc, fit vivement Beausire ; don Manoël veut vous dire qu'il peut arriver un ambassadeur vrai ou faux.

— Précisément, ajouta le Portugais. Si l'ambassadeur qui se présentera avait envie du collier pour Sa Majesté la reine de Portugal, n'en a-t-il pas le droit ?

— Pardieu ! firent les assistans.

— Et alors il traite avec messieurs Bœhmer et Bossange. Voilà tout.

— Absolument tout.

— Seulement, il faut payer quand on a traité, fit observer le banquier du pharaon.

— Ah dame ! oui, répliqua le Portugais.

— Messieurs Bœhmer et Bossange ne laisseront pas aller le collier dans les mains d'un ambassadeur, fût-ce un vrai Souza, sans avoir de bonnes garanties.

— Oh ! j'ai bien pensé à une garantie, objecta le futur ambassadeur.

— Laquelle ?

— L'ambassade, avons-nous dit, est déserte ?

— Oui.

— Il n'y reste plus qu'un chancelier, brave homme de Français, qui parle la langue portugaise aussi mal qu'homme du monde, et qui est enchanté quand les Portugais lui parlent français, parce qu'il ne souffre pas ; quand les Français lui parlent portugais, parce qu'il brille.

— Eh bien ? fit Beausire.

— Eh bien ! messieurs, nous nous présenterons à ce brave homme avec tous les dehors de la légation nouvelle.

— Les dehors sont bons, dit Beausire, mais les papiers valent mieux.

— On aura les papiers, répliqua laconiquement don Manoël.

— Il serait inutile de contester que don Manoël soit un homme précieux, dit Beausire.

— Les dehors et les papiers ayant convaincu le chancelier de l'identité de la légation, nous nous installons à l'ambassade.

— Oh ! oh ! c'est fort, interrompit Beausire.

— C'est forcé, continua le Portugais.

— C'est tout simple, affirmèrent les autres associés.

— Mais le chancelier ? objecta Beausire.

— Nous l'avons dit : Convaincu.

— Si par hasard il devenait moins crédule, dix minutes avant qu'il doutât, on le congédierait. Je pense qu'un ambassadeur a le droit de changer son chancelier ?

— Évidemment.

— Donc, nous sommes maîtres de l'ambassade, et notre

première opération, c'est d'aller rendre visite à messieurs Bœhmer et Bossange.

— Non, non pas, dit vivement Beausire, vous me paraissez ignorer un point capital que je sais pertinemment, moi qui ai vécu dans les cours. C'est qu'une opération comme vous dites, ne se fait pas par un ambassadeur sans que, préalablement à toute démarche, il n'ait été reçu en audience solennelle, et là, ma foi ! il y a un danger. Le fameux Riza-Bey, qui fut admis devant Louis XIV en qualité d'ambassadeur du shah de Perse, et qui eut l'aplomb d'offrir à Sa Majesté Très Chrétienne pour trente francs de turquoises, Riza-Bey, dis-je, était très fort sur la langue persane, et du diable s'il y avait en France des savans capables de lui prouver qu'il ne venait pas d'Ispahan. Mais nous serions reconnus tout de suite. On nous dirait à l'instant même que nous parlons le portugais en pur gaulois, et pour le cadeau de protestation, on nous enverrait à la Bastille. Prenons garde.

— Votre imagination vous entraîne trop loin, cher collègue, dit le Portugais; nous ne nous jetterons pas au devant de tous ces dangers, nous resterons chacun dans notre hôtel.

— Alors, monsieur Bœhmer ne nous croira pas aussi Portugais, aussi ambassadeur qu'il serait besoin.

— Monsieur Bœhmer comprendra que nous venions en France avec la mission toute simple d'acheter le collier, l'ambassadeur ayant été changé pendant que nous étions en chemin. L'ordre seul de venir le remplacer nous a été remis. Cet ordre, eh bien ! on le montrera s'il le faut à monsieur Bossange, puisqu'on l'aura bien montré à monsieur le chancelier de l'ambassade ; seulement, c'est aux ministres du roi qu'il faut tâcher de ne pas le montrer, cet ordre, car les ministres sont curieux, ils sont défians, ils nous tracasseraient sur une foule de petits détails.

— Oh ! oui, s'écria l'assemblée, ne nous mettons pas en rapport avec le ministère.

— Et si messieurs Bœhmer et Bossange demandaient...

— Quoi ? fit don Manoël.

— Un à-compte, dit Beausire,

— Cela compliquerait l'affaire, fit le Portugais embarrassé.

— Car enfin, poursuivit Beausire, il est d'usage qu'un ambassadeur arrive avec des lettres de crédit, sinon avec de l'argent frais.

— C'est juste, dirent les associés.

— L'affaire manquerait là, continua Beausire.

— Vous trouvez toujours, dit Manoël avec une aigreur glaciale, des moyens pour faire manquer l'affaire. Vous n'en trouvez pas pour la faire réussir.

— C'est précisément parce que j'en veux trouver que je soulève des difficultés, répliqua Beausire. Et tenez, tenez, je les trouve.

Toutes les têtes se rapprochèrent dans un même cercle.

— Dans toute chancellerie il y a une caisse.

— Oui, une caisse et un crédit.

— Ne parlons pas du crédit, reprit Beausire, car rien n'est si cher à se procurer. Pour avoir du crédit, il nous faudrait des chevaux, des équipages, des valets, des meubles, un attirail, qui sont la base de tout crédit possible. Parlons de la caisse. Que pensez-vous de celle de votre ambassade ?

— J'ai toujours regardé ma souveraine, Sa Majesté Très-Fidèle, comme une magnifique reine. Elle doit avoir bien fait les choses.

— C'est ce que nous verrons ; et puis, admettons qu'il n'y ait rien dans la caisse.

— C'est possible, firent en souriant les associés.

— Alors, plus d'embarras, car aussitôt, nous, ambassadeurs, nous demandons à messieurs Bœhmer et Bossange quel est leur correspondant à Lisbonne, et nous leur signons, nous leur estampillons, nous leur scellons des lettres de change sur ce correspondant pour la somme demandée.

— Ah ! voilà qui est bien, dit don Manoël majestueusement, préoccupé de l'invention, je n'avais pas descendu aux détails.

— Qui sont exquis, dit le banquier du pharaon en passant sa langue sur ses lèvres.

— Maintenant, avisons à nous partager les rôles, dit Beausire. Je vois don Manoël dans l'ambassadeur.

— Oh ! certes, oui, fit en chœur l'assemblée.

— Et je vois monsieur de Beausire dans mon secrétaire-interprète, ajouta don Manoël.

— Comment cela ? reprit Beausire un peu inquiet.

— Il ne faut pas que je parle un mot de français, moi qui suis monsieur de Souza ; car je le connais, ce seigneur, et si il parle, ce qui est rare, c'est tout au plus le portugais, sa langue naturelle. Vous, au contraire, monsieur de Beausire, qui avez voyagé, qui avez une grande habitude des transactions parisiennes, qui parlez agréablement le portugais...

— Mal, dit Beausire.

— Assez pour qu'on ne vous croie pas Parisien.

— C'est vrai... Mais...

— Et puis, ajouta don Manoël, en attachant son regard noir sur Beausire, aux plus utiles agens les plus gros bénéfices.

— Assurément, dirent les associés.

— C'est convenu, je suis secrétaire-interprète.

— Parlons-en tout de suite, interrompit le banquier ; comment divisera-t-on l'affaire ?

— Tout simplement, dit don Manoël, nous sommes douze.

— Oui, douze, dirent les associés en se comptant.

— Par douzièmes, alors, ajouta don Manoël, avec cette réserve toutefois que certains parmi nous auront une part et demie ; moi, par exemple, comme père de l'idée et ambassadeur ; monsieur de Beausire parce qu'il avait flairé le coup et parlé millions en arrivant ici.

Beausire fit un signe d'adhésion.

— Et enfin, dit le Portugais, une part et demie aussi à celui qui vendra les diamans.

— Oh ! s'écrièrent tout d'une voix les associés, rien à celui-là, rien qu'une demi-part.

— Pourquoi donc ? fit don Manoël surpris ; celui-là me semble risquer beaucoup.

— Oui, dit le banquier, mais il aura les pots-de-vin, les primes, les remises, qui lui constitueront un lopin distingué.

Chacun de rire : ces honnêtes gens se comprenaient à merveille.

— Voilà donc qui est arrangé, dit Beausire, à demain les détails, il est tard.

Il pensait à Oliva restée seule au bal avec ce domino bleu, vers lequel, malgré sa facilité à donner des louis d'or, l'amant de Nicole ne se sentait pas porté par une confiance aveugle.

— Non, non, tout de suite, finissons, dirent les associés. Quels sont ces détails?

— Une chaise de voyage aux armes de Souza, dit Beausire.

— Ce sera trop long à peindre, fit don Manoël, et à sécher surtout.

— Un autre moyen alors, s'écria Beausire. La chaise de monsieur l'ambassadeur se sera brisée en chemin, et il aura été contraint de prendre celle de son secrétaire.

— Vous avez donc une chaise, vous? demanda le Portugais.

— J'ai la première venue.

— Mais vos armes?

— Les premières venues.

— Oh! cela simplifie tout. Beaucoup de poussière, d'éclaboussures sur les panneaux, beaucoup sur le derrière de la chaise, à l'endroit où sont les armoiries, et le chancelier n'y verra que de la poussière et des éclaboussures.

— Mais le reste de l'ambassade? demanda le banquier.

— Nous autres, nous arriverons le soir, c'est plus commode pour un début, et vous, vous arriverez le lendemain, quand nous aurons déjà préparé les voies.

— Très bien.

— A tout ambassadeur, outre son secrétaire, il faut un valet de chambre, dit don Manoël, fonction délicate !

— Monsieur le commandeur, dit le banquier en s'adressant à l'un des aigrefins, vous prenez le rôle de valet de chambre.

Le commandeur s'inclina.

— Et des fonds pour des achats? dit don Manoël, moi je suis à sec.

— Moi j'ai de l'argent, dit Beausire, mais il est à ma maîtresse.

— Qu'y a-t-il en caisse? demandèrent les associés.

— Vos clefs, messieurs, dit le banquier.

Chacun des associés tira une petite clef qui ouvrait un verrou sur douze, par lesquels se fermait le double fond de la fameuse table, en sorte que dans cette honnête société nul ne pouvait visiter la caisse sans la permission de ses onze collègues.

Il fut procédé à la vérification.

— Cent quatre-vingt-dix-huit louis au-dessus du fonds de réserve, dit le banquier qui avait été surveillé.

— Donnez-les à monsieur de Beausire et à moi, ce n'est pas trop? demanda Manoël.

— Donnez-en les deux tiers, laissez le tiers au reste de l'ambassade, dit Beausire avec une générosité qui concilia tous les suffrages.

De cette façon, don Manoël et Beausire reçurent cent trente-deux louis d'or, et soixante six restèrent aux autres.

On se sépara, les rendez-vous pris pour le lendemain. Beausire se hâta de rouler son domino sous son bras et de courir rue Dauphine, où il espérait retrouver mademoiselle Oliva en possession de tout ce qu'elle avait de vertus anciennes et de nouveaux louis d'or.

IV.

L'AMBASSADEUR.

Le lendemain, vers le soir, une chaise de voyage arrivait par la barrière d'Enfer, assez poudreuse, assez éclaboussée pour que nul ne pût distinguer les armoiries.

Les quatre chevaux qui la menaient brûlaient le pavé; les postillons, comme on dit, allaient un train de prince.

La chaise s'arrêta devant un hôtel d'assez belle apparence, dans la rue de la Jussienne.

Sur la porte même de cet hôtel, deux hommes attendaient; l'un, d'une mise assez recherchée pour annoncer la cérémonie; l'autre, dans une sorte de livrée banale comme en ont eu de tout temps les officiers publics des différentes administrations parisiennes.

Autrement dit, ce dernier ressemblait à un suisse en costume d'apparat.

La chaise pénétra dans l'hôtel, dont les portes furent aussitôt fermées au nez de plusieurs curieux.

L'homme aux habits de cérémonie s'approcha très respectueusement de la portière, et d'une voix un peu chevrotante, il entama une harangue en langue portugaise.

— Qui êtes-vous? répondit de l'intérieur une voix brusque, en portugais également, seulement cette voix parlait un excellent portugais.

— Le chancelier indigne de l'ambassade, Excellence.

— Fort bien. Comme vous parlez mal notre langue! mon cher chancelier. Voyons, où descend-on?

— Par ici, monseigneur, par ici.

— Triste réception, dit le seigneur don Manoël, qui faisait le gros dos en s'appuyant sur son valet de chambre et sur son secrétaire.

— Votre Excellence daignera me pardonner, dit le chancelier dans son mauvais langage ; ce n'est qu'à deux heures aujourd'hui qu'est descendu à l'ambassade le courrier de Son Excellence pour annoncer votre arrivée. J'étais absent, monseigneur, absent pour les affaires de la légation. Aussitôt mon retour, j'ai trouvé la lettre de Votre Excellence. Je n'ai eu que le temps de faire ouvrir les appartemens ; on les éclaire.

— Bon, bon.

— Ah ! ce m'est une vive joie de voir l'illustre personne de notre nouvel ambassadeur.

— Chut ! ne divulguons rien jusqu'à ce que des ordres nouveaux soient venus de Lisbonne. Veuillez seulement, monsieur, me faire conduire à ma chambre à coucher, je tombe de fatigue. Vous vous entendrez avec mon secrétaire, il vous transmettra mes ordres.

Le chancelier s'inclina respectueusement devant Beausire, qui rendit un salut affectueux, et dit d'un air courtoisement ironique :

— Parlez français, cher monsieur, cela vous mettra plus à l'aise, et moi aussi.

— Oui, oui, murmura le chancelier, je serai plus à l'aise, car je vous avouerai, monsieur le secrétaire, que ma prononciation...

— Je le vois bien, répliqua Beausire avec aplomb.

— Je profiterai de cette occasion, monsieur le secrétaire, puisque je trouve en vous un homme si aimable, se hâta de dire le chancelier avec effusion ; je profiterai, dis-je, de l'occasion, pour vous demander si vous croyez que monsieur de Souza ne m'en voudra pas d'écorcher ainsi le portugais ?

— Pas du tout, pas du tout, si vous parlez le français purement.

— Moi ! dit le chancelier joyeusement ; moi ! un Parisien de la rue Saint-Honoré !

— Eh bien ! c'est à ravir, dit Beausire. Comment vous nomme-t-on ? Ducorneau, je crois ?

— Ducorneau, oui, monsieur le secrétaire ; nom assez heureux, car il a une terminaison espagnole, si l'on veut.

2.

Monsieur le secrétaire savait mon nom ; c'est bien flatteur pour moi.

— Oui, vous êtes bien noté là-bas ; si bien noté, que cette bonne réputation nous a empêché d'amener un chancelier de Lisbonne.

— Oh! que de reconnaissance, monsieur le secrétaire, et quelle heureuse chance pour moi que la nomination de monsieur de Souza.

— Mais monsieur l'ambassadeur sonne, je crois.

— Courons.

On courut en effet. Monsieur l'ambassadeur, grâce au zèle de son valet de chambre, venait de se déshabiller. Il avait revêtu une magnifique robe de chambre. Un barbier, appelé à la hâte, l'accommodait. Quelques boîtes et nécessaires de voyage, assez riches en apparence, garnissaient les tables et les consoles.

Un grand feu flambait dans la cheminée.

— Entrez, entrez, monsieur le chancelier, dit l'ambassadeur qui venait de s'ensevelir dans un immense fauteuil à coussins, tout en travers du feu.

— Monsieur l'ambassadeur se fâchera-t-il si je lui réponds en français ? dit le chancelier tout bas à Beausire.

— Non, non. allez toujours.

Ducorneau fit son compliment en français.

— Eh ! mais, c'est fort commode ; vous parlez admirablement le français, monsieur du Corno.

— Il me prend pour un Portugais, pensa le chancelier ivre de joie.

Et il serra la main de Beausire.

— Ça ! dit Manoël, pourra-t-on souper?

— Certes, oui, Votre Excellence. Oui, le Palais-Royal est à deux pas d'ici, et je connais un traiteur excellent qui apportera un bon souper pour Votre Excellence.

— Comme si c'était pour vous, monsieur du Corno.

— Oui, monseigneur... et moi, si Son Excellence le permettait, je prendrais la permission d'offrir quelques bouteilles d'un vin du pays, comme Votre Excellence n'en aura trouvé qu'à Porto même.

— Eh ! notre chancelier a donc bonne cave ? dit Beausire gaillardement.

— C'est mon seul luxe, répliqua humblement le brave homme, dont pour la première fois, aux bougies, Beausire et don Manoël purent remarquer les yeux vifs, les grosses joues rondes et le nez fleuri.

— Faites comme il vous plaira, monsieur du Corno, dit l'ambassadeur ; apportez-nous de votre vin, et venez souper avec nous.

— Un pareil honneur...

— Sans étiquette, aujourd'hui je suis encore un voyageur, je ne serai l'ambassadeur que demain. Et puis nous parlerons affaires.

— Oh ! mais, monseigneur permettra que je donne un coup d'œil à ma toilette.

— Vous êtes superbe, dit Beausire.

— Toilette de réception, non de gala, dit Ducorneau.

— Demeurez comme vous êtes, monsieur le chancelier, et donnez à nos préparatifs le temps que vous donneriez à prendre l'habit de gala.

Ducorneau ravi quitta l'ambassadeur, et se mit à courir pour gagner dix minutes à l'appétit de Son Excellence.

Pendant ce temps, les trois coquins, enfermés dans la chambre à coucher, passaient en revue le mobilier et les actes de leur nouveau pouvoir.

— Couche-t-il à l'hôtel, ce chancelier ? dit don Manoël.

— Non pas : le drôle a une bonne cave et doit avoir quelque part une jolie femme ou une grisette. C'est un vieux garçon.

— Le suisse ?

— Il faudra bien s'en débarrasser.

— Je m'en charge.

— Les autres valets de l'hôtel ?

— Valets de louage que nos associés remplaceront demain.

— Que dit la cuisine ? que dit l'office ?

— Morts ! morts ! L'ancien ambassadeur ne paraissait jamais à l'hôtel. Il avait sa maison en ville.

— Que dit la caisse ?

— Pour la caisse, il faut consulter le chancelier : c'est délicat.

— Je m'en charge, dit Beausire : nous sommes déjà les meilleurs amis du monde.

— Chut ! le voici.

En effet, Ducorneau revenait essoufflé. Il avait prévenu le traiteur de la rue des Bons-Enfans, pris dans son cabinet six bouteilles d'une mine respectable, et sa figure réjouie annonçait toutes les bonnes dispositions que ces soleils, la nature et la diplomatie, savent combiner pour dorer ce que les cyniques appellent la façade humaine.

— Votre Excellence, dit-il, ne descendra pas dans la salle à manger ?

— Non pas, non pas, nous mangerons dans la chambre, entre nous, près du feu.

— Monseigneur me ravit de joie. Voici le vin.

— Des topazes ! dit Beausire en élevant un des flacons à la hauteur d'une bougie.

— Asseyez-vous, monsieur le chancelier, pendant que mon valet de chambre dressera le couvert.

Ducorneau s'assit.

— Quel jour sont arrivées les dernières dépêches ? dit l'ambassadeur.

— La veille du départ de votre... du prédécesseur de Votre Excellence.

— Bien. La légation est en bon état ?

— Oh ! oui, monseigneur.

— Pas de mauvaises affaires d'argent ?

— Pas que je sache.

— Pas de dettes... Oh ! dites... S'il y en avait, nous commencerions par payer. Mon prédécesseur est un galant gentilhomme pour qui je me porte garant solidaire.

— Dieu merci ! monseigneur n'en aura pas besoin ; les crédits ont été ordonnancés il y a trois semaines, et le lendemain même du départ de l'ex-ambassadeur, cent mille livres arrivaient ici.

— Cent mille livres ! s'écrièrent à la fois Beausire et don Manoël, effarés de joie.

— En or, dit le chancelier.

— En or, répétèrent l'ambassadeur, le secrétaire, et jusqu'au valet de chambre.

— De sorte, dit Beausire, en avalant son émotion, que la caisse renferme....

— Cent mille trois cent vingt-huit livres, monsieur le secrétaire.

— C'est peu, dit froidement don Manoël ; mais Sa Majesté heureusement a mis des fonds à notre disposition. Je vous l'avais bien dit, mon cher, ajouta-t-il en s'adressant à Beausire, que nous manquerions à Paris.

— Hormis ce point que Votre Excellence avait pris ses précautions, répliqua respectueusement Beausire.

A partir de cette communication importante du chancelier, l'hilarité de l'ambassade ne fit que s'accroître.

Un bon souper, composé d'un saumon, d'écrevisses énormes, de viandes noires et de crèmes, n'augmenta pas médiocrement cette verve des seigneurs portugais.

Ducorneau mis à l'aise mangea comme dix grands d'Espagne, et montra à ses supérieurs comme quoi un Parisien de la rue Saint-Honoré traitait les vins de Porto et de Xérès en vins de Brie et de Tonnerre.

Monsieur Ducorneau bénissait encore le ciel de lui avoir envoyé un ambassadeur qui préférait la langue française à la langue portugaise, et les vins portugais aux vins de France ; il nageait dans cette délicieuse béatitude que fait au cerveau l'estomac satisfait et reconnaissant, lorsque monsieur de Souza l'interpellant lui demanda de s'aller coucher.

Ducorneau se leva, et dans une révérence épineuse qui accrocha autant de meubles qu'une branche d'églantier accroche de feuilles dans un taillis, le chancelier gagna la porte de la rue.

Beausire et don Manoël n'avaient pas assez fêté le vin de l'ambassade pour succomber sur le champ au sommeil.

D'ailleurs, il fallait que le valet de chambre soupât à son tour après ses maîtres, opération que le *commandeur* accomplit minutieusement, d'après les précédens tracés par monsieur l'ambassadeur et son secrétaire.

Tout le plan du lendemain se trouva dressé. Les trois associés poussèrent une reconnaissance dans l'hôtel, après s'être assurés que le suisse dormait.

V.

MM. BOEHMER ET BOSSANGE.

Le lendemain, grâce à l'activité de Ducorneau à jeun, l'ambassade était sortie de sa léthargie. Bureaux, cartons écritoires, air d'apparat, chevaux piaffant dans la cour, indiquaient la vie là où la veille encore on sentait l'atonie et la mort.

Le bruit se répandit vite, dans le quartier, qu'un grand personnage, chargé d'affaires, était arrivé de Portugal pendant la nuit.

Ce bruit, qui devait donner du crédit à nos trois fripons, était pour eux une source de frayeurs toujours renaissantes.

En effet, la police de monsieur de Crosne et celle de monsieur de Breteuil avaient de larges oreilles qu'elles se garderaient bien de clore en pareille occurrence; elles avaient des yeux d'Argus que certainement elles ne fermeraient pas lorsqu'il s'agirait de messieurs les diplomates du Portugal.

Mais don Manoël fit observer à Beausire qu'avec de l'audace on empêcherait les recherches de la police d'être soupçons avant huit jours; les soupçons d'être certitudes avant quinze jours; que, par conséquent, avant dix jours, moyen terme, rien ne gênerait les allures de l'association laquelle association, pour bien agir, devait avoir terminé ses opérations avant six jours.

L'aurore venait de poindre quand deux chaises de louage amenèrent dans l'hôtel la cargaison des neuf drôles destinés à composer le personnel de l'ambassade.

Ils furent installés bien vite, ou, pour mieux dire, couchés par Beausire. On en mit un à la caisse, l'autre aux archives, un troisième remplaça le Suisse, auquel Ducorneau lui-même donna son congé, sous prétexte qu'il ne savait pas le portugais. L'hôtel se trouva donc peuplé par cette garnison, qui devait en défendre les abords à tout profane.

La police est profane au plus haut degré pour ceux qui ont des secrets politiques ou autres.

Vers midi, don Manoël dit Souza s'étant habillé galamment, monta dans un carrosse fort propre que Beausire avait loué 500 livres pour un mois, en payant quinze jours d'avance.

Il partit pour la maison de MM. Bœhmer et Bossange, en compagnie de son secrétaire et de son valet de chambre.

Le chancelier reçut l'ordre d'expédier sous son couvert, et comme d'habitude, en l'absence des ambassadeurs, toutes les affaires relatives aux passeports, indemnités et secours, avec attention toutefois de ne donner des espèces ou de solder de comptes qu'avec l'agrément de monsieur le secrétaire.

Ces messieurs voulaient garder intacte la somme de cent mille livres, pivot fondamental de toute l'opération.

On apprit à monsieur l'ambassadeur que les joailliers de la couronne demeuraient sur le quai de l'École, où ils firent leur entrée vers une heure de relevée.

Le valet de chambre frappa modestement à la porte du joaillier, qui était fermée par de fortes serrures et garnie de gros clous à large tête, comme une porte de prison.

L'art avait disposé ces clous de manière à former des dessins plus ou moins agréables. Il était constaté seulement que jamais vrille, scie ou lime n'eût pu mordre un morceau du bois sans se rompre une dent sur un morceau de fer,

Un guichet treillissé s'ouvrit, et une voix demanda au valet de chambre ce qu'il désirait savoir.

— Monsieur l'ambassadeur de Portugal veut parler à messieurs Bœhmer et Bossange, répondit le valet.

Une figure apparut bien vite au premier étage, puis un pas précipité se fit entendre dans l'escalier. La porte s'ouvrit.

Don Manoël descendit de voiture avec une noble lenteur.

Monsieur Beausire était descendu le premier pour offrir son bras à Son Excellence.

L'homme qui s'avançait avec tant d'empressement au devant des deux Portugais était monsieur Bœhmer lui-même qui, en entendant s'arrêter la voiture, avait regardé par ses vitres, entendu le mot ambassadeur, et s'était élancé pour ne pas faire attendre Son Excellence.

Le joaillier se confondit en excuses pendant que don Manoël montait l'escalier.

Monsieur Beausire remarqua que, derrière eux, une vieille servante, vigoureuse et bien découplée, fermai verroux, serrures, dont il y avait un grand luxe à la porte de la rue.

Monsieur Beausire ayant paru faire ces observations avec une certaine recherche, monsieur Bœhmer lui dit :

— Monsieur, pardonnez; nous sommes si fort exposés dans notre malheureuse profession, que nos habitudes renferment toutes une précaution quelconque.

Don Manoël était demeuré impassible; Bœhmer le vit et lui réitéra à lui-même la phrase qui avait obtenu de Beausire un sourire agréable. Mais l'ambassadeur n'ayant pas plus sourcillé à la seconde fois qu'à la première :

— Pardonnez-moi, monsieur l'ambassadeur, dit encore Bœhmer décontenancé.

— Son Excellence ne parle pas français, dit Beausire, et ne peut vous entendre, monsieur; mais je vais lui transmettre vos excuses, à moins, se hâta-t-il de dire, que vous-même, monsieur, ne parliez le portugais.

— Non, monsieur, non.

— Je parlerai donc pour vous.

Et Beausire baragouina quelques mots portugais à don Manoël, qui répondit dans la même langue.

— Son Excellence monsieur le comte de Souza, ambassadeur de Sa Majesté Très Fidèle, accepte gracieusement vos excuses, monsieur, et me charge de vous demander s'il est vrai que vous ayez encore en votre possession un beau collier de diamans ?

Bœhmer leva la tête et regarda Beausire en homme qui sait toiser son monde.

Beausire soutint le choc en habile diplomate.

— Un collier de diamans, dit lentement Bœhmer, un fort beau collier ?

— Celui que vous avez offert à la reine de France, ajouta Beausire, et dont Sa Majesté Très Fidèle a entendu parler.

— Monsieur, dit Bœhmer, est un officier de monsieur l'ambassadeur ?

— Son secrétaire particulier, monsieur.

Don Manoël s'était assis en grand seigneur ; il regardait les peintures des panneaux d'une assez belle pièce qui donnait sur le quai.

Un beau soleil éclairait alors la Seine, et les premiers peupliers montraient leurs pousses d'un vert tendre au-dessus des eaux, grosses encore et jaunies par le dégel.

Don Manoël passa de l'examen des peintures à celui du paysage.

— Monsieur, dit Beausire, il me semble que vous n'avez pas entendu un mot de ce que je vous ai dit.

— Comment cela, monsieur ? répondit Bœhmer, un peu étourdi du ton vif du personnage.

— C'est que je vois Son Excellence qui s'impatiente, monsieur le joaillier.

— Monsieur, pardon, dit Bœhmer tout rouge, je ne dois pas montrer le collier sans être assisté de mon associé, monsieur Bossange.

— Eh bien ! monsieur, faites venir votre associé.

Don Manoël se rapprocha, et, de son air glacial qui comportait une certaine majesté, il commença en portugais une allocution qui fit plusieurs fois courber sous le respect la tête de Beausire.

Après quoi il tourna le dos, et reprit sa contemplation aux vitres.

— Son Excellence me dit, monsieur, qu'il y a déjà dix minutes qu'elle attend, et qu'elle n'a pas l'habitude d'attendre nulle part, pas même chez les rois.

Bœhmer s'inclina, prit un cordon de sonnette et l'agita.

Une minute après, une autre figure entra dans la chambre. C'était monsieur Bossange, l'associé.

Bœhmer le mit au fait avec deux mots. Bossange donna son coup d'œil aux deux Portugais, et finit par demander à Bœhmer sa clef pour ouvrir le coffre-fort.

— Il me paraît que les honnêtes gens, pensa Beausire, prennent autant de précautions les uns contre les autres que les voleurs.

Dix minutes après, monsieur Bossange revint, portant un écrin dans sa main gauche ; sa main droite était cachée sous son habit. Beausire y vit distinctement le relief de deux pistolets.

— Nous pouvons avoir bonne mine, dit don Manoël gravement en portugais ; mais ces marchands nous prennent plutôt pour des filous que pour des ambassadeurs.

Et en prononçant ces mots, il regarda bien les joailliers pour saisir sur leurs visages la moindre émotion dans le cas où ils comprendraient le portugais.

Rien ne parut, rien qu'un collier de diamans si merveilleusement beau que l'éclat éblouissait.

On mit avec confiance cet écrin dans les mains de don Manoël, qui soudain avec colère :

— Monsieur, dit-il à son secrétaire, dites à ces drôles qu'ils abusent de la permission qu'a un marchand d'être stupide. Ils me montrent du strass quand je leur demande des diamans. Dites-leur que je me plaindrai au ministre de France, et qu'au nom de ma reine, je ferai jeter à la Bastille les impertinens qui mystifient un ambassadeur de Portugal.

Disant ces mots, il fit voler, d'un revers de main, l'écrin sur le comptoir.

Beausire n'eut pas besoin de traduire toutes les paroles, la pantomime avait suffi.

Bœhmer et Bossange se confondirent en excuses, et dirent qu'en France on montrait des modèles de diamans, des semblans de parure, le tout pour satisfaire les honnêtes gens, mais pour ne pas allécher ou tenter les voleurs.

Monsieur de Souza fit un geste énergique et marcha vers la porte aux yeux des marchands inquiets.

— Son Excellence me charge de vous dire, poursuivit Beausire, qu'il est fâcheux que des gens qui portent le titre de joailliers de la couronne de France en soient à distinguer un ambassadeur d'avec un gredin, et Son Excellence se retire à son hôtel.

Messieurs Bœhmer et Bossange se firent un signe, et s'inclinèrent en protestant de nouveau de tout leur respect.

Monsieur de Souza leur faillit marcher sur les pieds et sortit.

Les marchands se regardèrent, décidément inquiets et courbés jusqu'à terre.

Beausire suivit fièrement son maître.

La vieille ouvrit les serrures de la porte.

— A l'hôtel de l'ambassade, rue de la Jussienne ! cria Beausire au valet de chambre.

— A l'hôtel de l'ambassade, rue de la Jussienne ! cria le valet au cocher.

Bœhmer entendit à travers du guichet.

— Affaire manquée ! grommela le valet.

— Affaire faite, dit Beausire ; dans une heure, ces croquans seront chez nous.

Le carrosse roula comme s'il eût été enlevé par huit chevaux.

VI.

A L'AMBASSADE.

En rentrant à l'hôtel de l'ambassade, ces messieurs trouvèrent Ducorneau qui dînait tranquillement dans son bureau.

Beausire le pria de monter chez l'ambassadeur, et lui tint ce langage :

— Vous comprenez, cher chancelier, qu'un homme tel que monsieur de Souza n'est pas un ambassadeur ordinaire.

— Je m'en suis aperçu, dit le chancelier.

— Son Excellence, poursuivit Beausire, veut occuper une place distinguée à Paris, parmi les riches et les gens de goût, c'est vous dire que le séjour de ce vilain hôtel, rue de la Jussienne, n'est pas supportable pour lui ; en conséquence, il s'agirait de trouver une autre résidence particulière pour monsieur de Souza.

— Cela compliquera les relations diplomatiques, dit le chancelier ; nous aurons à courir beaucoup pour les signatures.

— Eh ! Son Excellence vous donnera un carrosse, cher monsieur Ducorneau, répondit Beausire.

Ducorneau faillit s'évanouir de joie.

— Un carrosse à moi ! s'écria-t-il.

— Il est fâcheux que vous n'en ayez pas l'habitude, continua Beausire ; un chancelier d'ambassade un peu digne doit avoir son carrosse ; mais nous parlerons de ce détail en temps et lieu. Pour le moment, rendons compte à monsieur l'ambassadeur de l'état des affaires étrangères. La caisse, où est-elle ?

— Là-haut, monsieur, dans l'appartement même de monsieur l'ambassadeur.

— Si loin de vous.

— Mesure de sûreté, monsieur ; les voleurs ont plus de mal à pénétrer au premier qu'au rez-de-chaussée.

— Des voleurs, fit dédaigneusement Beausire, pour une si petite somme.

— Cent mille livres ! fit Ducorneau. Peste ! on voit bien que monsieur de Souza est riche. Il n'y a pas cent mille livres dans toutes les caisses d'ambassade.

— Voulez-vous que nous vérifions, dit Beausire ; j'ai hâte de me rendre à mes affaires.

— A l'instant, monsieur, à l'instant, dit Ducorneau en quittant le rez-de-chaussée.

Vérification faite, les cent mille livres apparurent en belles espèces, moitié or et moitié argent.

Ducorneau offrit sa clef, que Beausire regarda quelque temps, pour en admirer les ingénieuses guillochures et les trèfles compliqués.

Il en avait habilement pris l'empreinte avec de la cire.

Puis il la rendit au chancelier en lui disant :

— Monsieur Ducorneau, elle est mieux dans vos mains que dans les miennes ; passons chez monsieur l'ambassadeur.

On trouva don Manoël en tête-à-tête avec le chocolat national. Il semblait fort occupé d'un papier couvert de chiffres. A la vue de son chancelier :

— Connaissez-vous le chiffre de l'ancienne correspondance ? demanda-t-il.

— Non, Votre Excellence.

— Eh bien ! je veux que désormais vous soyez initié, monsieur ; vous me débarrasserez, de cette façon, d'une foule de détails ennuyeux. A propos, la caisse ? demanda-t-il à Beausire.

— En parfait état, comme tout ce qui est du ressort de monsieur Ducorneau, répliqua Beausire.

— Les cent mille livres ?

— Liquides, monsieur.

— Bien ; asseyez-vous, monsieur Ducorneau, vous allez me donner un renseignement.

— Aux ordres de Votre Excellence, dit le chancelier radieux.

— Voici le fait : affaire d'Etat, monsieur Ducorneau.

— Oh ! j'écoute, monseigneur.

Et le digne chancelier approcha son siége.

— Affaire grave, dans laquelle j'ai besoin de vos lumières. Connaissez-vous des joailliers un peu honnêtes, à Paris ?

— Il y a messieurs Bœhmer et Bossange, joailliers de la couronne, dit le chancelier.

— Précisément, ce sont eux que je ne veux point employer, dit don Manoël ; je les quitte pour ne jamais les revoir.

— Ils ont eu le malheur de mécontenter Votre Excellence ?

— Gravement, monsieur Corno, gravement.

— Oh ! si je pouvais être un peu moins réservé, si j'osais...

— Osez.

— Je demanderais en quoi ces gens, qui ont de la réputation dans leur métier...

— Ce sont de véritables juifs, monsieur Corno, et leurs mauvais procédés leur font perdre comme un million ou deux.

— Oh ! s'écria Ducorneau avidement.

— J'étais envoyé par Sa Majesté Très Fidèle pour négocier d'un collier de diamans.

— Oui, oui, le fameux collier qui avait été commandé par le feu roi pour madame Dubarry ; je sais, je sais.

— Vous êtes un homme précieux ; vous savez tout. Eh bien ! j'allais acheter ce collier ; mais puisque les choses vont ainsi, je ne l'achèterai pas.

— Faut-il que je fasse une démarche ?

— Monsieur Corno !

— Diplomatique, monseigneur, très diplomatique.

— Ce serait bon si vous connaissiez ces gens-là.

— Bossange est mon petit cousin à la mode de Bretagne.

Don Manoël et Beausire se regardèrent.

Il se fit un silence. Les deux Portugais aiguisaient leurs réflexions.

Tout à coup un des valets ouvrit la porte et annonça :

— Messieurs Bœhmer et Bossange !

Don Manoël se leva soudain, et d'une voix irritée :

— Renvoyez ces gens-là ! s'écria-t-il.

Le valet fit un pas pour obéir.

— Non, chassez-les vous-même, monsieur le secrétaire, reprit l'ambassadeur.

— Au nom du ciel ! fit Ducorneau suppliant, laissez-moi exécuter l'ordre de monseigneur ; je l'adoucirai, puisque je ne puis l'éluder.

— Faites, si vous voulez, dit négligemment don Manoël.

Beausire se rapprocha de lui au moment où Ducorneau sortait avec précipitation.

— Ah ça ! mais cette affaire est destinée à manquer ? dit don Manoël.

— Non pas, Ducorneau va la raccommoder.

— Il l'embrouillera, malheureux ! Nous avons parlé portugais seulement chez les joailliers ; vous avez dit que je n'entendais pas un mot de français. Ducorneau va tout gâter.

— J'y cours.

— Vous montrer, c'est peut-être dangereux, Beausire.

— Vous allez voir que non : laissez-moi plein pouvoir.

— Pardieu !

Beausire sortit.

Ducorneau avait trouvé en bas Bœhmer et Bossange, dont la contenance, depuis leur entrée à l'ambassade, était toute modifiée dans le sens de la politesse, sinon dans celui de la confiance.

Ils comptaient peu sur la vue d'un visage de connaissance, et se faufilaient avec raideur dans les premiers cabinets.

En apercevant Ducorneau, Bossange poussa un cri de joyeuse surprise.

— Vous ici ! dit-il.

Et il s'approcha pour l'embrasser.

— Ah ! ah ! vous êtes bien aimable, dit Ducorneau, vous me reconnaissez ici, mon cousin le richard. Est-ce parce que je suis à une ambassade ?

— Ma foi ! oui, dit Bossange, si nous avons été séparés un peu, pardonnez-le moi, et rendez-moi un service.

— Je venais pour cela.

— Oh ! merci. Vous êtes donc attaché à l'ambassade ?

— Mais oui.

— Un renseignement.

— Lequel, et sur quoi ?

— Sur l'ambassade même.

— J'en suis le chancelier.

— Oh ! à merveille. Nous voulons parler à l'ambassadeur.

— Je viens de sa part.

— De sa part ! pour nous dire ?...

— Qu'il vous prie de sortir bien vite de son hôtel, et bien vite, messieurs.

Les deux joailliers se regardèrent penauds.

— Parce que, dit Ducorneau avec importance, vous avez été maladroits et malhonnêtes, à ce qu'il paraît.

— Écoutez-nous donc.

— C'est inutile, dit tout à coup la voix de Beausire, qui apparut fier et froid au seuil de la chambre. Monsieur Ducorneau, Son Excellence vous a dit de congédier ces messieurs. Congédiez-les.

— Monsieur le secrétaire...

— Obéissez, dit Beausire avec dédain. Faites.

Et il passa.

Le chancelier prit son parent par l'épaule droite, l'associé du parent par l'épaule gauche, et les poussa doucement dehors.

— Voilà, dit-il, c'est une affaire manquée.

— Que ces étrangers sont donc susceptibles, mon Dieu ! murmura Bœhmer, qui était un Allemand.

— Quand on s'apppelle Souza et qu'on a neuf cent mille livres de revenu, mon cher cousin, dit le chancelier, on a le droit d'être ce qu'on veut.

— Ah ! soupira Bossange, je vous ai bien dit, Bœhmer, que vous êtes trop raide en affaires.

— Eh ! répliqua l'entêté Allemand, si nous n'avons pas son argent, il n'aura pas notre collier.

On approchait de la porte de la rue.

Ducorneau se mit à rire.

— Savez-vous bien ce que c'est qu'un Portugais ? dit-il dédaigneusement ; savez-vous ce que c'est qu'un ambassadeur, — bourgeois que vous êtes ? — Non. Eh bien ! je vais vous le dire. Un ambassadeur favori d'une reine, monsieur Potemkin, achetait tous les ans, au 1er janvier, pour la reine, un panier de cerises qui coûtait cent mille écus, mille livres la cerise ; c'est joli, n'est-ce pas ? Eh bien ! monsieur de Souza achètera les mines du Brésil pour trouver dans les filons un diamant gros comme tous les vôtres. Cela lui coûtera vingt années de son revenu, vingt millions ; mais que lui importe, il n'a pas d'enfans. — Voilà.

Et il leur fermait la porte, quand Bossange, se ravisant :

— Raccommodez cela, dit-il, et vous aurez...

— Ici, l'on est incorruptible, répliqua Ducorneau.

Et il ferma la porte.

Le soir même, l'ambassadeur reçut la lettre suivante :

« Monseigneur,

» Un homme qui attend vos ordres et désire vous présenter les respectueuses excuses de vos humbles serviteurs est à la porte de votre hôtel ; sur un signe de Votre Excellence, il déposera dans les mains d'un de vos gens le collier qui avait eu le bonheur d'attirer votre attention.

» Daignez recevoir, monseigneur, l'assurance du profond respect, etc., etc.

» Boehmer et Bossange. »

— Eh bien ! mais, dit don Manoël en lisant cette épître, le collier est à nous.

— Non pas, non pas, dit Beausire ; il ne sera à nous que quand nous l'aurons acheté ; achetons-le !

— Comment ?

— Votre Excellence ne sait pas le français, c'est convenu ; et tout d'abord, débarrassons-nous de monsieur le chancelier.

— Comment ?

— De la façon la plus simple : il s'agit de lui donner une mission diplomatique importante ; je m'en charge.

— Vous avez tort, dit Manoël, il sera ici notre caution.

— Il dira que vous parlez français comme monsieur Bossange et moi.

— Il ne le dira pas ; je l'en prierai.

— Soit, qu'il reste. Faites entrer l'homme aux diamans.

L'homme fut introduit ; c'était Bœhmer en personne, Bœhmer, qui fit les plus profondes gentillesses et les excuses les plus soumises.

Après quoi il offrit ses diamans, et fit mine de les laisser pour être examinés.

Don Manoël le retint.

— Assez d'épreuves comme cela, dit Beausire ; vous êtes un marchand défiant ; vous devez être honnête. Asseyez-vous ici et causons, puisque monsieur l'ambassadeur vous pardonne.

— Ouf ! que l'on a du mal à vendre, soupira Bœhmer.

— Que de mal on se donne pour voler, pensa Beausire.

VII.

LE MARCHÉ.

Alors, monsieur l'ambassadeur consentit à examiner le collier en détail.

Monsieur Bœhmer en montra curieusement chaque pièce, et en fit ressortir chaque beauté.

— Sur l'ensemble de ces pierres, dit Beausire, à qui don Manoël venait de parler en portugais, monsieur l'ambassadeur ne voit rien à dire ; l'ensemble est satisfaisant.

Quant aux diamans en eux-mêmes, ce n'est pas la même chose ; Son Excellence en a compté dix un peu piqués, un peux tachés.

— Oh ! fit Bœhmer.

— Son Excellence, interrompit Beausire, se connaît mieux que vous en diamans ; les nobles portugais jouent avec les diamans, au Brésil, comme ici les enfans avec du verre.

Don Manoël, en effet, posa le doigt sur plusieurs diamans l'un après l'autre, et fit remarquer avec une admirable perspicacité les défauts imperceptibles que peut-être un connaisseur n'eût pas relevés dans les diamans.

— Tel qu'il est cependant, ce collier, dit Bœhmer un peu surpris de voir un si grand seigneur aussi fin joaillier, tel qu'il est, ce collier est la plus belle réunion de diamans qu'il y ait en ce moment dans toute l'Europe.

— C'est vrai, répliqua don Manoël, et sur un signe Beausire ajouta :

— Eh bien ! monsieur Bœhmer, voici le fait : S. M. la reine de Portugal a entendu parler du collier ; elle a chargé Son Excellence de négocier l'affaire après avoir vu les diamans. Les diamans conviennent à Son Excellence ; combien voulez-vous vendre ce collier ?

— Seize cent mille livres, dit Bœhmer.

Beausire répéta le chiffre à son ambassadeur.

— C'est cent mille livres trop cher, répliqua don Manoël.

— Monseigneur, dit le joaillier, on ne peut évaluer les bénéfices au juste sur un objet de cette importance ; il a fallu, pour composer une parure de ce mérite, des recherches et des voyages qui effraieraient si on les connaissait comme moi.

— Cent mille livres trop cher, répartit le tenace Portugais.

— Et pour que monseigneur vous dise cela, dit Beausire, il faut que ce soit chez lui une conviction, car Son Excellence ne marchande jamais.

Bœhmer parut un peu ébranlé. Rien ne rassure les marchands soupçonneux comme un acheteur qui marchande.

— Je ne saurais, dit-il, après un moment d'hésitation, souscrire une diminution qui fait la différence du gain ou de la perte entre mon associé et moi.

Don Manoël écouta la traduction de Beausire et se leva.

Beausire ferma l'écrin et le remit à Bœhmer.

— J'en parlerai toujours à monsieur Bossange, dit ce dernier ; Votre Excellence y consent-elle ?

— Qu'est-ce à dire ? demanda Beausire.

— Je veux dire que monsieur l'ambassadeur semble avoir offert quinze cent mille livres du collier.

— Oui.

— Son Excellence maintient-elle son prix ?

— Son Excellence ne recule jamais devant ce qu'elle a dit, répliqua portugaisement Beausire ; mais Son Excellence ne recule pas toujours devant l'ennui de marchander ou d'être marchandé.

— Monsieur le secrétaire, ne concevez-vous pas que je doive causer avec mon associé ?

— Oh ! parfaitement, monsieur Bœhmer.

— Parfaitement, répondit en portugais don Manoël, à

qui la phrase de Bœhmer était parvenue, mais à moi aussi une solution prompte est nécessaire.

— Eh bien ! monseigneur, si mon associé accepte la diminution, moi j'accepte d'avance.

— Bien.

— Le prix est donc dès à présent de quinze cent mille livres.

— Soit.

— Il ne reste plus, dit Bœhmer, sauf toutefois la ratification de M. Bossange...

— Toujours, oui.

— Il ne reste plus que le mode du paiement.

— Vous n'aurez pas à cet égard la moindre difficulté, dit Beausire. Comment voulez-vous être payé ?

— Mais, dit Bœhmer en riant, si le comptant est possible.

— Qu'appelez-vous le comptant ? dit Beausire froidement.

— Oh ! je sais bien que nul n'a un million et demi en espèces à donner ! s'écria Bœhmer en soupirant.

— Et d'ailleurs, vous en seriez embarrassé vous-même, monsieur Bœhmer.

— Cependant, monsieur le secrétaire, je ne consentirai jamais à me passer d'argent comptant.

— C'est trop juste.

Et il se tourna vers don Manoël.

— Combien Votre Excellence donnerait-elle comptant à monsieur Bœhmer ?

— Cent mille livres, dit le Portugais.

— Cent mille livres, dit Beausire à Bœhmer, en signant le marché.

— Mais le reste ? dit Bœhmer.

— Le temps qu'il faut à une traite de monseigneur pour aller de Paris à Lisbonne, à moins que vous ne préfériez attendre l'avertissement envoyé de Lisbonne à Paris.

— Oh ! dit Bœhmer, nous avons un correspondant à Lisbonne ; en lui écrivant...

— C'est cela, dit Beausire en riant ironiquement, écrivez-lui ; demandez-lui si monsieur de Souza est solvable, et si Sa Majesté la reine est bonne pour quatorze cent mille livres.

— Monsieur... dit Bœhmer confus.

— Acceptez-vous, ou bien préférez-vous d'autres conditions ?

— Celles que monsieur le secrétaire a bien voulu me poser en premier lieu me paraissent acceptables. Y aurait-il des termes aux paiemens ?

— Il y aurait trois termes, monsieur Bœhmer, chacun de cinq cent mille livres, et ce serait pour vous l'affaire d'un voyage intéressant.

— D'un voyage à Lisbonne ?

— Pourquoi pas ?... Toucher un million et demi en trois mois, cela vaut-il qu'on se dérange ?

— Oh ! sans doute, mais...

— D'ailleurs, vous voyagerez aux frais de l'ambassade, et moi ou monsieur le chancelier, nous vous accompagnerons.

— Je porterai les diamans ?

— Sans nul doute, à moins que vous ne préfériez envoyer d'ici les traites, et laisser les diamans aller seuls en Portugal.

— Je ne sais... je... crois... que... le voyage serait utile, et que...

— C'est aussi mon avis, dit Beausire. On signerait ici. Vous recevriez vos cent mille livres comptant, vous signeriez la vente, et vous porteriez vos diamans à Sa Majesté.

— Quel est votre correspondant ?

— MM. Nunez Balboa frères.

Don Manoël leva la tête.

— Ce sont mes banquiers, dit-il en souriant.

— Ce sont les banquiers de Son Excellence, dit Beausire en souriant aussi.

Bœhmer parut radieux ; son aspect n'avait pas conservé un nuage ; il s'inclina comme pour remercier et prendre congé.

Soudain une réflexion le ramena.

— Qu'y a-t-il ? demanda Beausire inquiet.

— C'est parole donnée ? fit Bœhmer.

— Oui, donnée.

— Sauf...

— Sauf la ratification de monsieur Bossange, nous l'avons dit.

— Sauf un autre cas, ajouta Bœhmer.

— Ah ! ah !

— Monsieur, cela est tout délicat, et l'honneur du nom portugais est un sentiment trop puissant pour que Son Excellence ne comprenne pas ma pensée.

— Que de détours ! Au fait !

— Voici le fait. Le collier a été offert à Sa Majesté la reine de France.

— Qui l'a refusé. Après.

— Nous ne pouvons, monsieur, laisser sortir de France à tout jamais ce collier sans en prévenir la reine, et le respect, la loyauté même, exigent que nous donnions la préférence à Sa Majesté la reine.

— C'est juste, dit don Manoël avec dignité. Je voudrais qu'un marchand portugais tînt le même langage que monsieur Bœhmer.

— Je suis bien heureux et bien fier de l'assentiment que Son Excellence a daigné m'accorder. Voilà donc les deux cas prévus : ratifications des conditions par Bossange, deuxième et définitif refus de Sa Majesté la reine de France. Je vous demande pour cela trois jours.

— De notre côté, dit Beausire, cent mille livres comptant, trois traites de cinq cent mille livres mises dans vos mains. La boîte de diamans remise à monsieur le chancelier de l'ambassade ou à moi disposé à vous accompagner à Lisbonne, chez messieurs Nunez Balboa frères. Paiement intégral en trois mois. Frais de voyage nuls.

— Oui, monseigneur, oui, monsieur, dit Bœhmer en faisant la révérence.

— Ah ! dit don Manoël en portugais.

— Quoi donc ? fit Bœhmer inquiet à son tour et revenant.

— Pour épingles, dit l'ambassadeur, une bague de mille

pistoles pour mon secrétaire, ou pour mon chancelier, pour votre compagnon, enfin, monsieur le joaillier.

— C'est trop juste, monseigneur, murmura Bœhmer, et j'avais déjà fait cette dépense dans mon esprit.

Don Manoël congédia le joaillier avec un geste de grand seigneur.

Les deux associés demeurèrent seuls.

— Veuillez m'expliquer, dit don Manoël avec une certaine animation à Beausire, quelle diable d'idée vous avez eue de ne pas faire remettre ici les diamans? Un voyage en Portugal! êtes-vous fou? Ne pouvait-on donner à ces bijoutiers leur argent et prendre leurs diamans en échange.

— Vous prenez trop au sérieux votre rôle d'ambassadeur, répliqua Beausire. Vous n'êtes pas encore tout à fait monsieur de Souza pour monsieur Bœhmer.

— Allons donc! Eût-il traité s'il eût eu des soupçons.

— Tant qu'il vous plaira. Il n'eût pas traité, c'est possible; mais tout homme qui possède quinze cent mille livres se croit au-dessus de tous les rois et de tous les ambassadeurs du monde. Tout homme qui troque quinze cent mille livres contre des morceaux de papier veut savoir si ces papiers valent quelque chose.

— Alors vous allez en Portugal! Vous qui ne savez pas le portugais... Je vous dis que vous êtes fou.

— Point du tout. Vous irez vous-même.

— Oh! non pas, s'écria don Manoël; retourner en Portugal, moi, j'ai de trop fameuses raisons. Non! non!

— Je vous déclare que Bœhmer n'eût jamais donné ses diamans contre papiers.

— Papiers signés Souza!

— Quand je dis qu'il se prend pour un Souza! s'écria Beausire en frappant ses mains.

— J'aime mieux entendre dire que l'affaire est manquée, répéta don Manoël.

— Pas le moins du monde. Venez ici, monsieur le commandeur, dit Beausire au valet de chambre qui apparaissait sur le seuil. Vous savez de quoi il s'agit, n'est-ce pas?

— Oui.

— Vous m'écoutiez ?

— Certes.

— Très bien. Êtes-vous d'avis que j'ai fait une sottise ?

— Je suis d'avis que vous avez cent mille fois raison.

— Dites pourquoi ?

— Le voici. Monsieur Bœhmer n'aurait jamais cessé de faire surveiller l'hôtel de l'ambassade et l'ambassadeur.

— Eh bien ? dit don Manoël.

— Eh bien ! ayant son argent à la main, son argent à ses côtés, monsieur Bœhmer ne conservera aucun soupçon, il partira tranquillement pour le Portugal.

— Nous n'irons pas jusque-là, monsieur l'ambassadeur, dit le valet de chambre ; n'est-ce pas monsieur le chevalier de Beausire ?

— Allons donc ! voilà un garçon d'esprit, dit l'amant d'Oliva.

— Dites, dites votre plan, répondit don Manoël assez froid.

— A cinquante lieues de Paris, dit Beausire, ce garçon d'esprit, avec un masque sur le visage, viendra montrer un ou deux pistolets à notre postillon ; il nous volera nos traites, nos diamans, rouera de coups monsieur Bœhmer, et le tour sera fait.

— Je ne comprenais pas cela, dit le valet de chambre. Je voyais monsieur Beausire et monsieur Bœhmer s'embarquant à Bayonne pour le Portugal.

— Très bien !

— Monsieur Bœhmer, comme tous les Allemands, aime la mer et se promène sur le pont. Un jour de roulis il se penche et tombe. L'écrin est censé tomber avec lui, voilà. Pourquoi la mer ne garderait-elle pas quinze cent mille livres de diamans, elle qui a bien gardé les galions des Indes.

— Ah ! oui, je comprends, dit le Portugais.

— C'est heureux, grommela Beausire.

— Seulement, reprit don Manoël, pour avoir subtilisé les diamans on est mis à la Bastille, pour avoir fait regarder la mer à monsieur le joaillier on est pendu.

— Pour avoir volé les diamans, on est pris, dit le commandeur ; pour avoir noyé cet homme, on ne peut être soupçonné une minute.

— Nous verrons d'ailleurs quand nous en serons là, répliqua Beausire. Maintenant à nos rôles. Faisons aller l'ambassade comme des Portugais modèles, afin qu'on dise de nous : S'ils n'étaient pas de vrais ambassadeurs, ils en avaient la mine. C'est toujours flatteur. Attendons les trois jours.

VIII.

LA MAISON DU GAZETIER.

C'était le lendemain du jour où les Portugais avaient fait affaire avec Bœhmer, et trois jours après le bal de l'Opéra, auquel nous avons vu assister quelques-uns des principaux personnages de cette histoire.

Dans la rue Montorgueil, au fond d'une cour fermée par une grille, s'élevait une petite maison longue et mince, défendue du bruit de la rue par des contrevens qui rappelaient la vie de province.

Au fond de cette cour, le rez-de-chaussée, qu'il fallait aller chercher en sondant les différens gués de deux ou trois trous punais, offrait une espèce de boutique à demi ouverte à ceux qui avaient franchi l'obstacle de la grille et l'espace de la cour.

C'était la maison d'un journaliste assez renommé, d'un gazetier, comme on disait alors. Le rédacteur habitait le premier étage. Le rez-de-chaussée servait à empiler les livraisons de la gazette, étiquetées par numéros. Les deux autres étages appartenaient à des gens tranquilles, qui payaient bon marché le désagrément d'assister plusieurs fois l'an à des scènes bruyantes faites au gazetier par des agens de police, des particuliers offensés, ou des acteurs traités comme des Ilotes.

Ces jours-là, les locataires de la maison de *la Grille*, on l'appelait ainsi dans le quartier, fermaient leurs croisées sur le devant, afin de mieux entendre les abois du gazetier, qui, poursuivi, se réfugiait ordinairement dans la rue des Vieux-Augustins, par une sortie de plain-pied avec sa chambre.

Une porte dérobée s'ouvrait, se refermait ; le bruit cessait, l'homme menacé avait disparu ; les assaillans se trouvaient seuls en face de quatre fusiliers des gardes françaises, qu'une vieille servante était allée vite requérir au poste de la Halle.

Il arrivait bien de çà et de là que les assaillans, ne trouvant personne sur qui décharger leur colère, s'en prenaient aux paperasses mouillées du rez-de-chaussée, et lacéraient, trépignaient ou brûlaient, si par malheur il y avait du feu dans les environs, une certaine quantité des papiers coupables.

Mais qu'est-ce qu'un morceau de gazette pour une vengeance qui demandait des morceaux de peau du gazetier ?

A ces scènes près, la tranquillité de la maison de la Grille était proverbiale.

Monsieur Reteau sortait le matin, faisait sa ronde sur les quais, les places et les boulevards. Il trouvait les ridicules, les vices, les annotait, les crayonnait au vif, et les couchait tout portraiturés dans son plus prochain numéro.

Le journal était hebdomadaire.

C'est-à-dire que, pendant quatre jours, le sieur Reteau chassait l'article, le faisait imprimer pendant les trois autres jours, et menait du bon temps le jour de la publication du numéro.

La feuille venait de paraître, le jour dont nous parlons, soixante-douze heures après le bal de l'Opéra, où mademoiselle Oliva avait pris tant de plaisir au bras du domino bleu.

Monsieur Reteau, en se levant à huit heures, reçut de sa vieille servante le numéro du jour, encore humide et puant sous sa robe gris-rouge.

Il s'empressa de lire ce numéro avec le soin qu'un tendre père met à passer en revue les qualités ou les défauts de son fils chéri.

Puis quand il eut fini :

— Aldegonde, dit-il à la vieille, voilà un joli numéro; l'as-tu lu?

— Pas encore; ma soupe n'est pas finie, dit la vieille.

— Je suis content de ce numéro, dit le gazetier en élevant sur son maigre lit ses bras encore plus maigres.

— Oui, répliqua Aldegonde; mais savez-vous ce qu'on en dit à l'imprimerie?

— Que dit-on?

— On dit que certainement vous n'échapperez pas cette fois à la Bastille.

Reteau se mit sur son séant, et d'une voix calme :

— Aldegonde, Aldegonde, dit-il, fais-moi une bonne soupe et ne te mêle pas de littérature.

— Oh! toujours le même, répliqua la vieille; téméraire comme un moineau franc.

— Je t'achèterai des boucles avec le numéro d'aujourd'hui, fit le gazetier, roulé dans son drap d'une blancheur équivoque. Est-on venu déjà acheter beaucoup d'exemplaires?

— Pas encore, et mes boucles ne seront pas bien reluisantes, si cela continue. Vous rappelez-vous le bon numéro contre monsieur de Broglie : il n'était pas dix heures qu'on avait déjà vendu cent numéros.

— Et j'avais passé trois fois rue des Vieux-Augustins, dit Reteau; chaque bruit me donnait la fièvre; ces militaires sont brutaux.

—J'en conclus, poursuivit Aldegonde tenace, que ce numéro d'aujourd'hui ne vaudra pas celui de monsieur de Broglie.

— Soit, dit Reteau; mais je n'aurai pas tant à courir, et je mangerai tranquillement ma soupe. Sais-tu pourquoi, Aldegonde?

— Ma foi non, monsieur.

— C'est qu'au lieu d'attaquer un homme, j'attaque un corps; au lieu d'attaquer un militaire, j'attaque une reine.

— La reine! Dieu soit loué, murmura la veille; alors ne craignez rien; si vous attaquez la reine, vous serez porté en triomphe, et nous allons vendre des numéros, et j'aurai mes boucles.

— On sonne, dit Reteau, rentré dans son lit.

La vieille courut à la boutique pour recevoir la visite.

Un moment après elle remontait enluminée, triomphante.

— Mille exemplaires, disait-elle, mille d'un coup; voilà une commande.

— A quel nom? dit vivement Reteau.

— Je ne sais.

— Il faut le savoir; cours vite.

— Oh! nous avons le temps; ce n'est pas peu de chose que de compter, de ficeler et de charger mille numéros.

— Cours vite, te dis-je, et demande au valet... Est-ce un valet?

— C'est un commissionnaire, un Auvergnat avec ses crochets.

— Bon! questionne, demande-lui où il va porter ces numéros.

Aldegonde fit diligence; ses grosses jambes firent gémir l'escalier de bois criard, et sa voix, qui interrogeait, ne cessa de résonner à travers les planches. — Le commissionnaire répliqua qu'il portait ces numéros rue Neuve-Saint-Gilles, au Marais, chez le comte de Cagliostro.

Le gazetier fit un bond de joie qui faillit défoncer sa couchette. Il se leva, vint lui-même activer la livraison confiée aux soins d'un seul commis, sorte d'ombre famélique plus diaphane que les feuilles imprimées. Les mille exemplaires furent chargés sur les crochets de l'Auvergnat, lequel disparut par la grille, courbé sous le poids.

Le sieur Reteau se disposait à noter pour le prochain numéro le succès de celui-ci, et à consacrer quelques lignes au généreux seigneur qui voulait bien prendre mille numéros d'un pamphlet prétendu politique. Monsieur Reteau, disons-nous, se félicitait d'avoir fait une si heureuse connaissance, lorsqu'un nouveau coup de sonnette retentit dans la cour.

— Encore mille exemplaires, fit Aldegonde alléchée par le premier succès. Ah! monsieur, ce n'est pas étonnant; dès qu'il s'agit de l'Autrichienne tout le monde va faire chorus.

— Silence! silence! Aldegonde; ne parle pas si haut. L'Autrichienne, c'est une injure qui me vaudrait la Bastille, que tu m'as prédite.

— Eh bien! quoi, dit aigrement la vieille, est-elle, oui ou non, l'Autrichienne?

— C'est un mot que nous autres journalistes nous mettons en circulation, mais qu'il ne faut pas prodiguer.

Nouveau coup de sonnette.

— Va voir, Aldegonde, je ne crois pas que ce soit pour acheter des numéros.

— Qui vous fait croire cela? dit la vieille en descendant.

— Je ne sais; il me semble que je vois un homme de figure lugubre à la grille.

Aldegonde descendait toujours pour ouvrir.

Monsieur Reteau regardait, lui, avec une attention que l'on comprendra depuis que nous avons fait la description du personnage et de son officine.

Aldegonde ouvrit, en effet, à un homme vêtu simplement, qui s'informa si l'on trouverait chez lui le rédacteur de la gazette.

— Qu'avez-vous à lui dire? demanda Aldegonde, un peu défiante.

Et elle entrebâillait à peine la porte, prête à la repousser à la première apparence de danger.

L'homme fit sonner des écus dans sa poche.

Ce son métallique dilata le cœur de la vieille.

— Je viens, dit-il, payer les mille exemplaires de la *Gazette* d'aujourd'hui, qu'on est venu prendre au nom de monsieur le comte de Cagliostro.

— Ah! si c'est ainsi, entrez.

L'homme franchit la grille; mais il ne l'avait pas refermée, que derrière lui un autre visiteur, jeune, grand et de belle mine, retint cette grille en disant :

— Pardon, monsieur.

Et sans demander autrement la permission, il se glissa derrière le payeur envoyé par le comte de Cagliostro.

Aldegonde, tout entière au gain, fascinée par le son des écus, arrivait au maître.

— Allons, allons, dit-elle, tout va bien, voici les cinq cents livres du monsieur aux mille exemplaires.

— Recevons-les noblement, dit Reteau en parodiant Larive dans sa plus récente création.

Et il se drapa dans une robe de chambre assez belle, qu'il tenait de la munificence ou plutôt de la terreur de madame Dugazon, à laquelle, depuis son aventure avec l'écuyer Astley, le gazetier soutirait bon nombre de cadeaux en tous genres.

Le payeur du comte de Cagliostro se présenta, étala un petit sac d'écus de six livres, en compta jusqu'à cent qu'il empila en douze tas.

Reteau comptait scrupuleusement et regardait si les pièces n'étaient pas rognées.

Enfin, ayant trouvé son compte, il remercia, donna quittance, et congédia, par un sourire agréable, le payeur, auquel il demanda malicieusement des nouvelles de monsieur le comte de Cagliostro.

L'homme aux écus remercia, comme d'un compliment tout naturel, et se retira.

— Dites à monsieur le comte que je l'attends à son premier souhait, dit-il, et ajoutez qu'il soit tranquille ; je sais garder un secret.

— C'est inutile, répliqua le payeur, monsieur le comte de Cagliostro est indépendant, il ne croit pas au magnétisme ; il veut que l'on rie de monsieur Mesmer, et propage l'aventure du baquet pour ses menus-plaisirs.

— Bien, murmura une voix sur le seuil de la porte, nous tâcherons que l'on rie aussi aux dépens de monsieur le comte de Cagliostro.

Et monsieur Reteau vit apparaître dans sa chambre un

personnage qui lui parut bien autrement lugubre que le premier.

C'était, comme nous l'avons dit, un homme jeune et vigoureux ; mais Reteau ne partagea point l'opinion que nous avons émise sur sa bonne mine.

Il lui trouva l'œil menaçant et la tournure menaçante.

En effet, il avait la main gauche sur le pommeau d'une épée, et la main droite sur la pomme d'une canne.

— Qu'y a-t-il pour votre service, monsieur? demanda Reteau avec une sorte de tremblement qui lui prenait à chaque occasion un peu difficile.

Il en résulte que, comme les occasions difficiles n'étaient pas rares, Reteau tremblait souvent.

— Monsieur Reteau? demanda l'inconnu.
— C'est moi.
— Qui se dit de Villette?
— C'est moi, monsieur.
— Gazetier?
— C'est bien moi toujours.
— Auteur de l'article que voici? dit froidement l'inconnu en tirant de sa poche un numéro frais encore de la gazette du jour.
— J'en suis effectivement, non pas l'auteur, dit Reteau, mais le publicateur.
— Très bien ; cela revient exactement au même ; car si vous n'avez pas eu le courage d'écrire l'article, vous avez eu la lâcheté de le laisser paraître.

Je dis lâcheté, répéta l'inconnu froidement, parce qu'étant gentilhomme, je tiens à mesurer mes termes, même dans ce bouge. Mais il ne faut pas prendre ce que je dis à la lettre, car ce que je dis n'exprime pas ma pensée. Si j'exprimais ma pensée, je dirais : Celui qui a écrit l'article est un infâme! celui qui l'a publié est un misérable!

— Monsieur! dit Reteau, devenant fort pâle.

— Ah! dame! voilà une mauvaise affaire, c'est vrai, continua le jeune homme, s'animant au fur et à mesure qu'il parlait. Mais écoutez donc, monsieur le folliculaire, chaque chose a son tour ; tout à l'heure, vous avez reçu les écus, maintenant vous allez recevoir les coups de bâton.

— Oh ! s'écria Reteau, nous allons voir.

— Et qu'allons-nous voir ? fit d'un ton bref et tout militaire le jeune homme, qui, en prononçant ces mots, s'avança vers son adversaire.

Mais celui-ci n'en était pas à la première affaire de ce genre ; il connaissait les détours de sa propre maison ; il n'eut qu'à se retourner pour trouver une porte, la franchir, en repousser le battant, s'en servir comme d'un bouclier, et gagner de là une chambre adjacente qui aboutissait à la fameuse porte de dégagement donnant sur la rue des Vieux-Augustins.

Une fois là, il était en sûreté : il y trouvait une autre petite grille qu'en un tour de clef, — et la clef était toujours prête, — il ouvrait en se sauvant à toutes jambes.

Mais ce jour-là était un jour néfaste pour ce pauvre gazetier ; car au moment où il mettait la main sur cette clef, il aperçut par la claire-voie un autre homme qui, grandi sans doute par l'agitation du sang, lui parut un Hercule, et qui, immobile, menaçant, semblait attendre comme jadis le dragon d'Hesperus attendait les mangeurs de pommes d'or.

Reteau eût bien voulu revenir sur ses pas, mais le jeune homme à la canne, celui qui le premier s'était présenté à ses yeux, avait enfoncé la porte d'un coup de pied, l'avait suivi, et maintenant qu'il était arrêté par la vue de cette autre sentinelle, armée aussi d'une épée et d'une canne, il n'avait qu'une main à étendre pour le saisir.

Reteau se trouvait pris entre deux feux, ou plutôt entre deux cannes, dans une espèce de petite cour obscure, perdue, sourde, située entre les dernières chambres de l'appartement et la bienheureuse grille qui donnait sur la rue des Vieux-Augustins, c'est-à-dire, si le passage eût été libre, sur le salut et la liberté.

— Monsieur, laissez-moi passer, je vous prie, dit Reteau au jeune homme qui gardait la grille.

— Monsieur, s'écria le jeune homme qui poursuivait Reteau, monsieur, arrêtez ce misérable.

— Soyez tranquille, monsieur de Charny, il ne passera pas, dit le jeune homme de la grille.

— Monsieur de Taverney, vous ! s'écria Charny, car c'était lui en effet qui s'était présenté le premier chez Reteau à la suite du payeur, et par la rue Montorgueil.

Tous deux, en lisant la gazette, le matin, avaient eu la même idée, parce qu'ils avaient dans le cœur le même sentiment, et, sans se le communiquer le moins du monde l'un à l'autre, ils avaient mis cette idée à exécution.

C'était de se rendre chez le gazetier, de lui demander satisfaction, et de le bâtonner s'il ne la leur donnait pas.

Seulemement chacun d'eux en apercevant l'autre éprouva un mouvement de mauvaise humeur ; chacun devinait un rival dans l'homme qui avait éprouvé la même sensation que lui.

Aussi ce fut avec un accent assez maussade que M. de Charny prononça ces quatre mots :

— Monsieur de Taverney, vous !

— Moi-même, répondit Philippe avec le même accent dans la voix, en faisant de son côté un mouvement vers le gazetier suppliant, qui passait ses deux bras par la grille ; moi-même ; mais il paraît que je suis arrivé trop tard. Eh bien ! je ne ferai qu'assister à la fête, à moins que vous n'ayez la bonté de m'ouvrir la porte.

— La fête, murmura le gazetier épouvanté, la fête, que dites-vous donc là ? allez-vous m'égorger, messieurs ?

— Oh ! dit Charny, le mot est fort. Non, monsieur, nous ne vous égorgerons pas, mais nous vous interrogerons d'abord, ensuite nous verrons. Vous permettez que j'en use à ma guise avec cet homme, n'est-ce pas, monsieur de Taverney ?

— Assurément, monsieur, répondit Philippe, vous avez le pas, étant arrivé le premier.

— Çà, collez-vous au mur, et ne bougez, dit Charny, en remerciant du geste Taverney. Vous avouez donc, mon cher monsieur, avoir écrit et publié contre la reine le conte badin, vous l'appelez ainsi, qui a paru ce matin dans votre gazette ?

— Monsieur, ce n'est pas contre la reine.

— Ah ! bon, il ne manquait plus que cela.

— Ah! vous êtes bien patient, monsieur, dit Philippe, rageant de l'autre côté de la grille.

— Soyez tranquille, répondit Charny ; le drôle ne perdra pas pour attendre.

— Oui, murmura Philippe ; mais c'est que moi aussi, j'attends.

Charny ne répondit pas, à Taverney du moins.

Mais se retournant vers le malheureux Reteau :

— *Etteniotna*, c'est Antoinette retournée... Oh! ne mentez pas, monsieur... Ce serait si plat et si vil, qu'au lieu de vous battre ou de vous tuer proprement, je vous écorcherais tout vif. Répondez donc, et catégoriquement. Je vous demandais si vous étiez le seul auteur de ce pamphlet?

— Je ne suis pas un délateur, répliqua Reteau en se redressant.

— Très bien ! cela veut dire qu'il y a un complice ; d'abord, cet homme, qui vous a fait acheter mille exemplaires de cette diatribe, le comte de Cagliostro, comme vous disiez tout à l'heure, soit ! Le comte paiera pour lui, lorsque vous aurez payé pour vous.

— Monsieur, monsieur, je ne l'accuse pas, hurla le gazetier, redoutant de se trouver pris entre les deux colères de ces deux hommes, sans compter celle de Philippe qui pâlissait de l'autre côté de la grille.

— Mais, continua Charny, comme je vous tiens le premier, vous paierez le premier.

Et il leva sa canne.

— Monsieur, si j'avais une épée, hurla le gazetier.

Charny baissa sa canne.

— Monsieur Philippe, dit-il, prêtez votre épée à ce coquin, je vous prie.

— Oh! point de cela, je ne prête point une épée honnête à ce drôle ; voici ma canne, si vous n'avez point assez de la vôtre. Mais je ne puis consciencieusement faire autre chose pour lui et pour vous.

— Corbleu ! une canne, dit Reteau exaspéré ; savez-vous, monsieur, que je suis gentilhomme ?

— Alors, prêtez-moi votre épée, à moi, dit Charny en

jetant la sienne aux pieds du gazetier, j'en serai quitte pour ne plus toucher à celle-ci.

Et il jeta la sienne aux pieds de Reteau pâlissant.

Philippe n'avait plus d'objection à faire. Il tira son épée du fourreau et la passa à travers la grille à Charny.

Charny la prit en saluant.

— Ah! tu es gentilhomme, dit-il en se retournant du côté de Reteau, tu es gentilhomme et tu écris sur la reine de France de pareilles infamies !... Eh bien ! ramasse cette épée et prouve que tu es gentilhomme.

Mais Reteau ne bougea point ; on eût dit qu'il avait aussi peur de l'épée qui était à ses pieds que de la canne qui, un instant, avait été au-dessus de sa tête.

— Mordieu! dit Philippe exaspéré, ouvrez-moi donc cette grille.

— Pardon, monsieur, dit Charny, mais, vous en êtes convenu, cet homme est à moi d'abord.

— Alors, hâtez-vous d'en finir, car j'ai, moi, hâte de commencer.

— Je devais épuiser tous les moyens avant d'en arriver à ce moyen extrême, dit Charny, car je trouve que les coups de canne coûtent presque autant à donner qu'à recevoir ; mais puisque bien décidément monsieur préfère des coups de canne aux coups d'épée, soit, il sera servi à sa guise.

A peine ces mots étaient-ils achevés, qu'un cri poussé par Reteau annonça que Charny venait de joindre l'effet aux paroles. Cinq ou six coups vigoureusement appliqués, dont chacun tira un cri équivalent à la douleur qu'il produisit, suivirent le premier.

Ces cris attirèrent la vieille Aldegonde ; mais Charny s'inquiéta aussi peu de ses cris qu'il s'était inquiété de ceux de son maître.

Pendant ce temps, Philippe, placé comme Adam de l'autre côté du Paradis, se rongeait les doigts, faisant le manège de l'ours qui sent la chair fraîche en avant de ses barreaux.

Enfin Charny s'arrêta, las d'avoir battu, et Reteau se prosterna, las d'être rossé.

— La! dit Philippe, avez-vous fini, monsieur?

— Oui, dit Charny.

— Eh bien ! maintenant, rendez-moi mon épée qui vous a été inutile, et ouvrez-moi, je vous prie.

— Monsieur ! monsieur ! implora Reteau qui voyait un défenseur dans l'homme qui avait terminé ses comptes avec lui.

— Vous comprenez que je ne puis laisser monsieur à la porte, dit Charny ; je vais donc lui ouvrir.

— Oh ! c'est un meurtre ! cria Reteau ; voyons, tuez-moi tout de suite d'un coup d'épée, et que ce soit fini.

— Oh ! maintenant, dit Charny, rassurez-vous, je crois que monsieur ne vous touchera même pas.

— Et vous avez raison, dit avec un souverain mépris Philippe qui venait d'entrer. Je n'ai garde. Vous avez été roué, c'est bien, et, comme dit l'axiome légal : *Non bis in idem.* Mais il reste des numéros de l'édition, et ces numéros, il est important de les détruire.

— Ah ! très bien ! dit Charny ; voyez-vous que mieux vaut être deux qu'un seul ; j'eusse peut-être oublié cela ; mais par quel hasard étiez-vous donc à cette porte, monsieur de Taverney ?

— Voici, dit Philippe. Je me suis fait instruire dans le quartier des mœurs de ce coquin. J'ai appris qu'il avait l'habitude de fuir quand on lui serrait le bouton. Alors je me suis enquis de ses moyens de fuite, et j'ai pensé qu'en me présentant par la porte dérobée au lieu de me présenter par la porte ordinaire, et qu'en refermant cette porte derrière moi, je prendrais mon renard dans son terrier. La même idée de vengeance vous était venue : seulement, plus pressé que moi, vous avez pris des informations moins complètes ; vous êtes entré par la porte de tout le monde, et il allait vous échapper, quand heureusement vous m'avez trouvé là.

— Et je m'en réjouis ! Venez, monsieur de Taverney... Ce drôle va nous conduire à sa presse.

— Mais ma presse n'est pas ici, dit Reteau.

— Mensonge ! s'écria Charny menaçant.

— Non, non, s'écria Philippe, vous voyez bien qu'il a raison, les caractères sont déjà distribués ; il n'y a plus que

4.

l'édition. Or, l'édition doit être entière, sauf les mille vendus à monsieur de Cagliostro.

— Alors, il va déchirer cette édition devant nous.

— Il va la brûler, c'est plus sûr.

Et Philippe, approuvant ce mode de satisfaction, poussa Reteau et le dirigea vers la boutique.

IX.

COMMENT DEUX AMIS DEVIENNENT ENNEMIS.

Cependant Aldegonde, ayant entendu crier son maître et ayant trouvé la porte fermée, était allée chercher la garde.

Mais, avant qu'elle ne fût de retour, Philippe et Charny avaient eu le temps d'allumer un feu brillant avec les premiers numéros de la gazette, puis d'y jeter lacérées successivement les autres feuilles, qui s'embrasaient à mesure qu'elles touchaient le rayon de la flamme.

Les deux exécuteurs en étaient aux derniers numéros, lorsque la garde parut derrière Aldegonde, à l'extrémité de la cour, et en même temps que la garde cent polissons et autant de commères.

Les premiers fusils frappaient la dalle du vestibule quand le dernier numéro de la gazette commençait à flamber.

Heureusement Philippe et Charny connaissaient le chemin que leur avait imprudemment montré Reteau ; ils prirent donc le couloir secret, fermèrent les verroux, franchirent la grille de la rue des Vieux-Augustins, fermèrent la grille à double tour, et en jetèrent la clef dans le premier égout qui se trouva là.

Pendant ce temps-là Reteau, devenu libre, criait à l'aide, au meurtre, à l'assassinat, et Aldegonde, qui voyait les vitres s'enflammer aux reflets du papier brûlant, criait au feu.

Les fusiliers arrivèrent; mais comme ils trouvèrent les deux jeunes gens partis et le feu éteint, ils ne jugèrent pas à propos de pousser plus loin les recherches ; ils laissèrent Reteau se bassiner le dos avec de l'eau-de-vie camphrée, et retournèrent au corps de garde.

Mais la foule, toujours plus curieuse que la garde, séjourna jusqu'à près de midi dans la cour de monsieur Reteau, espérant toujours que la scène du matin se renouvellerait.

Aldegonde, dans son désespoir, blasphéma le nom de Marie-Antoinette en l'appelant l'Autrichienne, et bénit celui de monsieur Cagliostro, en l'appelant le protecteur des lettres.

Lorsque Taverney et Charny se trouvèrent dans la rue des Vieux-Augustins :

— Monsieur, dit Charny, maintenant que notre exécution est finie, puis-je espérer que j'aurai le bonheur de vous être bon à quelque chose?

— Mille grâces, monsieur, j'allais vous faire la même question.

— Merci; j'étais venu pour affaires particulières qui vont me tenir à Paris probablement une partie de la journée.

— Et moi aussi, monsieur.

— Permettez donc que je prenne congé de vous, et que je me félicite de l'honneur et du bonheur que j'ai eu de vous rencontrer.

— Permettez-moi de vous faire le même compliment, et d'y ajouter tout mon désir que l'affaire pour laquelle vous êtes venu se termine selon vos souhaits.

Et les deux hommes se saluèrent avec un sourire et une courtoisie à travers lesquels il était facile de voir que, dans toutes les paroles qu'il venaient d'échanger, les lèvres seules avaient été en jeu.

En se quittant, tous deux se tournèrent le dos, Philippe remontant vers les boulevards, Charny descendant du côté de la rivière.

Tous deux se retournèrent deux ou trois fois jusqu'à ce qu'ils se fussent perdus de vue. Et alors Charny, qui, ainsi que nous l'avons dit, était remonté du côté de la rivière, prit la rue Beaurepaire, puis, après la rue Beaurepaire, la rue du Renard, puis la rue du Grand-Hurleur, la rue Jean-Robert, la rue des Gravilliers, la rue Pastourelle, la rue d'Anjou, du Perche, Culture-Sainte-Catherine, de Saint-Anastase et Saint-Louis.

Arrivé là, il descendit la rue Saint-Louis et s'avança vers la rue Neuve-Saint-Gilles.

Mais à mesure qu'il approchait, son œil se fixait sur un jeune homme qui, de son côté, remontait la rue Saint-Louis, et qu'il croyait reconnaître. Deux ou trois fois, il s'arrêta doutant; mais bientôt le doute disparut. Celui qui remontait était Philippe.

Philippe qui, de son côté, avait pris la rue Mauconseil, la rue aux Ours, la rue du Grenier-Saint-Lazare, la rue Michel-le-Comte, la rue des Vieilles-Audriettes, la rue de l'Homme-Armé, la rue des Rosiers, était passé devant l'hôtel de Lamoignon, et enfin avait débouché sur la rue Saint-Louis, à l'angle de la rue de l'Egout-Sainte-Catherine.

Les deux jeunes gens se trouvèrent ensemble à l'entrée de la rue Neuve-Saint-Gilles.

Tous deux s'arrêtèrent et se regardèrent avec des yeux qui, cette fois, ne prenaient point la peine de cacher leur pensée.

Chacun d'eux avait encore eu, cette fois, la même pensée; c'était de venir demander raison au comte de Cagliostro.

Arrivés là, ni l'un ni l'autre ne pouvait douter du projet de celui en face duquel il se trouvait de nouveau.

— Monsieur de Charny, dit Philippe, je vous ai laissé le vendeur, vous pourriez bien me laisser l'acheteur. Je vous ai laissé donner les coups de canne, laissez-moi donner les coups d'épée.

— Monsieur, répondit Charny, vous m'avez fait cette galanterie, je crois, parce que j'étais arrivé le premier, et point pour autre chose.

— Oui; mais ici, dit Taverney, j'arrive en même temps que vous, et, je vous le dis tout d'abord : ici je ne vous ferai point de concession.

— Et qui vous dit que je vous en demande, monsieur ; je défendrai mon droit, voilà tout.

— Et selon vous, votre droit, monsieur de Charny?...

— Est de faire brûler à monsieur de Cagliostro les mille exemplaires qu'il a achetés à ce misérable.

— Vous vous rappellerez, monsieur, que c'est moi qui, le premier, ai eu l'idée de les faire brûler rue Montorgueil.

— Eh bien ! soit, vous les avez fait brûler rue Montorgueil, je les ferai déchirer, moi, rue Neuve-Saint-Gilles.

— Monsieur, je suis désespéré de vous dire que, très sérieusement, je désire avoir affaire le premier au comte de Cagliostro.

— Tout ce que je puis faire pour vous, monsieur, c'est de m'en remettre au sort ; je jetterai un louis en l'air, celui de nous deux qui gagnera aura la priorité.

— Merci, monsieur ; mais, en général, j'ai peu de chance, et peut-être serais-je assez malheureux pour perdre.

Et Philippe fit un pas en avant.

Charny l'arrêta.

— Monsieur, lui dit-il, un mot, et je crois que nous allons nous entendre.

Philippe se retourna vivement. Il y avait dans la voix de Charny un accent de menace qui lui plaisait.

— Ah! dit-il, soit.

— Si, pour aller demander satisfaction à monsieur de Cagliostro, nous passions par le bois de Boulogne, ce serait le plus long, je le sais bien ; mais je crois que cela terminerait notre différend. L'un de nous deux resterait probablement en route, et celui qui reviendrait n'aurait de compte à rendre à personne.

— En vérité, monsieur, dit Philippe, vous allez au devant de ma pensée ; oui, voilà en effet qui concilie tout. Voulez-vous me dire où nous nous retrouverons ?

— Mais, si ma société ne vous est pas trop insupportable, monsieur...

— Comment donc?

— Nous pourrions ne pas nous quitter. J'ai donné ordre à ma voiture de venir m'attendre place Royale, et, comme vous savez, c'est à deux pas d'ici.

— Alors, vous voudrez bien m'y donner une place.

— Comment donc, avec le plus grand plaisir.

Et les deux jeunes gens, qui s'étaient sentis rivaux au premier coup d'œil, devenus ennemis à la première occasion, se mirent à allonger le pas pour gagner la place Royale. Au coin de la rue du Pas-de-la-Mule, ils aperçurent le carrosse de Charny.

Celui-ci, sans se donner la peine d'aller plus loin, fit un signe au valet de pied. Le carrosse s'approcha. Charny invita Philippe à y prendre sa place. Et le carrosse partit dans la direction des Champs-Elysées.

Avant de monter en voiture, Charny avait écrit deux mots sur ses tablettes, et fait porter ces mots par son valet de pied à son hôtel de Paris.

Les chevaux de monsieur de Charny étaient excellens; en moins d'une demi-heure ils furent au bois de Boulogne.

Charny arrêta son cocher quand il eut trouvé dans le bois un endroit convenable.

Le temps était beau, l'air un peu vif, mais déjà le soleil humait avec force le premier parfum des violettes et des jeunes pousses de sureaux aux bords des chemins et sous la lisière du bois.

Sur les feuilles jaunies de l'année précédente, l'herbe montait orgueilleusement parée de ses graines à panaches mouvans, les ravenelles d'or laissaient tomber leurs têtes parfumées le long des vieux murs.

— Il fait un beau temps pour la promenade, n'est-ce pas, monsieur de Taverney? dit Charny.

— Beau temps, oui, monsieur.

Et tous deux descendaient.

— Partez, Dauphin, dit Charny à son cocher.

— Monsieur, dit Taverney, peut-être avez-vous tort de renvoyer votre carrosse, l'un de nous pourrait bien en avoir besoin pour s'en retourner.

— Avant tout, monsieur, le secret, dit Charny, le secret sur toute cette affaire ; confiée à un laquais, elle risque d'être demain le sujet des conversations de tout Paris.

— Ce sera comme il vous plaira, monsieur ; mais le drôle qui nous a amenés sait certainement déjà de quoi il s'agit. Ces espèces de gens connaissent trop les façons des gentilshommes pour ne pas se douter que, lorsqu'ils se font conduire au bois de Boulogne, de Vincennes ou de Satory, au train dont il nous a menés, ce n'est point pour y faire une simple promenade. Ainsi, je le répète, votre cocher sait déjà à quoi s'en tenir. Maintenant, j'admets qu'il ne le sache pas. Il me verra ou vous verra blessé, tué peut-être, et ce sera bien assez pour qu'il comprenne, quoiqu'un peu tard. Ne vaut-il pas mieux le garder pour emmener celui de nous qui ne pourra pas revenir, que de rester, vous, ou de me laisser, moi, dans l'embarras de la solitude ?

— C'est vous qui avez raison, monsieur, répliqua Charny.

Alors, se retournant vers le cocher :

— Dauphin, dit-il, arrêtez, vous attendrez ici.

Dauphin s'était douté qu'on le rappellerait ; il n'avait pas pressé ses chevaux, et, par conséquent, n'avait point dépassé la portée de la voix.

Dauphin s'arrêta donc ; et comme, ainsi que l'avait prévu Philippe, il se doutait de ce qui allait se passer, il s'accommoda sur son siége de façon à voir, à travers les arbres encore dégarnis de feuilles, la scène dont son maître lui paraissait devoir être un des acteurs.

Cependant, peu à peu, Philippe et Charny gagnèrent dans le bois ; au bout de cinq minutes, ils étaient perdus, ou à peu près, dans la demi-teinte bleuâtre qui en estompait les horizons.

Philippe, qui marchait le premier, rencontra une place sèche, dure sous le pied ; elle présentait un carré long merveilleusement approprié à l'objet qui amenait les deux jeunes gens.

— Sauf votre avis, monsieur de Charny, dit Philippe, il me semble que voilà un bon endroit.

— Excellent, monsieur, répliqua Charny, en ôtant son habit.

Philippe ôta son habit à son tour, jeta son chapeau à terre, et dégaîna.

— Monsieur, dit Charny dont l'épée était encore au fourreau, à tout autre qu'à vous, je dirais : Chevalier, un mot, sinon d'excuse, du moins de douceur, et nous voilà bons amis... mais, à vous, mais à un brave qui vient d'Amérique, c'est-à-dire d'un pays où l'on se bat si bien, je ne puis...

— Et moi, à tout autre, répliqua Philippe, je dirais : Monsieur, j'ai peut-être eu vis-à-vis de vous l'apparence d'un tort ; mais à vous, mais à ce brave marin qui l'autre soir encore faisait l'admiration de toute la cour par un fait d'armes si glorieux ; à vous, monsieur de Charny, je ne puis rien dire, sinon : Monsieur le comte, faites-moi l'honneur de vous mettre en garde.

Le comte salua et tira l'épée à son tour.

— Monsieur, dit Charny, je crois que nous ne touchons ni l'un ni l'autre à la véritable cause de la querelle.

— Je ne vous comprends pas, comte, répliqua Philippe.

— Oh! vous me comprenez, au contraire, monsieur, et parfaitement même ; et, comme vous venez d'un pays où l'on ne sait pas mentir, vous avez rougi en me disant que vous ne me compreniez pas.

— En garde! répéta Philippe.

Les fers se croisèrent.

Aux premières passes, Philippe s'aperçut qu'il avait sur son adversaire une supériorité marquée. Seulement, cette assurance, au lieu de lui donner une ardeur nouvelle, sembla le refroidir complétement.

Cette supériorité, laissant à Philippe tout son sang-froid, il en résulta que son jeu devint bientôt aussi calme que s'il eût été dans une salle d'armes, et, au lieu d'une épée, eût tenu un fleuret à la main.

Mais Philippe se contentait de parer, et le combat durait depuis plus d'une minute qu'il n'avait pas encore porté un seul coup.

— Vous me ménagez, monsieur, dit Charny ; puis-je vous demander à quel propos ?

Et masquant une feinte rapide, il se fendit à fond sur Philippe.

Mais Philippe enveloppa l'épée de son adversaire dans un contre encore plus rapide que la feinte, et le coup se trouva paré.

Quoique la parade de Taverney eût écarté l'épée de Charny de la ligne, Taverney ne riposta point.

Charny fit une reprise que Philippe écarta encore une fois, mais par une simple parade ; Charny fut forcé de se relever rapidement.

Charny était plus jeune, plus ardent surtout ; il avait honte, en sentant bouillir son sang, du calme de son adversaire ; il voulut le forcer à sortir de ce calme.

— Je vous disais, monsieur, que nous n'avions touché ni l'un ni l'autre à la véritable cause du duel.

Philippe ne répondit pas.

— La véritable cause, je vais vous la dire : vous m'avez cherché querelle, car la querelle vient de vous ; vous m'avez cherché querelle par jalousie.

Philippe resta muet.

— Voyons, dit Charny, s'animant en raison inverse du sang-froid de Philippe, quel jeu jouez-vous, monsieur de Taverney ? Votre intention est-elle de me fatiguer la main ? Ce serait un calcul indigne de vous. Morbleu ! tuez-moi, si vous pouvez, mais au moins tuez-moi en pleine défense.

Philippe secoua la tête.

— Oui, monsieur, dit-il, le reproche que vous me faites est mérité ; je vous ai cherché querelle, et j'ai eu tort.

— Il ne s'agit plus de cela, maintenant, monsieur ; vous avez l'épée à la main, servez-vous de votre épée pour autre chose que pour parer, ou, si vous ne m'attaquez pas mieux, défendez-vous moins.

— Monsieur, reprit Philippe, j'ai l'honneur de vous dire une seconde fois que j'ai eu tort et que je me repens.

Mais Charny avait le sang trop enflammé pour comprendre la générosité de son adversaire; il la prit à offense.

— Ah! dit-il, je comprends; vous voulez faire de la magnanimité vis-à-vis de moi.—C'est cela, n'est-ce pas, chevalier? Ce soir ou demain vous comptez dire à quelques belles dames que vous m'avez amené sur le terrain, et que là vous m'avez donné la vie.

— Monsieur le comte, dit Philippe, en vérité je crains que vous ne deveniez fou.

— Vous vouliez tuer monsieur de Cagliostro pour plaire à la reine, n'est-ce pas, et, pour plaire plus sûrement encore à la reine, moi aussi vous voulez me tuer, mais par le ridicule?

— Ah! voilà un mot de trop, s'écria Philippe en fronçant le sourcil; et ce mot me prouve que votre cœur n'est pas si généreux que je le croyais.

— Eh bien! percez donc ce cœur! dit Charny en se découvrant juste au moment où Philippe passait un dégagement rapide et se fendait.

L'épée glissa le long des côtes et ouvrit un sillon sanglant sous la chemise de toile fine.

— Enfin, dit Charny joyeux, je suis donc blessé! Maintenant, si je vous tue, j'aurai le beau rôle.

— Allons, décidément, dit Philippe, vous êtes tout à fait fou, monsieur; vous ne me tuerez pas, et vous aurez un rôle tout vulgaire; car vous serez blessé sans cause et sans profit, nul ne sachant pourquoi nous nous sommes battus.

Charny poussa un coup droit si rapide que cette fois ce fut à grand peine que Philippe arriva à temps à la parade; mais, en arrivant à la parade, il lia l'épée, et d'un vigougoureux coup de fouet la fit sauter à dix pas de son adversaire.

Aussitôt il s'élança sur l'épée qu'il brisa d'un coup de talon.

— Monsieur de Charny, dit-il, vous n'aviez pas à me prouver que vous êtes brave; vous me détestez donc bien que vous avez mis cet acharnement à vous battre contre moi?

Charny ne répondit pas; il pâlissait visiblement.

Philippe le regarda pendant quelques secondes pour provoquer de sa part un aveu ou une dénégation.

— Allons, monsieur le comte, dit-il, le sort en est jeté, nous sommes ennemis.

Charny chancela. Philippe s'élança pour le soutenir; mais le comte repoussa sa main.

— Merci, dit-il, j'espère aller jusqu'à ma voiture.

— Prenez au moins ce mouchoir pour étancher le sang.

— Volontiers.

Et il prit le mouchoir.

— Et mon bras, monsieur; au moindre obstacle que vous rencontrerez, chancelant comme vous êtes, vous tomberez, et votre chute vous sera une douleur inutile.

— L'épée n'a traversé que les chairs, dit Charny. Je ne sens rien dans la poitrine.

— Tant mieux, monsieur.

— Et j'espère être bientôt guéri.

— Tant mieux encore, monsieur. Mais si vous hâtez de vos vœux cette guérison pour recommencer ce combat, je vous préviens que vous retrouverez difficilement en moi un adversaire.

Charny essaya de répondre, mais les paroles moururent sur ses lèvres; il chancela, et Philippe n'eut que le temps de le retenir entre ses bras.

Alors il le souleva comme il eût fait d'un enfant, et le porta à moitié évanoui jusqu'à sa voiture.

Il est vrai que Dauphin, ayant à travers les arbres vu ce qui se passait, abrégea le chemin en venant au-devant de son maître.

On déposa Charny dans la voiture; il remercia Philippe d'un signe de tête.

— Allez au pas, cocher, dit Philippe.

— Mais vous, monsieur? murmura le blessé.

— Oh! ne vous inquiétez pas de moi.

Et saluant à son tour, il referma la portière.

Philippe regarda le carrosse s'éloigner lentement; puis le carrosse ayant disparu au détour d'une allée, il prit lui-même la route qui devait le ramener à Paris par le chemin le plus court.

Puis, se retournant une dernière fois, et apercevant le carrosse qui, au lieu de revenir comme lui vers Paris, tournait du côté de Versailles et se perdait dans les arbres, il prononça ces trois mots, mots profondément arrachés de son cœur après une profonde méditation :

— Elle le plaindra !

X.

LA MAISON DE LA RUE NEUVE-SAINT-GILLES.

A la porte du garde, Philippe trouva un carrosse de louage et sauta dedans.

— Rue Neuve-Saint-Gilles, dit-il au cocher, et vivement.

Un homme qui vient de se battre et qui a conservé un air vainqueur, un homme vigoureux dont la taille annonce la noblesse, un homme vêtu en bourgeois et dont la tournure dénonce un militaire, c'était plus qu'il n'en fallait pour stimuler le brave homme, dont le fouet, s'il n'était pas comme le trident de Neptune le sceptre du monde, n'en était pas moins pour Philippe un sceptre très important.

L'automédon à vingt-quatre sous dévora donc l'espace, et apporta Philippe tout frémissant rue Saint-Gilles, à l'hôtel du comte de Cagliostro.

L'hôtel était d'une grande simplicité extérieure, d'une grande majesté de lignes, comme la plupart des bâtimens élevés sous Louis XIV, après les concettis de marbre ou de brique entassés par le règne de Louis XIII sur la Renaissance.

Un vaste carrosse, attelé de deux bons chevaux, se balançait sur ses moelleux ressorts, dans une vaste cour d'honneur.

Le cocher, sur son siége, dormait dans sa vaste houppelande fourrée de renard ; deux valets, dont l'un portait un couteau de chasse, arpentaient silencieusement le perron.

A part ces personnages agissans, nul symptôme d'existence n'apparaissait dans l'hôtel.

Le fiacre de Philippe ayant reçu l'ordre d'entrer, tout fiacre qu'il était, héla le suisse, qui fit aussitôt crier les gonds de la porte massive.

Philippe sauta à terre, s'élança vers le perron, et s'adressant aux deux valets à la fois :

— Monsieur le comte de Cagliostro? dit-il.

— Monsieur le comte va sortir, répondit un des valets.

— Alors, raison de plus pour que je me hâte, dit Philippe, car j'ai besoin de lui parler avant qu'il ne sorte. Annoncez le chevalier Philippe de Taverney.

Et il suivit le laquais d'un pas si pressé qu'il arriva en même temps que lui au salon.

— Le chevalier Philippe de Taverney ! répéta après le valet une voix mâle et douce à la fois. — Faites entrer.

Philippe entra sous l'influence d'une certaine émotion que cette voix si calme avait fait naître en lui.

— Excusez-moi, monsieur, dit le chevalier en saluant un homme de grande taille, d'une vigueur et d'une fraîcheur peu communes, et qui n'était autre que le personnage qui nous est déjà successivement apparu à la table du maréchal de Richelieu, au baquet de Mesmer, dans la chambre de mademoiselle Oliva et au bal de l'Opéra.

— Vous excuser, monsieur ! Et de quoi? répondit-il.

— Mais de ce que je vais vous empêcher de sortir.

— Il eût fallu vous excuser si vous étiez venu plus tard, chevalier.

— Pourquoi cela ?

— Parce que je vous attendais.

Philippe fronça le sourcil.

— Comment, vous m'attendiez ?

— Oui, j'avais été prévenu de votre visite.

— De ma visite, à moi, vous étiez prévenu?

— Mais oui, depuis deux heures. — Il doit y avoir une heure ou deux, n'est-ce pas, que vous vouliez venir ici, lorsqu'un accident indépendant de votre volonté vous a forcé de retarder l'exécution de ce projet?

Philippe serra les poings ; il sentait que cet homme prenait une étrange influence sur lui.

Mais lui, sans s'apercevoir le moins du monde des mouvemens nerveux qui agitaient Philippe :

— Asseyez-vous donc, monsieur de Taverney, dit-il, je vous en prie.

Et il avança à Philippe un fauteuil placé devant la cheminée.

— Ce fauteuil avait été mis là pour vous, ajouta-t-il.

— Trêve de plaisanteries, monsieur le comte, répliqua Philippe d'une voix qu'il essayait de rendre aussi calme que celle de son hôte, mais de laquelle cependant il ne pouvait faire disparaître un léger tremblement.

— Je ne plaisante pas, monsieur; je vous attendais, vous dis-je.

— Allons, trêve de charlatanisme, monsieur: si vous êtes devin, je ne suis pas venu pour mettre à l'épreuve votre science divinatoire ; si vous êtes devin, tant mieux pour vous, car vous savez déjà ce que je viens dire, et vous pouvez à l'avance vous mettre à l'abri.

— A l'abri... reprit le comte avec un singulier sourire ; et à l'abri de quoi, s'il vous plaît?

— Devinez, puisque vous êtes devin.

— Soit. Pour vous faire plaisir, je vais vous épargner la peine de m'exposer le motif de votre visite: Vous venez me chercher une querelle.

— Vous savez cela?

— Sans doute.

— Alors vous savez à quel propos? s'écria Philippe.

— A propos de la reine. A présent, monsieur, à votre tour. Continuez, je vous écoute.

Et ces derniers mots furent prononcés, non plus avec

l'accent courtois de l'hôte, mais avec le ton sec et froid de l'adversaire.

— Vous avez raison, monsieur, dit Philippe, et j'aime mieux cela.

— La chose tombe à merveille, alors.

— Monsieur, il existe un certain pamphlet...

— Il y a beaucoup de pamphlets, monsieur.

— Publié par un certain gazetier...

— Il y a beaucoup de gazetiers.

— Attendez ; — ce pamphlet... — nous nous occuperons du gazetier plus tard.

— Permettez-moi de vous dire, monsieur, interrompit Cagliostro avec un sourire, que vous vous en êtes déjà occupé.

— C'est bien ; je disais donc qu'il y avait un certain pamphlet dirigé contre la reine.

Cagliostro fit un signe de tête.

— Vous le connaissez, ce pamphlet ?

— Oui, monsieur.

— Vous en avez même acheté mille exemplaires.

— Je ne le nie pas.

— Ces mille exemplaires, fort heureusement, ne sont pas parvenus entre vos mains ?

— Qui vous fait penser cela, monsieur ? dit Cagliostro.

— C'est que j'ai rencontré le commissionnaire qui emportait le ballot, c'est que je l'ai payé, c'est que je l'ai dirigé chez moi, où mon domestique, prévenu d'avance, a dû le recevoir.

— Pourquoi ne faites-vous pas vous-même vos affaires jusqu'au bout ?

— Que voulez-vous dire ?

— Je veux dire qu'elles seraient mieux faites.

— Je n'ai point fait mes affaires jusqu'au bout, parce que tandis que mon domestique était occupé de soustraire à votre singulière bibliomanie ces mille exemplaires, moi je détruisais le reste de l'édition.

— Ainsi, vous êtes sûr que les mille exemplaires qui m'étaient destinés sont chez vous.

— J'en suis sûr.

— Vous vous trompez, monsieur.

— Comment cela, dit Taverney, avec un serrement de cœur, et pourquoi n'y seraient-ils pas ?

— Mais, parce qu'ils sont ici, dit tranquillement le comte, en s'adossant à la cheminée.

Philippe fit un geste menaçant.

— Ah! vous croyez, dit le comte, aussi flegmatique que Nestor, vous croyez que moi, un devin, comme vous dites, je me laisserai jouer ainsi ? Vous avez cru avoir une idée en soudoyant le commissionnaire, n'est-ce pas? Eh bien ! j'ai un intendant, moi ; mon intendant a eu aussi une idée. Je le paie pour cela, il a deviné ; c'est tout naturel que l'intendant d'un devin devine, il a deviné que vous viendriez chez le gazetier, que vous rencontreriez le commissionnaire, que vous soudoieriez le commissionnaire ; il l'a donc suivi, il l'a menacé de lui faire rendre l'or que vous lui aviez donné : l'homme a eu peur, et au lieu de continuer son chemin vers votre hôtel, il a suivi mon intendant ici. Vous en doutez ?

— J'en doute.

— *Vide pedes, vide manus!* a dit Jésus à saint Thomas. Je vous dirai, à vous, monsieur de Taverney : Voyez l'armoire, et palpez les brochures.

Et en disant ces mots, il ouvrit un meuble de chêne admirablement sculpté ; et, dans le casier principal, il montra au chevalier pâlissant les mille exemplaires de la brochure encore imprégnés de cette odeur moisie du papier humide.

Philippe s'approcha du comte. Celui-ci ne bougea point, quoique l'attitude du chevalier fût des plus menaçantes.

— Monsieur, dit Philippe, vous me paraissez être un homme courageux ; je vous somme de me rendre raison l'épée à la main.

— Raison de quoi ? demanda Cagliostro.

— De l'insulte faite à la reine, insulte dont vous vous rendez complice en détenant ne fût-ce qu'un exemplaire de cette feuille.

— Monsieur, dit Cagliostro sans changer de posture, vous êtes, en vérité, dans une erreur qui me fait peine.

J'aime les nouveautés, les bruits scandaleux, les choses éphémères. Je collectionne, afin de me souvenir plus tard de mille choses que j'oublierais sans cette précaution. J'ai acheté cette gazette; en quoi voyez-vous que j'aie insulté quelqu'un en l'achetant?

— Vous m'avez insulté, moi!

— Vous?

— Oui, moi! moi, monsieur! comprenez-vous?

— Non, je ne comprends pas, sur l'honneur.

— Mais, comment mettez-vous, je vous le demande, une pareille insistance à acheter une si hideuse brochure?

— Je vous l'ai dit, la manie des collections.

— Quand on est homme d'honneur, monsieur, on ne collectionne pas des infamies.

— Vous m'excuserez, monsieur; mais je ne suis pas de votre avis sur la qualification de cette brochure: c'est un pamphlet peut-être, mais ce n'est pas une infamie.

— Vous avouerez, au moins, que c'est un mensonge?

— Vous vous trompez encore, monsieur, car Sa Majesté la reine a été au baquet de Mesmer.

— C'est faux, monsieur.

— Vous voulez dire que j'en ai menti?

— Je ne veux pas le dire, je le dis.

— Eh bien! puisqu'il en est ainsi, je vous répondrai par un seul mot: Je l'ai vue.

— Vous l'avez vue?

— Comme je vous vois, monsieur.

Philippe regarda son interlocuteur en face. Il voulut lutter avec son regard si franc, si noble, si beau, contre le regard lumineux de Cagliostro; mais cette lutte finit par le fatiguer, il détourna la vue en s'écriant:

— Eh bien! je n'en persiste pas moins à dire que vous mentez.

Cagliostro haussa les épaules, comme il eût fait à l'insulte d'un fou.

— Ne m'entendez-vous pas? dit sourdement Philippe.

— Au contraire, monsieur, je n'ai pas perdu une parole de ce que vous dites.

— Eh bien! ne savez-vous pas ce que vaut un démenti?

5.

— Si, monsieur, répondit Cagliostro ; il y a même un proverbe en France qui dit qu'un démenti vaut un soufflet.

— Eh bien ! je m'étonne d'une chose.

— De laquelle ?

— C'est de n'avoir pas encore vu votre main se lever sur mon visage, puisque vous êtes gentilhomme, puisque vous connaissez le proverbe français.

— Avant de me faire gentilhomme et de m'apprendre le proverbe français, Dieu m'a fait homme et m'a dit d'aimer mon semblable.

— Ainsi, monsieur, vous me refusez satisfaction l'épée à la main ?

— Je ne paie que ce que je dois.

— Alors vous me donnerez satisfaction d'une autre manière ?

— Comment cela ?

— Je ne vous traiterai pas plus mal qu'un homme de noblesse n'en doit traiter un autre ; seulement, j'exigerai que vous brûliez en ma présence tous les exemplaires qui sont dans l'armoire.

— Et moi, je vous refuserai.

— Réfléchissez.

— C'est réfléchi.

— Vous allez m'exposer à prendre avec vous le parti que j'ai pris avec le gazetier.

— Ah ! des coups de canne, dit Cagliostro en riant et sans remuer plus que n'eût fait une statue.

— Ni plus ni moins, monsieur ; oh ! vous n'appellerez pas vos gens.

— Moi ? allons donc ; et pourquoi appellerais-je mes gens ? cela ne les regarde pas ; je ferai bien mes affaires moi-même. Je suis plus fort que vous. Vous doutez ? Je vous le jure. Ainsi, réfléchissez à votre tour. Vous allez vous approcher de moi avec votre canne ? Je vous prendrai par le cou et par l'échine, et je vous jetterai à dix pas de moi, et cela, entendez-vous bien, autant de fois que vous essaierez de revenir sur moi.

— Jeu de lord anglais, c'est-à-dire jeu de crocheteur. Eh bien ! soit, monsieur l'Hercule, j'accepte.

Et Philippe, ivre de fureur, se jeta sur Cagliostro, qui tout à coup raidit ses bras comme deux crampons d'acier, saisit le chevalier à la gorge et à la ceinture, et le lança tout étourdi sur une pile de coussins épais qui garnissait un sofa dans l'angle du salon.

Puis, après ce tour de force prodigieux, il se remit devant la cheminée, dans la même posture, et comme si rien ne s'était passé.

Philippe s'était relevé, pâle et écumant, mais la réaction d'un froid raisonnement vint soudain lui rendre ses facultés morales.

Il se redressa, ajusta son habit et ses manchettes, puis d'une voix sinistre :

— Vous êtes en effet fort comme quatre hommes, monsieur, dit le chevalier ; mais vous avez la logique moins nerveuse que le poignet. En me traitant comme vous venez de le faire, vous avez oublié que, vaincu, humilié, à jamais votre ennemi, je venais d'acquérir le droit de vous dire : L'épée à la main, comte, ou je vous tue.

Cagliostro ne bougea point.

— L'épée à la main, vous dis-je, ou vous êtes mort, continua Philippe.

— Vous n'êtes pas encore assez près de moi, monsieur, pour que je vous traite comme la première fois, répliqua le comte, et je ne m'exposerai pas à être blessé par vous, tué même, comme ce pauvre Gilbert.

— Gilbert! s'écria Philippe chancelant, quel nom avez-vous prononcé là ?...

— Heureusement que vous n'avez pas un fusil, cette fois, mais une épée.

— Monsieur, s'écria Philippe, vous avez prononcé un nom...

— Oui, n'est-ce pas, qui a éveillé un terrible écho dans vos souvenirs.

— Monsieur !

— Un nom que vous croyiez n'entendre jamais; car vous étiez seul avec le pauvre enfant dans cette grotte des Açores, n'est-ce pas, quand vous l'avez assassiné ?

— Oh! reprit Philippe, défendez-vous! défendez-vous!

— Si vous saviez, dit Cagliostro en regardant Philippe, si vous saviez comme il serait facile de vous faire tomber l'épée des mains.

— Avec votre épée?

— Oui, d'abord avec mon épée, si je voulais.

— Mais voyons... voyons donc !...

— Oh! je ne m'y hasarderai pas ; j'ai un moyen plus sûr.

— L'épée à la main ! pour la dernière fois, ou vous êtes mort, s'écria Philippe en bondissant vers le comte.

Mais celui-ci, menacé cette fois par la pointe de l'épée distante de trois pouces à peine de sa poitrine, prit dans sa poche un petit flacon qu'il déboucha, et en jeta le contenu au visage de Philippe.

A peine la liqueur eut-elle touché le chevalier, que celui-ci chancela, laissa échapper son épée, tourna sur lui-même, et, tombant sur les genoux, comme si ses jambes eussent perdu la force de le soutenir, pendant quelques secondes perdit absolument l'usage de ses sens.

Cagliostro l'empêcha de tomber à terre tout à fait, le soutint, lui remit son épée au fourreau, l'assit sur un fauteuil, attendit que sa raison fût parfaitement revenue, et alors :

— Ce n'est plus à votre âge, chevalier, qu'on fait des folies, dit-il ; cessez donc d'être fou comme un enfant, et écoutez-moi.

Philippe se secoua, se raidit, chassa la terreur qui envahissait son cerveau, et murmura :

— Oh ! monsieur, monsieur; est-ce donc là ce que vous appelez des armes de gentilhomme?

Cagliostro haussa les épaules.

— Vous répétez toujours la même phrase, dit-il. Quand nous autres, gens de noblesse, nous avons ouvert largement notre bouche pour laisser passer le mot : gentilhomme ! tout est dit. Qu'appelez-vous une arme de gentilhomme, voyons? Est-ce votre épée, qui vous a si mal servi contre moi? Est-ce votre fusil, qui vous a si bien servi contre Gilbert ? Qui fait les hommes supérieurs, chevalier? Croyez-vous que ce soit ce mot sonore : gentilhomme ? Non. C'est la raison d'abord, la force ensuite, la science enfin. Eh bien ! j'ai usé de tout cela vis-à-vis de vous ; avec ma raison, j'ai bravé vos injures, croyant vous amener à m'écouter ; avec ma force, j'ai bravé votre force ; avec ma science, j'ai éteint à la fois vos forces physiques et morales ; il me reste maintenant à vous prouver que vous avez commis deux fautes en venant ici la menace à la bouche. Voulez-vous me faire l'honneur de m'écouter ?

— Vous m'avez anéanti, dit Philippe, je ne puis faire un mouvement ; vous vous êtes rendu maître de mes muscles, de ma pensée, et puis vous venez me demander de vous écouter quand je ne puis faire autrement ?

Alors Cagliostro prit un petit flacon d'or que tenait sur la cheminée un Esculape de bronze.

— Respirez ce flacon, chevalier, dit-il avec une douceur pleine de noblesse.

Philippe obéit ; les vapeurs qui obscurcissaient son cerveau se dissipèrent, et il lui semblait que le soleil, descendant dans les parois de son crâne, en illuminait toutes les idées.

— Oh ! je renais ! dit-il.
— Et vous vous sentez bien, c'est-à-dire libre et fort ?
— Oui.
— Avec la mémoire du passé ?
— Oh ! oui.
— Et comme j'ai affaire à un homme de cœur, qui a de l'esprit, cette mémoire qui vous revient me donne tout avantage dans ce qui s'est passé entre nous.
— Non, dit Philippe, car j'agissais en vertu d'un principe sacré.
— Que faisiez-vous donc ?
— Je défendais la monarchie.
— Vous, vous défendiez la monarchie ?
— Oui, moi.
— Vous, un homme qui est allé en Amérique défendre la république ! Eh ! mon Dieu ! soyez donc franc, ou ce n'est pas la république que vous défendiez là-bas, ou ce n'est pas la monarchie que vous défendez ici.

Philippe baissa les yeux ; un immense sanglot faillit lui briser le cœur.

— Aimez, continua Cagliostro, aimez ceux qui vous dédaignent ; aimez ceux qui vous oublient ; aimez ceux qui vous trompent : c'est le propre des grandes âmes d'être trahies dans leurs grandes affections ; c'est la loi de Jésus de rendre le bien pour le mal. Vous êtes chrétien, monsieur de Taverney ?

— Monsieur ! s'écria Philippe effrayé de voir Cagliostro lire ainsi dans le présent et dans le passé, pas un mot de plus ; car si je ne défendais pas la royauté, je défendais la reine, c'est-à-dire une femme respectable, innocente ; respectable encore quand elle ne le serait plus, car c'est une loi divine que de défendre les faibles.

— Les faibles ! une reine, vous appelez cela un être faible ? Celle devant qui vingt-huit millions d'êtres vivans et pensans plient le genou et la tête, allons donc !

— Monsieur, on la calomnie.

— Qu'en savez-vous ?

— Je veux le croire.

— Vous pensez que c'est votre droit ?

— Sans doute.

— Eh bien ! mon droit, à moi, est de croire le contraire.

— Vous agissez comme un mauvais génie.

— Qui vous l'a dit ? s'écria Cagliostro, dont l'œil étincela tout à coup et inonda Philippe de lueur. D'où vous vient cette témérité de penser que vous avez raison, que moi j'ai tort ? D'où vous vient cette audace de préférer votre principe au mien ? Vous défendez la royauté, vous ; eh bien ! si je défendais l'humanité, moi ? Vous dites : Rendez à César ce qui appartient à César ; je vous dis : Rendez à Dieu ce qui appartient à Dieu. Républicain de l'Amérique ! chevalier de l'ordre de Cincinnatus ! je vous rappelle à l'amour des hommes, à l'amour de l'égalité. Vous marchez sur les peuples pour baiser les mains des reines, vous ; moi, je foule aux pieds les reines pour élever les peuples d'un degré. Je ne vous trouble pas dans vos adorations, ne me troublez pas dans mon travail. Je vous laisse le grand jour, le soleil des cieux et le soleil des cours ; laissez-moi l'ombre et la solitude. Vous comprenez la force de mon langage, n'est-ce pas, comme vous avez compris tout à l'heure la force de mon individualité? Vous me disiez : Meurs, toi qui as offensé l'objet de mon culte ; je vous dis, moi : Vis, toi qui combats mes adorations ; et si je vous dis cela, c'est que je me sens tellement fort avec mon principe, que ni vous, ni les vôtres, quelques efforts que vous fassiez, ne retarderez ma marche un seul instant.

— Monsieur, vous m'épouvantez, dit Philippe. Le premier peut-être dans ce pays j'entrevois, grâce à vous, le fond d'un abîme où court la royauté.

— Soyez prudent, alors, si vous avez vu le précipice.

— Vous qui me dites cela, répliqua Philippe, ému du ton paternel avec lequel Cagliostro lui avait parlé ; vous qui me révélez des secrets si terribles, vous manquez encore de générosité, car vous savez bien que je me jetterai dans le gouffre avant d'y voir tomber ceux que je défends.

— Eh bien ! donc, je vous aurai prévenu, et, comme le préfet de Tibère, je me laverai les mains, monsieur de Taverney.

— Eh bien! moi, moi ! s'écria Philippe en courant à Cagliostro avec une ardeur fébrile, moi qui ne suis qu'un homme faible et inférieur à vous, j'userai envers vous des armes du faible, je vous aborderai l'œil humide, la voix tremblante, les mains jointes; je vous supplierai de m'accorder pour cette fois, du moins, la grâce de ceux que vous poursuivez. Je vous demanderai pour moi, pour moi, entendez-vous, pour moi qui ne puis, je ne sais pourquoi, m'habituer à voir en vous un ennemi, je vous attendrirai, je vous convaincrai, j'obtiendrai enfin que vous ne laissiez pas derrière moi le remords d'avoir vu la perte de cette pauvre reine et de ne l'avoir pas conjurée. Enfin, monsieur, j'obtiendrai, n'est-ce pas, que vous détruisiez ce pamphlet qui fera pleurer une femme; je l'obtiendrai de vous, ou, sur mon honneur, sur cet amour fatal que vous connaissez si bien, avec cette épée impuissante contre vous, je me percerai le cœur à vos pieds.

—Ah ! murmura Cagliostro en regardant Philippe avec des yeux plein d'une éloquente douleur ; ah ! que ne sont-ils tous comme vous êtes, je serais à eux, et ils ne périraient pas!

— Monsieur, monsieur, je vous en prie, répondez à ma demande, supplia Philippe.

— Comptez, dit Cagliostro après un silence, comptez si les mille exemplaires sont bien là, et brûlez-les vous-même jusqu'au dernier.

Philippe sentit que son cœur montait à ses lèvres; il courut à l'armoire, en tira les brochures, les jeta au feu, et serrant avec effusion la main de Cagliostro :

— Adieu, adieu, monsieur, dit-il, cent fois merci de ce que vous avez fait pour moi.

Et il partit.

— Je devais au frère, dit Cagliostro en le voyant s'éloigner, cette compensation pour ce qu'a enduré la sœur.

Puis, haussant la voix :

— Mes chevaux !

XI.

LA TÊTE DE LA FAMILLE DE TAVERNEY.

Pendant que ces choses se passaient rue Neuve-Saint-Gilles, monsieur de Taverney le père se promenait dans son jardin, suivi de deux laquais qui roulaient un fauteuil.

Il y avait à Versailles, il y a peut-être encore aujourd'hui, de ces vieux hôtels avec des jardins français, qui, par une imitation servile des goûts et des idées du maître, rappelaient en petit le Versailles de Le Nôtre et de Mansard.

Plusieurs courtisans, monsieur de la Feuillade en dut être le modèle, s'étaient fait construire en raccourci une orangerie souterraine, une pièce d'eau des Suisses et des bains d'Apollon.

Il y avait aussi la cour d'honneur et les Trianons, le tout sur une échelle au cinq-centième : chaque bassin était représenté par un seau d'eau.

Monsieur de Taverney en avait fait autant depuis que S. M. Louis XV avait adopté les Trianons. La maison de Versailles avait eu ses Trianons, ses vergers et ses parterres. Depuis que S. M. Louis XVI avait eu ses ateliers de serrurerie et ses tours, monsieur de Taverney avait sa forge et ses copeaux. Depuis que Marie-Antoinette avait dessiné des jardins anglais, des rivières artificielles, des prairies et des châlets, monsieur de Taverney avait fait dans un coin de son jardin un petit Trianon pour des poupées et une rivière pour des canetons.

Cependant, au moment où nous le prenons, il humait le soleil dans la seule allée du grand siècle qui lui restât : allée de tilleuls aux longs filets rouges comme du fil de fer sortant du feu. Il marchait à petits pas, les mains dans son manchon, et toutes les cinq minutes le fauteuil roulé par les valets s'approchait pour lui offrir le repos après l'exercice.

Il savourait ce repos et clignotait au grand soleil, lorsque de la maison un portier accourut en criant :

— Monsieur le chevalier !

— Mon fils ! dit le vieillard avec une joie orgueilleuse.

Puis, se retournant et apercevant Philippe qui suivait le portier :

— Mon cher chevalier, dit-il.

Et du geste, il congédia le laquais.

— Viens Philippe, viens, continua le baron, tu arrives à propos, j'ai l'esprit plein de joyeuses idées. Eh ! quelle mine tu fais... Tu boudes.

— Moi, monsieur, non.

— Tu sais déjà le résultat de l'affaire.

— De quelle affaire ?

Le vieillard se retourna, comme pour voir si on l'écoutait.

— Vous pouvez parler, monsieur, nul n'écoute, dit le chevalier.

— Je te parle de l'affaire du bal.

— Je comprends encore moins.

— Du bal de l'Opéra.

Philippe rougit, le malin vieillard s'en aperçut.

— Imprudent, dit-il, tu fais comme les mauvais marins; dès qu'ils ont le vent favorable, ils enflent toutes les voiles. Allons, assieds-toi là, sur ce banc, et écoute ma morale, j'ai du bon.

— Monsieur, enfin...

— Enfin, il y a que tu abuses, que tu tranches, et que toi, si timide autrefois, si délicat, si réservé, eh bien ! à présent, tu la compromets.

Philippe se leva.

— De qui voulez-vous parler, monsieur ?

— D'elle pardieu ! d'elle.

— Qui, elle ?

— Ah ! tu crois que j'ignore ton escapade, votre escapade à tous deux au bal de l'Opéra : c'est joli.

— Monsieur, je vous proteste...

— Allons, ne te fâche pas ; ce que je t'en dis c'est pour ton bien; tu n'as aucune précaution, tu seras pris, que diable ! On t'a vu cette fois avec elle au bal, on te verra une autre fois autre part.

— On m'a vu ?

— Pardieu ! avais-tu, oui ou non, un domino bleu ?

Taverney allait s'écrier qu'il n'avait pas de domino bleu, et que l'on se trompait, qu'il n'avait point été au bal, qu'il ne savait pas de quel bal son père lui voulait parler ; mais il répugne à certains cœurs de se défendre en des circonstances délicates ; ceux-là seuls se défendent énergiquement qui savent qu'on les aime, et qu'en se défendant ils rendent service à l'ami qui les accusait.

— Mais à quoi bon, pensa Philippe, donner des explications à mon père ; d'ailleurs je veux tout savoir ?

Il baissa la tête comme un coupable qui avoue.

— Tu vois bien, reprit le vieillard triomphant, tu as été reconnu, j'en étais sûr. En effet, monsieur de Richelieu, qui t'aime beaucoup, et qui était à ce bal malgré ses quatre-vingt-quatre ans, monsieur de Richelieu a cherché qui pouvait être le domino bleu à qui la reine donnait le bras, et il n'a trouvé que toi à soupçonner ; car il a vu tous les autres, et tu sais s'il s'y connaît, monsieur le maréchal.

— Que l'on m'ait soupçonné, dit froidement Philippe, je le conçois ; mais qu'on ait reconnu la reine, voilà qui est plus extraordinaire.

— Avec cela que c'était difficile de la reconnaître, puisqu'elle s'est démasquée. Oh ! cela, vois-tu, dépasse toute imagination. Une audace pareille ! Il faut que cette femme-là soit folle de toi.

Philippe rougit. Aller plus loin, en soutenant la conversation, lui était devenu impossible.

— Si ce n'est pas de l'audace, continua Taverney, ce ne peut être que du hasard très fâcheux. Prends-y garde, chevalier, il y a des jaloux, et des jaloux à craindre. C'est un poste envié que celui de favori d'une reine, quand la reine est le vrai roi.

Et Taverney le père huma longuement une prise de tabac.

— Tu me pardonneras ma morale, n'est-ce pas, chevalier ? Pardonne-la-moi, mon cher. Je t'ai de la reconnaissance, et je voudrais empêcher que le souffle du hasard, puisque hasard il y a, ne vînt démolir l'échafaudage que tu as si habilement élevé.

Philippe se leva en sueur, les poings crispés. Il s'apprêtait à partir pour rompre le discours, avec la joie que l'on met à rompre les vertèbres d'un serpent ; mais un sentiment l'arrêta, un sentiment de curiosité douloureuse, un de ces désirs furieux de savoir le mal, aiguillon impitoyable qui laboure les cœurs pleins d'amour.

— Je te disais donc qu'on nous porte envie, reprit le vieillard ; c'est tout simple. Cependant, nous n'avons pas atteint encore le faîte où tu nous fais monter. A toi la gloire d'avoir fait jaillir le nom des Taverney au-dessus de leur humble source. Seulement, sois prudent, sinon nous n'arriverons pas, et tes desseins avorteront en route. Ce serait dommage, en vérité, nous allons bien.

Philippe se retourna pour cacher le dégoût profond, le mépris sanglant qui donnaient à ses traits, en ce moment, une expression dont le vieillard se fût étonné, effrayé peut-être.

— Dans quelque temps, tu demanderas une grande charge, dit le vieillard qui s'animait. Tu me feras donner une lieutenance de roi quelque part, pas trop loin de Paris ; tu feras ensuite ériger en pairie Taverney-Maison-Rouge ; tu me feras comprendre dans la première promotion de l'ordre. Tu pourras être duc, pair, et lieutenant-général. Dans deux ans, je vivrai encore ; tu me feras donner...

— Assez ! assez ! gronda Philippe.

— Oh ! si tu te tiens pour satisfait, je ne le suis pas. Tu as toute une vie, toi ; moi, j'ai à peine quelques mois. Il faut que ces mois me paient le passé triste et médiocre. Du reste, je n'ai pas à me plaindre. Dieu m'avait donné deux enfans. C'est beaucoup pour un homme sans fortune ; mais si ma fille est restée inutile à notre maison, toi tu répares. Tu es l'architecte du temple. — Je vois en toi le grand Taverney, le héros. — Tu m'inspires du respect, et c'est quelque chose, vois-tu. — Il est vrai que ta conduite avec la cour est admirable. — Oh ! je n'ai rien vu encore de plus adroit.

— Quoi donc ? fit le jeune homme inquiet de se voir approuvé par ce serpent.

— Ta ligne de conduite est superbe. Tu ne montres pas de jalousie. Tu laisses le champ libre à tout le monde en apparence, et tu te maintiens en réalité. C'est fort, mais c'est de l'observation.

— Je ne comprends pas, dit Philippe de plus en plus piqué.

— Pas de modestie, vois-tu, c'est mot pour mot la conduite de monsieur Potemkin, qui a étonné tout le monde par sa fortune. Il a vu que Catherine aimait la vanité dans ses amours ; que si on la laissait libre, elle voltigerait de fleur en fleur, revenant à la plus féconde et à la plus belle ; que si on la poursuivait, elle s'envolerait hors de toute portée. Il a pris son parti. C'est lui qui a rendu plus agréable à l'impératrice les favoris nouveaux qu'elle distinguait ; c'est lui qui, en les faisant valoir par un côté, réservait habilement leur côté vulnérable ; c'est lui qui fatiguait la souveraine avec les caprices de passage, au lieu de la blaser sur ses propres agrémens à lui Potemkin. En préparant le règne éphémère de ces favoris qu'on nomme ironiquement les Douze Césars, Potemkin rendait son règne à lui éternel, indestructible.

— Mais voilà des infamies incompréhensibles, murmurait le pauvre Philippe, en regardant son père avec stupéfaction.

Le vieillard continua imperturbablement.

— Selon le système de Potemkin, tu aurais pourtant un léger tort. Il n'abandonnait pas trop la surveillance, et toi tu te relâches. Je sais bien que la politique française n'est pas la politique russe.

A ces mots prononcés avec une affectation de finesse qui eût détraqué les plus rudes têtes diplomatiques, Philippe, qui crut son père en délire, ne répondit que par un haussement d'épaules peu respectueux.

— Oui, oui, interrompit le vieillard, tu crois que je ne l'ai pas deviné ? tu vas voir.

— Voyons, monsieur.

Taverney se croisa les bras.

— Me diras-tu, fit-il, que tu n'élèves pas ton successeur à la brochette ?

— Mon successeur ? dit Philippe en pâlissant.

— Me diras-tu que tu ne sais pas tout ce qu'il y a de fixité dans les idées amoureuses de la reine, alors qu'elle est possédée, et que, dans la prévision d'un changement de sa part, tu ne veux pas être complétement sacrifié, évincé, ce qui arrive toujours avec la reine, car elle ne peut aimer le présent et souffrir le passé.

— Vous parlez hébreu, monsieur le baron.

Le vieillard se mit à rire encore de ce rire strident et funèbre qui faisait tressaillir Philippe comme l'appel d'un mauvais génie.

— Tu me feras accroire que ta tactique n'est pas de ménager monsieur de Charny ?

— Charny ?

— Oui, ton futur successeur. L'homme qui peut, quand il règnera, te faire exiler, comme tu peux faire exiler messieurs de Coigny, de Vaudreuil et autres.

Le sang monta violemment aux tempes de Philippe.

— Assez, cria-t-il encore une fois ; assez, monsieur ; je me fais honte, en vérité, d'avoir écouté si longtemps ! Celui qui dit que la reine de France est une Messaline, celui-là, monsieur, est un criminel calomniateur.

— Bien ! très bien ! s'écria le vieillard, tu as raison, c'est ton rôle ; mais je t'assure que personne ne peut nous entendre.

— Oh !

— Et quant à Charny, tu vois que je t'ai pénétré. Tout habile que soit ton plan, deviner, vois-tu, c'est dans le sang des Taverney. Continue Philippe, continue. Flatte, adoucis, console-le Charny, aide-le à passer doucement et sans aigreur de l'état d'herbe à l'état de fleur, et sois assuré que c'est un gentilhomme qui, plus tard, dans sa faveur, te revaudra ce que tu auras fait pour lui.

Et, après ces mots, monsieur de Taverney, tout fier de son exhibition de perspicacité, fit un petit bond capricieux qui rappelait le jeune homme, et le jeune homme insolent de prospérité.

Philippe le saisit par la manche et l'arrêta furieux.

— C'est comme cela, dit-il ; eh bien ! monsieur, votre logique est admirable.

— J'ai deviné, n'est-ce pas, et tu m'en veux ? Bah ! tu me pardonneras en faveur de l'attention. J'aime Charny, d'ailleurs, et suis bien aise que tu en agisses de la sorte avec lui.

— Votre monsieur de Charny, à cette heure, est si bien mon favori, mon mignon, mon oiseau élevé à la brochette, qu'en effet je lui ai passé tout à l'heure un pied de cette lame à travers les côtes.

Et Philippe montra son épée à son père.

— Hein ! fit Taverney effarouché à la vue de ces yeux flamboyants, à la nouvelle de cette belliqueuse sortie ; ne dis-tu pas que tu t'es battu avec monsieur de Charny ?

— Et que je l'ai embroché ! Oui.

— Grand Dieu !

— Voilà ma façon de soigner, d'adoucir et de ménager mes successeurs, ajouta Philippe ; maintenant que vous la connaissez, appliquez votre théorie à ma pratique.

Et il fit un mouvement désespéré pour s'enfuir.

Le vieillard se cramponna à son bras.

— Philippe ! Philippe ! dis-moi que tu plaisantais.

— Appelez cela une plaisanterie si vous voulez, mais c'est fait.

Le vieillard leva les yeux au ciel, marmotta quelques mots sans suite, et, quittant son fils, courut jusqu'à son antichambre.

— Vite ! vite ! cria-t-il, un homme à cheval, qu'on coure s'informer de monsieur de Charny qui a été blessé ; qu'on prenne de ses nouvelles, et qu'on n'oublie pas de lui dire qu'on vient de ma part !

— Ce traître Philippe, fit-il en rentrant, n'est-il pas le frère de sa sœur ! Et moi qui le croyais corrigé ! Oh ! il n'y avait qu'une tête dans ma famille... la mienne.

XII.

LE QUATRAIN DE MONSIEUR DE PROVENCE.

Tandis que tous ces événemens se passaient à Paris et à Versailles, le roi, tranquille comme à son ordinaire, depuis qu'il savait ses flottes victorieuses et l'hiver vaincu, se proposait dans son cabinet, au milieu des cartes et des mappemondes, des petits plans mécaniques, et songeait à tracer de nouveaux sillons sur les mers aux vaisseaux de La Peyrouse.

Un coup légèrement frappé à la porte le tira de ses rêveries toutes échauffées par un bon goûter qu'il venait de prendre.

En ce moment, une voix se fit entendre.

— Puis-je pénétrer, mon frère? dit-elle.

— Monsieur le comte de Provence, le malvenu! grommela le roi en poussant un livre d'astronomie ouvert aux plus grandes figures.

— Entrez, dit-il.

Un personnage gros, court et rouge, à l'œil vif, entra d'un pas trop respectueux pour un frère, trop familier pour un sujet.

— Vous ne m'attendiez pas, mon frère, dit-il?

— Non, ma foi!

— Je vous dérange?

— Non; mais auriez-vous quelque chose à me dire d'intéressant?

— Un bruit si drôle, si grotesque...

— Ah! ah! une médisance.

— Ma foi! oui, mon frère.

— Qui vous a diverti?

— Oh! à cause de l'étrangeté.

— Quelque méchanceté contre moi.

— Dieu m'est témoin que je ne rirais pas, s'il en était ainsi.

— C'est contre la reine, alors.

— Sire, figurez-vous qu'on m'a dit sérieusement, mais là, très sérieusement... je vous le donne en cent, je vous le donne en mille...

— Mon frère, depuis que mon précepteur m'a fait admirer cette précaution oratoire, comme modèle du genre, dans madame de Sévigné, je ne l'admire plus... Au fait.

— Eh bien! mon frère, dit le comte de Provence un peu refroidi par cet accueil brutal, on dit que la reine a découché l'autre jour. Ah! ah! ah!

Et il s'efforça de rire.

— Ce serait bien triste si cela était vrai, dit le roi avec gravité.

— Mais cela n'est pas vrai, n'est-ce pas, mon frère?

— Non.

— Il n'est pas vrai, non plus, que l'on ait vu la reine attendre à la porte des Réservoirs ?

— Non.

— Le jour, vous savez, où vous ordonnâtes de fermer la porte à onze heures?

— Je ne sais pas.

— Eh bien ! figurez-vous, mon frère, que le bruit prétend...

— Qu'est-ce que cela, le bruit ? Où est-ce ? Qui est-ce ?

— Voilà un trait profond, mon frère, très profond. En effet, qui est le bruit ? Eh bien ! cet être insaisissable, incompréhensible, qu'on appelle le bruit, prétend qu'on avait vu la reine avec monsieur le comte d'Artois, bras dessus bras dessous, à minuit et demi, ce jour-là.

— Où ?

— Allant à une maison que monsieur d'Artois possède, là, derrière les écuries. Est-ce que Votre Majesté n'a pas ouï parler de cette énormité ?

— Si fait, bien, mon frère ; j'en ai entendu parler, il le faut bien.

— Comment, sire ?

— Oui, est-ce que vous n'avez pas fait quelque chose pour que j'en entende parler ?

— Moi ?

— Vous.

— Quoi donc, sire, qu'ai-je fait ?

— Un quatrain, par exemple, qui a été imprimé dans le *Mercure*.

— Un quatrain ! fit le comte plus rouge qu'à son entrée.

— On vous sait favori des Muses.

— Pas au point de...

— De faire un quatrain qui finit par ce vers :

Hélène, en  bon roi Ménélas.

— Moi, sire !...

— Ne niez pas, voici l'autographe du quatrain ; votre écriture... hein ! Je me connais mal en poésie, mais en écriture, oh ! comme un expert...

— Sire, une folie en amène une autre.

— Monsieur de Provence, je vous assure qu'il n'y a eu folie que de votre part, et je m'étonne qu'un philosophe ait commis cette folie ; gardons cette qualification à votre quatrain.

— Sire, Votre Majesté est dure pour moi.

— La peine du talion, mon frère. Au lieu de faire votre quatrain, vous auriez pu vous informer de ce qu'avait fait la reine ; je l'ai fait, moi ; et au lieu du quatrain contre elle, contre moi par conséquent, vous eussiez écrit quelque madrigal pour votre belle-sœur. Après cela, direz-vous, ce n'est pas un sujet qui inspire ; mais j'aime mieux une mauvaise épître qu'une bonne satire. Horace disait cela aussi, Horace, votre poète.

— Sire, vous m'accablez.

— N'eussiez-vous pas été sûr de l'innocence de la reine, comme je le suis, répéta le roi avec fermeté, vous eussiez bien fait de relire votre Horace. N'est-ce pas lui qui a dit ces belles paroles ? pardon, j'écorche le latin :

Rectius hoc est :
Hoc faciens vivam meliùs, sic dulcis amicis occurram.

« Cela est mieux ; si je le fais, je serai plus honnête ; si je le fais, je serai bon pour mes amis. »

Vous traduiriez plus élégamment, vous, mon frère ; mais je crois que c'est là le sens.

Et le bon roi, après cette leçon donnée en père plutôt qu'en frère, attendit que le coupable commençât une justification.

Le comte médita quelque temps sa réponse, moins comme un homme embarrassé que comme un orateur en quête de délicatesses.

— Sire, dit-il, tout sévère que soit l'arrêt de Votre Majesté, j'ai un moyen d'excuse et un espoir de pardon.

— Dites, mon frère.

— Vous m'accusez de m'être trompé, n'est-ce pas, et non d'avoir eu mauvaise intention ?

— D'accord.

— S'il en est ainsi, Votre Majesté, qui sait que n'est pas homme celui qui ne se trompe pas, Votre Majesté admettra bien que je ne me sois pas trompé pour quelque chose ?

— Je n'accuserai jamais votre esprit, qui est grand et supérieur, mon frère.

— Eh bien ! sire, comment ne me serais-je pas trompé à entendre tout ce qui se débite ? Nous autres princes, nous vivons dans l'air de la calomnie, nous en sommes imprégnés. Je ne dis pas que j'ai cru, je dis que l'on m'a dit.

— A la bonne heure ! puisqu'il en est ainsi ; mais...

— Le quatrain ? Oh ! les poètes sont des êtres bizarres ; et puis, ne vaut-il pas mieux répondre par une douce critique qui peut être un avertissement que par un sourcil froncé ? Des attitudes menaçantes mises en vers n'offensent pas, sire ; ce n'est pas comme les pamphlets, au sujet desquels on est fort à demander coërcition à Votre Majesté ; des pamphlets comme celui que je viens vous montrer moi-même.

— Un pamphlet !

— Oui, sire ; il me faut absolument un ordre d'embastillement contre le misérable auteur de cette turpitude.

Le roi se leva brusquement.

— Voyons ! dit-il.

— Je ne sais si je dois, sire...

— Certainement, vous devez ; il n'y a rien à ménager dans cette circonstance. Avez-vous ce pamphlet ?

— Oui, sire.

— Donnez.

Et le comte de Provence tira de sa poche un exemplaire de l'*Histoire d'Etteniotna*, épreuve fatale que le bâton de

Charny, que l'épée de Philippe, que le brasier de Cagliostro avaient laissé passer dans la circulation.

Le roi jeta les yeux avec la rapidité d'un homme habitué à lire les passages intéressans d'un livre ou d'une gazette.

— Infamie ! dit-il, infamie !

— Vous voyez, sire, qu'on prétend que ma sœur a été au baquet de Mesmer.

— Eh bien ! oui, elle y a été !

— Elle y a été ! s'écria le comte de Provence.

— Autorisée par moi.

— Oh ! sire.

— Et ce n'est pas de sa présence chez Mesmer que je tire induction contre sa sagesse, puisque j'avais permis qu'elle allât place Vendôme.

— Votre Majesté n'avait pas permis que la reine s'approchât du baquet pour expérimenter par elle-même...

Le roi frappa du pied. Le comte venait de prononcer ces paroles précisément au moment où les yeux de Louis XVI parcouraient le passage le plus insultant pour Marie-Antoinette, l'histoire de sa prétendue crise, de ses contorsions, de son voluptueux désordre, de tout ce qui, enfin, avait signalé chez Mesmer le passage de mademoiselle Oliva.

— Impossible, impossible, dit le roi devenu pâle. Oh ! la police doit savoir à quoi s'en tenir là-dessus !

Il sonna.

— Monsieur de Crosne, dit-il, qu'on m'aille chercher monsieur de Crosne.

— Sire, c'est aujourd'hui jour de rapport hebdomadaire, et monsieur de Crosne attend dans l'Œil-de-Bœuf.

— Qu'il entre.

— Permettez-moi, mon frère, dit le comte de Provence d'un ton hypocrite.

Et il fit mine de sortir.

— Restez, lui dit Louis XVI. Si la reine est coupable, eh bien ! monsieur, vous êtes de la famille, vous pouvez le savoir ; si elle est innocente, vous devez le savoir aussi, vous qui l'avez soupçonnée.

Monsieur de Crosne entra.

Ce magistrat, voyant monsieur de Provence avec le roi, commença par présenter ses respectueux hommages aux deux plus grands du royaume ; puis, s'adressant au roi :

— Le rapport est prêt, sire, dit-il.

— Avant tout, monsieur, fit Louis XVI, expliquez-nous comment il s'est publié à Paris un pamphlet aussi indigne contre la reine ?

— *Elteniotna* ? dit monsieur de Crosne.

— Oui.

— Eh bien ! sire, c'est un gazetier nommé Reteau.

— Oui. Vous savez son nom, et vous ne l'avez, ou empêché de publier ou arrêté après la publication !

— Sire, rien n'était plus facile que de l'arrêter ; je vais même montrer à Votre Majesté l'ordre d'écrou tout préparé dans mon portefeuille.

— Alors, pourquoi l'arrestation n'est-elle pas opérée ?

Monsieur de Crosne se tourna du côté de monsieur de Provence.

— Je prends congé de Votre Majesté, dit celui-ci plus lentement.

— Non, non, répliqua le roi ; je vous ai dit de rester ; eh bien ! restez.

Le comte s'inclina.

— Parlez, monsieur de Crosne ; parlez ouvertement, sans réserve ; parlez vite et net.

— Eh bien ! voici, répliqua le lieutenant de police : je n'ai pas fait arrêter le gazetier Reteau, parce qu'il fallait de toute nécessité que j'eusse, avant cette démarche, une explication avec Votre Majesté.

— Je la sollicite.

— Peut-être, sire, vaut-il mieux donner à ce gazetier un sac d'argent et l'envoyer se faire pendre ailleurs, très loin.

— Pourquoi ?

— Parce que, sire, quand ces misérables disent un mensonge, le public à qui on le prouve est fort aise de les voir fouetter, essoriller, pendre même. Mais quand, par malheur, ils mettent la main sur une vérité...

6.

— Une vérité ?

Monsieur de Crosne s'inclina.

— Oui. Je sais. La reine a été en effet au baquet de Mesmer. Elle y a été, c'est un malheur, comme vous dites ; mais je le lui avais permis.

— Oh ! sire, murmura monsieur de Crosne.

Cette exclamation du sujet respectueux frappa le roi encore plus qu'elle n'avait fait sortant de la bouche du parent jaloux.

— La reine n'est pas perdue pour cela, dit-il, je suppose ?

— Non, sire, mais compromise.

— Monsieur de Crosne, que vous a dit votre police, voyons ?

— Sire, beaucoup de choses qui, sauf le respect que je dois à Votre Majesté, sauf l'adoration toute respectueuse que je professe pour la reine, sont d'accord avec quelques allégations du pamphlet.

— D'accord, dites-vous ?

— Voici comment : une reine de France qui va dans un costume de femme ordinaire, au milieu de ce monde équivoque attiré par ces bizarreries magnétiques de Mesmer, et qui va seule...

— Seule ! s'écria le roi.

— Oui, sire.

— Vous vous trompez, monsieur de Crosne.

— Je ne crois pas, sire.

— Vous avez de mauvais rapports.

— Tellement exacts, sire, que je puis vous donner le détail de la toilette de Sa Majesté, l'ensemble de sa personne, ses pas, ses gestes, ses cris.

— Ses cris !

Le roi pâlit et froissa la brochure.

— Ses soupirs mêmes ont été notés par mes agens, ajouta timidement monsieur de Crosne.

— Ses soupirs ! La reine se serait oubliée à ce point !... La reine aurait fait si bon marché de mon honneur de roi, de son honneur de femme !

— C'est impossible, dit le comte de Provence ; ce serait plus qu'un scandale, et Sa Majesté est incapable.

Cette phrase était un surcroît d'accusation plutôt qu'une excuse. Le roi le sentit ; tout en lui se révoltait.

— Monsieur, dit-il au lieutenant de police, vous maintenez ce que vous avez dit?

— Hélas ! jusqu'au dernier mot, sire.

— Je vous dois à vous, mon frère, dit Louis XVI en passant son mouchoir sur son front mouillé de sueur, je vous dois une preuve de ce que j'ai avancé. L'honneur de la reine est celui de toute ma maison. Je ne le risque jamais. J'ai permis à la reine d'aller au baquet de Mesmer ; mais je lui avais enjoint de mener avec elle une personne sûre, irréprochable, sainte même.

— Ah ! dit monsieur de Crosne, s'il en eût été ainsi...

— Oui, dit le comte de Provence, si une femme comme madame de Lamballe, par exemple...

— Précisément, mon frère, c'est madame la princesse de Lamballe que j'avais désignée à la reine.

— Malheureusement, sire, la princesse n'a pas été emmenée.

— Eh bien ! ajouta le roi frémissant, si la désobéissance a été telle, je dois sévir et je sévirai.

Un énorme soupir lui ferma les lèvres après lui avoir déchiré le cœur.

— Seulement, dit-il plus bas, un doute me reste : ce doute, vous ne le partagez pas, c'est naturel ; vous n'êtes pas le roi, l'époux, l'ami de celle qu'on accuse... Ce doute, je veux l'éclaircir.

Il sonna ; l'officier de service parut.

— Qu'on voie, dit le roi, si madame la princesse de Lamballe n'est pas chez la reine, ou dans son appartement à elle-même.

— Sire, madame de Lamballe se promène dans le petit jardin avec Sa Majesté et une autre dame.

— Priez madame la princesse de monter ici sur-le-champ.

L'officier partit.

— Maintenant, messieurs, encore dix minutes ; je ne saurais prendre un parti jusque-là.

Et Louis XVI, contre son habitude, fronça le sourcil, et lança sur les deux témoins de sa profonde douleur un regard presque menaçant.

Les deux témoins gardèrent le silence. Monsieur de Crosne avait une tristesse réelle, monsieur de Provence avait une affectation de tristesse qui se fût communiquée au dieu Momus en personne.

Un léger bruit de soie derrière les portes avertit le roi que la princesse de Lamballe approchait.

XIII.

LA PRINCESSE DE LAMBALLE.

La princesse de Lamballe entra, belle et calme, le front découvert, les boucles éparses de sa haute coiffure rejetées fièrement hors des tempes, ses sourcils noirs et fins comme deux traits de sépia, son œil bleu, limpide, dilaté, plein de nacre, son nez droit et pur, ses lèvres chastes et voluptueuses à la fois : toute cette beauté, sur un corps d'une beauté sans rivale, charmait et imposait.

La princesse apportait avec elle, autour d'elle, ce parfum de vertu, de grâce, d'immatérialité, que La Vallière répandit avant sa faveur et depuis sa disgrâce.

Quand le roi la vit venir, souriante et modeste, il se sentit pénétré de douleur.

— Hélas ! pensa-t-il, ce qui sortira de cette bouche sera une condamnation sans appel.

— Asseyez-vous, dit-il, princesse, en la saluant profondément.

Monsieur de Provence s'approcha pour lui baiser la main.

Le roi se recueillit.

— Que souhaite de moi Votre Majesté ? dit la princesse avec la voix d'un ange.

— Un renseignement, madame; un renseignement précis, ma cousine.

— J'attends, sire.

— Quel jour êtes-vous allée, en compagnie de la reine, à Paris ? Cherchez bien.

Monsieur de Crosne et le comte de Provence se regardèrent surpris.

— Vous comprenez, messieurs, dit le roi; vous ne doutez pas, vous, je doute encore, moi ; par conséquent j'interroge comme un homme qui doute.

— Mercredi, sire, répliqua la princesse.

— Vous me pardonnez, continua Louis XVI ; mais, ma cousine, je désire savoir la vérité.

— Vous la connaîtrez en questionnant, sire, dit simplement madame de Lamballe.

— Qu'allâtes-vous faire à Paris, ma cousine ?

— J'allai chez monsieur Mesmer, place Vendôme, sire.

Les deux témoins tressaillirent, le roi rougit d'émotion.

— Seule ? dit-il.

— Non, sire, avec Sa Majesté la reine.

— Avec la reine ? vous dites avec la reine ! s'écria Louis XVI en lui prenant la main avidement.

— Oui, sire.

Monsieur de Provence et monsieur de Crosne se rapprochèrent stupéfaits.

— Votre Majesté avait autorisé la reine, dit madame de Lamballe ; du moins, Sa Majesté me l'a dit.

— Et Sa Majesté avait raison, ma cousine... Maintenant... il me semble que je respire, car madame de Lamballe ne ment jamais.

— Jamais, sire, dit doucement la princesse.

— Oh ! jamais ! s'écria monsieur de Crosne avec la conviction la plus respectueuse. Mais alors, sire, permettez-moi...

— Oh! oui, je vous permets, monsieur de Crosne; questionnez, cherchez, je place ma chère princesse sur la sellette, je vous la livre.

Madame de Lamballe sourit.

— Je suis prête, dit-elle; mais, sire, la torture est abolie.

— Oui, je l'ai abolie pour les autres, fit le roi avec un sourire, mais on ne l'a pas abolie pour moi.

— Madame, dit le lieutenant de police, ayez la bonté de dire au roi ce que vous fîtes avec Sa Majesté chez monsieur Mesmer, et d'abord comment Sa Majesté était-elle mise?

— Sa Majesté portait une robe de taffetas gris perle, une mante de mousseline brodée, un manchon d'hermine, un chapeau de velours rose, à grands rubans noirs.

C'était un signalement tout opposé à celui donné pour Oliva.

Monsieur de Crosne manifesta une vive surprise, le comte de Provence se mordit les lèvres.

Le roi se frotta les mains.

— Et qu'a fait la reine en entrant? dit-il.

— Sire, vous avez raison de dire en entrant, car, à peine étions-nous entrées...

— Ensemble?

— Oui, sire, ensemble; et à peine étions-nous entrées dans le premier salon, où nul n'avait pu nous remarquer, tant était grande l'attention donnée aux mystères magnétiques, qu'une femme s'approcha de Sa Majesté, lui offrit un masque, la suppliant de ne pas pousser plus avant.

— Et vous vous arrêtâtes? dit vivement le comte de Provence.

— Oui, monsieur.

— Et vous n'avez pas franchi le seuil du premier salon? demanda monsieur de Crosne.

— Non, monsieur.

— Et vous n'avez pas quitté le bras de la reine? fit le roi avec un reste d'anxiété.

— Pas une seconde ; le bras de Sa Majesté n'a pas cessé de s'appuyer sur le mien.

— Eh bien ! s'écria tout à coup le roi, qu'en pensez-vous, monsieur de Crosne ? Mon frère, qu'en dites-vous ?

— C'est extraordinaire, c'est surnaturel, dit Monsieur en affectant une gaîté qui décélait, mieux que n'eût fait le doute, tout son dépit de la contradiction.

— Il n'y a rien de surnaturel là-dedans, se hâta de répondre monsieur de Crosne, à qui la joie bien naturelle du roi donnait une sorte de remords ; ce que madame la princesse a dit ne peut être que la vérité.

— Il en résulte?... dit monsieur de Provence.

— Il en résulte, monseigneur, que mes agens se sont trompés.

— Parlez-vous bien sérieusement ? demanda le comte de Provence avec le même tressaillement nerveux.

— Tout à fait, monseigneur, mes agens se sont trompés ; Sa Majesté a fait ce que vient de dire madame de Lamballe, et pas autre chose. Quant au gazetier, si je suis convaincu par les paroles éminemment vraies de madame la princesse, je crois que ce maraud doit l'être aussi : je vais envoyer l'ordre de l'écrouer sur-le-champ.

Madame de Lamballe tournait et retournait la tête, avec la placidité de l'innocence qui s'informe sans plus de curiosité que de crainte.

— Un moment, dit le roi, un moment ; il sera toujours temps de faire pendre ce gazetier. Vous avez parlé d'une femme qui aurait arrêté la reine à l'entrée du salon : princesse, dites-nous quelle était cette femme.

— Sa Majesté paraît la connaître, sire ; je dirai même, toujours parce que je ne mens pas, que Sa Majesté la connaît, je le sais.

— C'est que, voyez-vous, cousine, il faut que je parle à cette femme, c'est indispensable. Là est toute la vérité ; là seulement est la clef du mystère.

— C'est mon avis, dit monsieur de Crosne, vers qui le roi s'était retourné.

— Commérage... murmura le comte de Provence. Voilà une femme qui me fait l'effet du dieu des dénoûmens.

— Ma cousine, dit-il tout haut, la reine vous a avoué qu'elle connaissait cette femme ?

— Sa Majesté ne m'a pas avoué, monseigneur, elle m'a raconté.

— Oui, oui, pardon.

— Mon frère veut vous dire, interrompit le roi, que si la reine connaît cette femme, vous savez aussi son nom.

— C'est madame de La Motte-Valois.

— Cette intrigante ! s'écria le roi avec dépit.

— Cette mendiante ! dit le comte. Diable ! diable ! elle sera difficile à interroger ; elle est fine.

— Nous serons aussi fins qu'elle, dit monsieur de Crosne. Et d'ailleurs, il n'y a pas de finesse, depuis la déclaration de madame de Lamballe. Ainsi, au premier mot du roi...

— Non, non, fit Louis XVI avec découragement, je suis las de voir cette mauvaise société autour de la reine. La reine est si bonne, que le prétexte de la misère lui amène tout ce qu'il y a de gens équivoques dans la noblesse infime du royaume.

— Madame de La Motte est réellement Valois, dit madame de Lamballe.

— Qu'elle soit ce qu'elle voudra, ma cousine, je ne veux pas qu'elle mette les pieds ici. J'aime mieux me priver de cette joie immense que m'eût faite l'entière absolution de la reine ; oui, j'aime mieux renoncer à cette joie, que de voir en face cette créature.

— Et pourtant vous la verrez, s'écria la reine, pâle de colère, en ouvrant la porte du cabinet et en se montrant, belle de noblesse et d'indignation, aux yeux éblouis du comte de Provence, qui salua gauchement derrière le battant de la porte replié sur lui.

— Oui, sire, continua la reine, il ne s'agit pas de dire : J'aime à voir ou je crains de voir cette créature ; cette créature est un témoin à qui l'intelligence de mes accusateurs...

Elle regarda son beau-frère.

— Et la franchise de mes juges...

Elle se tourna vers le roi et monsieur de Crosne.

— A qui enfin sa propre conscience, si dénaturée qu'elle soit, arracherait un cri de vérité. Moi, l'accusée, je demande qu'on entende cette femme, et on l'entendra.

— Madame, se hâta de dire le roi, vous entendez bien qu'on n'enverra pas chercher madame de La Motte pour lui faire l'honneur de déposer pour ou contre vous. Je ne mets pas votre honneur dans une balance en parallèle avec la véracité de cette femme.

— On n'enverra pas chercher madame de La Motte, sire, car elle est ici.

— Ici ! s'écria le roi, en se retournant comme s'il eût marché sur un reptile, ici !

— Sire, j'avais, comme vous le savez, rendu visite à une femme malheureuse qui porte un nom illustre. Ce jour, vous savez, où l'on a dit tant de choses...

Et elle regarda fixement par dessus l'épaule le comte de Provence, qui eût voulu être à cent pieds sous terre, mais dont le visage large et épanoui grimaçait une expression d'acquiescement.

— Eh bien ? fit Louis XVI.

— Eh bien ! sire, ce jour-là j'oubliai chez madame de La Motte un portrait, une boîte. Elle me la rapporte aujourd'hui ; elle est là.

— Non, non... Eh bien ! je suis convaincu, fit le roi ; j'aime mieux cela.

— Oh ! moi, je ne suis pas satisfaite, dit la reine ; je vais l'introduire. D'ailleurs, pourquoi cette répugnance. Qu'a-t-elle fait? qu'est-elle donc? Si je ne le sais pas, instruisez-moi. Voyons, monsieur de Crosne, vous qui savez tout, dites...

— Je ne sais rien qui soit défavorable à cette dame, répondit le magistrat.

— Bien vrai?

— Assurément. Elle est pauvre, voilà tout ; un peu ambitieuse, peut-être.

— L'ambition, c'est la voix du sang. Si vous n'avez que cela contre elle, le roi peut bien l'admettre à donner témoignage.

— Je ne sais, répliqua Louis XVI, mais j'ai des pressentimens, moi, des instincts ; je sens que cette femme sera pour un malheur, pour un désagrément dans ma vie..... c'est bien assez.

— Oh ! sire, de la superstition ! Cours la chercher, dit la reine à la princesse de Lamballe.

Cinq minutes après, Jeanne, toute modeste, toute honteuse, mais distinguée dans son attitude comme dans sa mise, pénétrait pas à pas dans le cabinet du roi.

Louis XVI, inexpugnable dans son antipathie, avait tourné le dos à la porte. Les deux coudes sur son bureau la tête dans ses mains, il semblait être un étranger au milieu des assistans.

Le comte de Provence dardait sur Jeanne des regards tellement gênans par leur inquisition, que si la modestie de Jeanne eût été réelle, cette femme eût été paralysée, pas un mot ne fût sorti de sa bouche.

Mais il fallait bien autre chose pour troubler la cervelle de Jeanne.

Ni roi, ni empereur avec leurs sceptres, ni pape avec sa tiare, ni puissances célestes, ni puissances des ténèbres, n'eussent agi sur cet esprit de fer, avec la crainte ou la vénération.

— Madame, lui dit la reine, en la menant derrière le roi, veuillez dire, je vous prie, ce que vous avez fait le jour de ma visite chez monsieur Mesmer ; veuillez le dire de point en point.

Jeanne se tut.

— Pas de réticences, pas de ménagemens. Rien que la vérité, la forme de votre idée vous apparaissant en relief, telle qu'elle est dans votre mémoire.

Et la reine s'assit dans un fauteuil, pour ne pas influencer le témoin par son regard.

Quel rôle pour Jeanne ! pour elle dont la perspicacité avait deviné que sa souveraine avait besoin d'elle, pour elle qui sentait que Marie-Antoinette était soupçonnée à faux et qu'on pouvait la justifier sans s'écarter du vrai !

Toute autre eût cédé, ayant cette conviction, au plaisir d'innocenter la reine par l'exagération des preuves.

Jeanne était une nature si déliée, si fine, si forte, qu'elle se renferma dans la pure expression du fait.

— Sire, dit-elle, j'étais allée chez monsieur Mesmer par curiosité, comme tout Paris y va. Le spectacle m'a paru un peu grossier. Je m'en retournais, quand soudain, sur le seuil de la porte d'entrée, j'aperçus Sa Majesté, que j'avais eu l'honneur de voir l'avant-veille sans la connaître, Sa Majesté dont la générosité m'avait révélé le rang. Quand je vis ses traits augustes, qui jamais ne s'effaceront de ma mémoire, il me sembla que la présence de Sa Majesté la reine était peut-être déplacée en cet endroit, où beaucoup de souffrances et de guérisons ridicules s'étalaient en spectacle. Je demande humblement pardon à Sa Majesté d'avoir osé penser si librement sur sa conduite, mais ce fut un éclair, un instinct de femme; j'en demande pardon à genoux, si j'ai outrepassé la ligne de respect que je dois aux moindres mouvemens de Sa Majesté.

Elle s'arrêta là, feignant l'émotion, baissant la tête, arrivant, par un art inouï, à la suffocation qui précède les larmes.

Monsieur de Crosne y fut pris. Madame de Lamballe se sentit entraînée vers le cœur de cette femme, qui paraissait être à la fois délicate, timide, spirituelle et bonne.

Monsieur de Provence fut étourdi.

La reine remercia Jeanne par un regard, que le regard de celle-ci sollicitait ou plutôt guettait sournoisement.

— Eh bien ! dit la reine, vous avez entendu, sire ?

Le roi ne se remua pas.

— Je n'avais pas besoin, dit-il, du témoignage de madame.

— On m'a dit de parler, objecta timidement Jeanne, et j'ai dû obéir.

— Assez ! dit brutalement Louis XVI ; quand la reine dit une chose, elle n'a pas besoin de témoins pour contrôler son dire. Quand la reine a mon approbation, elle n'a rien à chercher auprès de personne ; et elle a mon approbation.

Il se leva en achevant ces mots, qui écrasèrent monsieur de Provence.

La reine ne se fit point faute d'y ajouter un sourire dédaigneux.

Le roi tourna le dos à son frère, vint baiser la main de Marie-Antoinette et de la princesse de Lamballe.

Il congédia cette dernière en lui demandant pardon de l'avoir dérangée *pour rien*, ajouta-t-il.

Il n'adressa ni un mot, ni un regard à madame de La Motte ; mais comme il était forcé de passer devant elle pour regagner son fauteuil, et qu'il craignait d'offenser la reine en manquant de politesse en sa présence pour une femme qu'elle recevait, il se contraignit à faire à Jeanne un petit salut auquel elle répondit sans précipitation par une profonde révérence, capable de faire valoir toute sa bonne grâce.

Madame de Lamballe sortit du cabinet la première, puis madame de La Motte, que la reine poussait devant elle ; enfin la reine, qui échangea un dernier regard presque caressant avec le roi.

Et puis, on entendit dans le corridor les trois voix de femmes qui s'éloignaient en chuchotant :

— Mon frère, dit alors Louis XVI au comte de Provence, je ne vous retiens plus. J'ai le travail de la semaine à terminer avec monsieur le lieutenant de police. Je vous remercie d'avoir accordé votre attention à cette pleine, entière et éclatante justification de votre sœur. Il est aisé de voir que vous en êtes aussi réjoui que moi, et ce n'est pas peu dire. — A nous deux, monsieur de Crosne. Asseyez-vous là, je vous prie.

Le comte de Provence salua, toujours souriant, et sortit du cabinet, quand il n'entendit plus les dames, et qu'il se jugea hors de portée d'un malicieux regard ou d'un mot amer.

XIV.

CHEZ LA REINE.

La reine, sortie du cabinet de Louis XVI, sonda toute la profondeur du danger qu'elle avait couru.

Elle sut apprécier ce que Jeanne avait mis de délicatesse et de réserve dans sa déposition improvisée, comme aussi le tact vraiment remarquable avec lequel, après le succès, elle restait dans l'ombre.

En effet, Jeanne qui venait, par un bonheur inouï, d'être initiée du premier coup à ces secrets d'intimité que les courtisans les plus habiles chassent dix ans sans les atteindre, et partant sûre désormais d'être pour beaucoup dans une journée importante de la reine, n'en prenait pas avantage par un de ces riens que la susceptibilité orgueilleuse des grands sait deviner sur le visage des inférieurs.

Aussi la reine, au lieu d'accepter la proposition que lui fit Jeanne de lui présenter ses respects et de partir, la retint-elle par un sourire aimable en disant :

— Il est vraiment heureux, comtesse, que vous m'ayez empêchée d'entrer chez Mesmer avec la princesse de Lamballe ; car, voyez la noirceur : on m'a vue, soit à la porte, soit à l'antichambre, et l'on a pris texte de là pour dire que j'avais été dans ce qu'ils appellent la salle aux crises. N'est-ce pas cela ?

— La salle aux crises, oui, madame.

— Mais, dit la princesse de Lamballe, comment se fait-il que, si les assistans ont su que la reine était là, les agens de monsieur de Crosne s'y soient trompés ? Là est le mystère, selon moi ; les agens du lieutenant de police affirment en effet que la reine a été dans la salle aux crises.

— C'est vrai, dit la reine pensive.

Et il n'y a nul intérêt de la part de monsieur de Crosne, qui est un honnête homme et qui m'aime ; mais des agens peuvent avoir été soudoyés, chère Lamballe. J'ai des ennemis, vous le voyez.

Il faut que ce bruit ait reposé sur quelque chose. Dites-nous donc le détail, madame la comtesse.

D'abord, l'infâme brochure me représente enivrée, fascinée, magnétisée de telle sorte que j'aurais perdu toute dignité de femme. Qu'y a-t-il de vraisemblable là-dedans ? Y a-t-il eu, en effet, ce jour-là, une femme ?...

Jeanne rougit. Le secret se présentait encore à elle, le secret dont un seul mot pouvait détruire sa funeste influence sur la destinée de la reine.

Ce secret, Jeanne, en le révélant, perdait l'occasion d'être utile, indispensable même à Sa Majesté. Cette situation ruinait son avenir ; elle se tint réservée comme la première fois.

— Madame, dit-elle, il y avait, en effet, une femme très agitée qui s'est beaucoup affichée par ses contorsions et son délire. Mais il me semble...

— Il vous semble, dit vivement la reine, que cette femme était quelque femme de théâtre, ou ce qu'on appelle une fille du monde, et non pas la reine de France, n'est-ce pas ?

— Certes, non, madame.

— Comtesse, vous avez très bien répondu au roi ; et maintenant, c'est à moi de parler pour vous. Voyons, où en êtes-vous de vos affaires ? à quel moment comptez-vous faire reconnaître vos droits ? Mais n'y a-t-il pas quelqu'un, princesse ?...

Madame de Misery entra.

— Votre Majesté veut-elle recevoir mademoiselle de Taverney ? demanda la femme de chambre.

— Elle ! assurément. Oh ! la cérémonieuse ! jamais elle ne manquerait à l'étiquette Andrée ! Andrée ! venez donc.

— Votre Majesté est trop bonne pour moi, dit celle-ci en saluant avec grâce.

Et elle aperçut Jeanne qui, reconnaissant la seconde dame allemande du bureau de secours, venait d'appeler à son aide une rougeur et une modestie de commande.

La princesse de Lamballe profita du renfort survenu à la reine pour retourner à Sceaux, chez le duc de Penthièvre.

Andrée prit place à côté de Marie-Antoinette, ses yeux calmes et scrutateurs fixés sur madame de La Motte.

— Eh bien ! Andrée, dit la reine, voilà cette dame que nous allâmes voir le dernier jour de la gelée.

— J'ai reconnu madame, répliqua Andrée en s'inclinant.

Jeanne, déjà orgueilleuse, se hâta de chercher sur les traits d'Andrée un symptôme de jalousie. — Elle ne vit rien qu'une parfaite indifférence.

Andrée, avec les mêmes passions que la reine, Andrée, femme et supérieure à toutes les femmes en bonté, en esprit, en générosité, si elle eût été heureuse, Andrée se renfermait dans son impénétrable dissimulation que toute la cour prenait pour la fière pudeur de Diane virginale.

— Savez-vous, lui dit la reine, ce qu'on a dit sur moi au roi ?

— On a dû dire tout ce qu'il y a de mauvais, répliqua Andrée, précisément parce qu'on ne saurait dire assez ce qu'il y a de bon.

— Voilà, dit Jeanne simplement, la plus belle phrase que j'aie entendue. Je la dis belle, parce qu'elle rend, sans en rien ôter, le sentiment qui est celui de toute ma vie, et que mon faible esprit n'aurait jamais su formuler ces paroles.

— Je vous conterai cela, Andrée.

— Oh ! je le sais, dit celle-ci ; monsieur le comte de Provence l'a raconté tout à l'heure ; une amie à moi l'a entendu.

— C'est un heureux moyen, dit la reine avec colère, de propager le mensonge après avoir rendu hommage à la vérité. Laissons cela. J'en étais avec la comtesse à l'exposé de sa situation. Qui vous protège, comtesse ?

— Vous, madame, dit hardiment Jeanne; vous qui me permettez de venir vous baiser la main.

— Elle a du cœur, dit Marie-Antoinette à Andrée, et j'aime ses élans.

Andrée ne répondit rien.

— Madame, continua Jeanne, peu de personnes m'ont osé protéger quand j'étais dans la gêne et dans l'obscurité; mais à présent qu'on m'aura vue une fois à Versailles, tout le monde va se disputer le droit d'être agréable à la reine, je veux dire à une personne que Sa Majesté a daigné honorer d'un regard.

— Eh quoi! dit la reine en s'asseyant, nul n'a été assez brave ou assez corrompu pour vous protéger pour vous-même?

— J'ai eu d'abord madame de Boulainvilliers, répondit Jeanne, une femme brave ; puis monsieur de Boulainvilliers, un protecteur corrompu... Mais depuis mon mariage, personne, oh! personne! dit-elle avec une syncope des plus habiles. Oh! pardon, j'oubliais un galant homme, prince généreux...

— Un prince! comtesse; qui donc?

— Monsieur le cardinal de Rohan.

La reine fit un mouvement brusque vers Jeanne.

— Mon ennemi! dit-elle en souriant.

— Ennemi de Votre Majesté, lui! le cardinal! s'écria Jeanne. Oh! madame.

— On dirait que cela vous étonne, comtesse, qu'une reine ait un ennemi. Comme on voit que vous n'avez pas vécu à la cour!

— Mais, madame, le cardinal est en adoration devant Votre Majesté, du moins je croyais le savoir; et, si je ne me suis pas trompée, son respect pour l'auguste épouse du roi égale son dévoûment.

— Oh! je vous crois, comtesse, reprit Marie-Antoinette en se livrant à sa gaîté habituelle, je vous crois en partie. Oui, c'est cela, le cardinal est en adoration.

Et elle se tourna, en disant ces mots, vers Andrée de Taverney avec un franc éclat de rire.

— Eh bien ! comtesse, oui, monsieur le cardinal est en adoration. Voilà pourquoi il est mon ennemi.

Jeanne de La Motte affecta la surprise d'une provinciale.

— Ah ! vous êtes la protégée de monsieur le prince archevêque Louis de Rohan, continua la reine. Contez-nous donc cela, comtesse.

— C'est bien simple, madame. Son Excellence, par les procédés les plus magnanimes, les plus délicats, la générosité la plus ingénieuse, m'a secourue.

— Très bien. Le prince Louis est prodigue, on ne peut lui refuser cela. Est-ce que vous ne pensez pas, Andrée, que monsieur le cardinal pourra bien ressentir aussi quelque adoration pour cette jolie comtesse ? Hein ! comtesse, voyons, dites-nous ?

Et Marie-Antoinette recommença ses joyeux éclats de rire franc et heureux, que mademoiselle de Taverney, toujours sérieuse, n'encourageait cependant pas.

— Il n'est pas possible que toute cette gaîté bruyante ne soit pas une gaîté factice, pensa Jeanne. Voyons.

— Madame, dit-elle d'un air grave et avec un accent pénétré, j'ai l'honneur d'affirmer à Votre Majesté que monsieur de Rohan...

— C'est bien, c'est bien, fit la reine en interrompant la comtesse. Puisque vous êtes si zélée pour lui... puisque vous êtes son amie...

— Oh ! madame, fit Jeanne avec une délicieuse expression de pudeur et de respect.

— Bien, chère petite ; bien, reprit la reine avec un doux sourire ; mais demandez-lui donc un peu ce qu'il a fait des cheveux qu'il m'a fait voler par un certain coiffeur, à qui cette facétie a coûté cher, car je l'ai chassé.

— Votre Majesté me surprend, dit Jeanne. Quoi ! monsieur de Rohan aurait fait cela ?

— Eh ! oui... l'adoration, toujours l'adoration. Après m'avoir exécrée à Vienne, après avoir tout employé, tout essayé, pour rompre le mariage projeté entre le roi et moi, il s'est un jour aperçu que j'étais femme et que j'étais sa reine ; qu'il avait, lui, grand diplomate, fait une école ; qu'il aurait toujours maille à partir avec moi. Il a eu peur alors pour son avenir, ce cher prince. Il a fait comme tous les gens de sa profession, qui caressent le plus ceux dont ils ont le plus peur; et, comme il me savait jeune, comme il me croyait sotte et vaine, il a tourné au Céladon. Après les soupirs, les airs de langueur, il s'est jeté, comme vous dites, dans l'adoration. Il m'adore, n'est-ce pas, Andrée?

— Madame! fit celle-ci en s'inclinant.

— Oui... Andrée aussi ne veut pas se compromettre; mais moi, je me risque; il faut au moins que la royauté soit bonne à quelque chose. Comtesse, je sais, et vous savez que le cardinal m'adore? C'est chose convenue; dites-lui que je ne lui en veux pas.

Ces mots, qui contenaient une ironie amère, touchèrent profondément le cœur gangrené de Jeanne de La Motte.

Si elle eût été noble, pure et loyale, elle n'y eût vu que ce suprême dédain de la femme au cœur sublime, que le mépris complet d'une âme supérieure pour les intrigues subalternes qui s'agitent au-dessous d'elle. Ce genre de femmes, ces anges si rares ne défendent jamais leur réputation contre les embûches qui leur sont dressées sur la terre.

Ils ne veulent pas même soupçonner cette fange à laquelle ils se souillent, cette glu dans laquelle ils laissent les plus brillantes plumes de leurs ailes dorées.

Jeanne, nature vulgaire et corrompue, vit un grand dépit chez la reine dans la manifestation de cette colère contre la conduite de monsieur le cardinal de Rohan. Elle se souvint des rumeurs de la cour; rumeurs aux syllabes scandaleuses, qui avaient couru de l'Œil-de-Bœuf du château au fond des faubourgs de Paris, et qui avaient trouvé tant d'écho.

Le cardinal, aimant les femmes pour leur sexe, avait dit à Louis XV, qui, lui aussi, aimait les femmes de cette façon, que la dauphine n'était qu'une femme incomplète. On sait les phrases singulières de Louis XV, au moment du mariage de son petit-fils, et ses questions à certain ambassadeur naïf.

Jeanne, femme complète s'il en fut, Jeanne, femme de

la tête aux pieds, Jeanne, vaine d'un seul de ses cheveux qui la distinguaient, Jeanne, qui sentait le besoin de plaire et de vaincre par tous ses avantages, ne pouvait pas comprendre qu'une femme pensât autrement qu'elle sur ces matières délicates.

— Il y a dépit chez Sa Majesté, se dit-elle. Or, s'il y a dépit, il doit y avoir autre chose.

Alors, réfléchissant que le choc engendre la lumière, elle se mit à défendre monsieur de Rohan avec tout l'esprit et toute la curiosité dont la nature, en bonne mère, l'avait douée si largement.

La reine écoutait.

— Elle écoute, se dit Jeanne.

Et la comtesse, trompée par sa nature mauvaise, n'apercevait même point que la reine écoutait par générosité, — parce qu'à la cour il est d'usage que jamais nul ne dise du bien de ceux dont le maître pense du mal.

Cette infraction toute nouvelle aux traditions, cette dérogation aux habitudes du château, rendaient la reine contente et presque heureuse.

Marie-Antoinette voyait un cœur là où Dieu n'avait placé qu'une éponge aride et altérée.

La conversation continuait sur le pied de cette intimité bienveillante de la part de la reine. Jeanne était sur les épines ; sa contenance était embarrassée ; elle ne voyait plus la possibilité de sortir sans être congédiée, elle qui tout à l'heure encore avait le rôle si beau de l'étrangère qui demande un congé ; mais soudain une voix jeune, enjouée, bruyante, retentit dans le cabinet voisin.

— Le comte d'Artois ! dit la reine.

Andrée se leva sur-le-champ. Jeanne se disposa au départ ; mais le prince avait pénétré si subitement dans la pièce où se tenait la reine, que la sortie devenait presque impossible. Cependant madame de La Motte fit ce qu'on appelle, au théâtre, dessiner une sortie.

Le prince s'arrêta en voyant cette jolie personne et la salua.

— Madame la comtesse de La Motte, dit la reine en présentant Jeanne au prince.

— Ah ! ah ! fit le comte d'Artois. Que je ne vous chasse pas, madame la comtesse.

La reine fit un signe à Andrée, qui retint Jeanne.

Ce signe voulait dire : J'avais quelque largesse à faire à madame de La Motte ; je n'ai pas eu le temps ; remettons à plus tard.

— Vous voilà donc revenu de la chasse au loup, dit la reine en donnant la main à son frère, d'après la mode anglaise, qui déjà reprenait faveur.

— Oui, ma sœur, et j'ai fait bonne chasse, car j'en ai tué sept, et c'est énorme, répondit le prince.

— Tué vous-même ?

— Je n'en suis pas bien sûr, dit-il en riant, mais on me l'a dit. En attendant, ma sœur, savez-vous que j'ai gagné sept cents livres ?

— Bah ! et comment ?

— Vous saurez que l'on paie cent livres pour chaque tête de ces horribles animaux. — C'est cher, mais j'en donnerais bien de bon cœur deux cents par tête de gazetier. — Et vous, ma sœur ?

— Ah ! dit la reine, vous savez déjà l'histoire ?

— Monsieur de Provence me l'a contée.

— Et de trois, reprit Marie-Antoinette ; Monsieur est un conteur intrépide, infatigable. Contez-nous donc un peu comment il vous a conté cela.

— De façon à vous faire paraître plus blanche que l'hermine, plus blanche que Vénus Aphrodite. Il y a bien encore un autre nom qui finit en *ène*; les savans pourraient vous le dire. Mon frère de Provence, par exemple.

— Il n'en est pas moins vrai qu'il vous a conté l'aventure ?

— Du gazetier ! oui, ma sœur. Mais Votre Majesté en est sortie à son honneur. On pourrait même dire, si on faisait un calembourg, comme monsieur de Bièvre en fait chaque journée : — L'affaire du baquet est lavée.

— Oh ! l'affreux jeu de mots.

— Ma sœur, ne maltraitez pas un paladin qui venait mettre à votre disposition sa lance et son bras. Heureusement vous n'avez besoin de personne. Ah ! chère sœur, en avez-vous du vrai bonheur, vous !

— Vous appelez cela du bonheur ! L'entendez-vous, Andrée ?

Jeanne se mit à rire. Le comte, qui ne cessait de la regarder, lui donnait courage. On parlait à Andrée, Jeanne répondait.

— C'est du bonheur, répéta le comte d'Artois ; car enfin il se pouvait fort bien, ma très chère sœur, 1º que madame de Lamballe n'eût pas été avec vous.

— Y fussé-je allée seule ?

— 2º Que madame de La Motte ne se fût pas rencontrée là pour vous empêcher d'entrer.

— Ah ! vous savez que madame la comtesse était là ?

— Ma sœur, quand monsieur le comte de Provence raconte, il raconte tout. Il se pouvait enfin que madame de La Motte ne se fût pas trouvée à Versailles tout à point pour porter témoignage. Vous allez, sans aucun doute, me dire que la vertu et l'innocence sont comme la violette, qui n'a pas besoin d'être vue pour être reconnue ; mais la violette, ma sœur, on en fait des bouquets quand on la voit et on la jette quand on l'a respirée. Voilà ma morale.

— Elle est belle !

— Je la prends comme je la trouve, et je vous ai prouvé que vous aviez eu du bonheur.

— Mal prouvé.

— Faut-il le prouver mieux ?

— Ce ne sera pas superflu.

— Eh bien ! vous êtes injuste d'accuser la fortune, dit le comte en pirouettant pour venir tomber sur un sofa à côté de la reine, car enfin, sauvée de la fameuse escapade du cabriolet...

— Une, dit la reine en comptant sur ses doigts.

— Sauvée du baquet...

— Soit, je la compte. Deux. Après ?

— Et sauvée de l'affaire du bal, lui dit-il à l'oreille.

— Quel bal ?

— Le bal de l'Opéra.

— Plaît-il ?

— Je dis le bal de l'Opéra, ma sœur.

— Je ne vous comprends pas.

Il se mit à rire.

— Quel sot je fais d'avoir été vous parler d'un secret.

— Un secret ! En vérité, mon frère, on voit que vous parlez du bal de l'Opéra, car je suis tant intriguée.

Ces mots : Bal, Opéra, venaient de frapper l'oreille de Jeanne. Elle redoubla d'attention.

— Motus ! dit le prince.

— Pas du tout, pas du tout ! Expliquons-nous, riposta la reine. Vous parlez d'une affaire d'Opéra ; qu'est-ce que cela ?

— J'implore votre pitié, ma sœur...

— J'insiste, comte, pour savoir.

— Et moi, ma sœur, pour me taire.

— Voulez-vous me désobliger ?

— Nullement. J'en ai assez dit pour que vous compreniez, je suppose.

— Vous n'avez rien dit du tout.

— Oh ! petite sœur, c'est vous qui m'intriguez... Voyons... de bonne foi ?

— Parole d'honneur, je ne plaisante pas.

— Vous voulez que je parle ?

— Sur-le-champ.

— Autre part qu'ici, fit-il en montrant Jeanne et Andrée.

— Ici ! ici ! Jamais il n'y a trop de monde pour une explication.

— Gare à vous, ma sœur !

— Je risque.

— Vous n'étiez pas au dernier bal de l'Opéra ?

— Moi ! s'écria la reine, moi, au bal de l'Opéra !

— Chut ! de grâce.

— Oh ! non, crions cela, mon frère... Moi, dites-vous, j'étais au bal de l'Opéra ?

— Certes, oui, vous y étiez.

— Vous m'avez vue, peut-être ? fit-elle avec ironie, mais en plaisantant jusque-là.

— Je vous y ai vue.

— Moi ! moi !

— Vous ! vous !

— C'est fort.

— C'est ce que je me suis dit.

— Pourquoi ne dites-vous pas que vous m'avez parlé ? ce serait plus drôle.

— Ma foi ! j'allais vous parler, quand un flot de masques nous a séparés.

— Vous êtes fou !

— J'étais sûr que vous me diriez cela. J'aurais dû ne pas m'y exposer, c'est ma faute.

La reine se leva tout à coup, fit quelques pas dans la chambre avec agitation.

Le comte la regardait d'un air étonné.

Andrée frissonnait de crainte et d'inquiétude.

Jeanne s'enfonçait les ongles dans la chair pour garder bonne contenance.

La reine s'arrêta.

— Mon ami, dit-elle au jeune prince, ne plaisantons pas ; j'ai un si mauvais caractère, que, vous voyez, je perds déjà patience ; avouez-moi vite que vous avez voulu vous divertir à mes dépens, et je serai très heureuse.

— Je vous avouerai cela si vous le voulez, ma sœur.

— Soyez sérieux, Charles.

— Comme un poisson, ma sœur.

— Par grâce, dites-moi, vous avez forgé ce conte, n'est-ce pas ?

Il regarda, en clignant, les dames ; puis :

— Oui, j'ai forgé, dit-il, veuillez m'excuser.

— Vous ne m'avez pas comprise, mon frère, répéta la reine avec véhémence. Oui ou non, devant ces dames, retirez-vous ce que vous avez dit ? Ne mentez pas ; ne me ménagez pas.

Andrée et Jeanne s'éclipsèrent derrière la tenture des Gobelins.

— Eh bien ! sœur, dit le prince à voix basse, quand elles n'y furent plus, j'ai dit la vérité ; que ne m'avertissiez-vous plus tôt.

— Vous m'avez vue au bal de l'Opéra ?
— Comme je vous vois, et vous m'avez vu aussi.

La reine poussa un cri, rappela Jeanne et Andrée, courut les chercher de l'autre côté de la tapisserie, les ramena chacune par une main, les entraînant rapidement toutes deux.

— Mesdames, monsieur le comte d'Artois affirme, dit-elle, qu'il m'a vue à l'Opéra.

— Oh! murmura Andrée.

— Il n'est plus temps de reculer, continua la reine, prouvez, prouvez...

— Voici, dit le prince. J'étais avec le maréchal de Richelieu, avec monsieur de Calonne, avec... ma foi! avec du monde. Votre masque est tombé.

— Mon masque!

— J'allais vous dire : c'est plus que téméraire, ma sœur ; mais vous avez disparu, entraînée par le cavalier qui vous donnait le bras.

— Le cavalier! Oh! mon Dieu! mais vous me rendez folle.

— Un domino bleu, fit le prince.

La reine passa sa main sur son front.

— Quel jour cela ? dit-elle.

— Samedi, la veille de mon départ pour la chasse. Vous dormiez encore, le matin, quand je suis parti, sans quoi je vous eusse dit ce que je viens de dire.

— Mon Dieu! mon Dieu! A quelle heure m'avez-vous vue ?

— Il pouvait être de deux à trois heures.

— Décidément, je suis folle ou vous êtes fou.

— Je vous répète que c'est moi... je me serai trompé... cependant...

— Cependant...

— Ne vous faites pas tant de mal... on n'en a rien su... Un moment j'avais cru que vous étiez avec le roi ; mais le personnage parlait allemand, et le roi ne sait que l'anglais.

— Allemand... un Allemand. Oh! j'ai une preuve, mon frère. Samedi, j'étais couchée à onze heures.

Le comte salua comme un homme incrédule, en souriant.

La reine sonna.

— Madame de Misery va vous le dire, dit-elle.

Le comte se mit à rire.

— Que n'appelez-vous aussi Laurent, le suisse des Réservoirs; il portera aussi témoignage. C'est moi qui ai fondu ce canon, petite sœur, ne le tirez pas sur moi.

— Oh ! fit la reine avec rage ; oh ! ne pas être cru !

— Je vous croirais si vous vous mettiez moins en colère; mais le moyen ! Si je vous dis oui, — d'autres diront, après être venus, — non.

— D'autres ? quels autres ?

— Pardieu ! ceux qui ont vu comme moi.

— Ah ! voilà qui est curieux, par exemple ! Il y a des gens qui m'ont vue. Eh bien ! montrez-les-moi.

— Tout de suite... Philippe de Taverney est-il là.

— Mon frère ! dit Andrée.

— Il y était, mademoiselle, répondit le prince ; voulez-vous qu'on l'interroge, ma sœur ?

— Je le demande instamment.

— Mon Dieu ! murmura Andrée.

— Quoi ! fit la reine.

— Mon frère appelé en témoignage.

— Oui, oui, je le veux.

Et la reine appela : on courut, on alla chercher Philippe jusque chez son père, qu'il venait de quitter après la scène que nous avons décrite.

Philippe, maître du champ de bataille avec son duel avec Charny ; Philippe, qui venait de rendre un service à la reine, marchait joyeusement vers le château de Versailles.

On le trouva en chemin. On lui communiqua l'ordre de la reine. Il accourut.

Marie-Antoinette s'élança à sa rencontre, et, se plaçant en face de lui :

— Voyons, monsieur, dit-elle, êtes-vous capable de dire la vérité ?

— Oui, madame, et incapable de mentir, répliqua-t-il.

— Alors, dites... dites franchement si... si vous m'avez vue dans un endroit public depuis huit jours?

— Oui, madame, répondit Philippe.

Les cœurs battaient dans l'appartement, on eût pu les entendre.

— Où m'avez-vous vue? fit la reine d'une voix terrible.

Philippe se tut.

— Oh! ne ménagez rien, monsieur; mon frère, que voilà, dit bien m'avoir vue au bal de l'Opéra, lui; et vous, où m'avez-vous vue?

— Comme monseigneur le comte d'Artois, au bal de l'Opéra, madame.

La reine tomba foudroyée sur le sofa.

Puis, se relevant avec la rapidité d'une panthère blessée :

— Ce n'est pas possible, dit-elle, puisque je n'y étais pas. Prenez garde, monsieur de Taverney, je m'aperçois que vous prenez ici des airs de puritain; c'était bon en Amérique, avec monsieur de Lafayette, mais à Versailles, nous sommes Français, et polis, et simples.

— Votre Majesté accable monsieur de Taverney, dit Andrée, pâle de colère et d'indignation. S'il dit avoir vu, c'est qu'il a vu.

— Vous aussi, fit Marie-Antoinette; vous aussi! Il ne manque vraiment plus qu'une chose, c'est que vous m'ayez vue. — Par Dieu! si j'ai des amis qui me défendent, j'ai des ennemis qui m'assassinent. Un seul témoin ne fait pas un témoignage, messieurs.

— Vous me faites souvenir, dit le comte d'Artois, qu'à ce moment où je vous voyais et où je m'aperçus que le domino bleu n'était pas le roi, je crus que c'était le neveu de monsieur de Suffren. — Comment l'appelez-vous, ce brave officier qui a fait cet exploit du pavillon? Vous l'avez si bien reçu l'autre jour, que je l'ai cru votre chevalier d'honneur.

La reine rougit; Andrée devint pâle comme la mort. Toutes deux se regardèrent et frémirent de se voir ainsi.

Philippe, lui, devint livide.

— Monsieur de Charny ? murmura-t-il.

— Charny ! c'est cela, continua le comte d'Artois. N'est-il pas vrai, monsieur Philippe, que la tournure de ce domino bleu avait quelque analogie avec celle de monsieur de Charny?

— Je n'ai pas remarqué, monseigneur, dit Philippe en suffoquant.

— Mais, poursuivit monsieur le comte d'Artois, je m'aperçus bien vite que je m'étais trompé, car monsieur de Charny s'offrit soudain à mes yeux. Il était là, près de monsieur de Richelieu, en face de vous, ma sœur, au moment où votre masque est tombé.

— Et il m'a vue ? s'écria la reine hors de toute prudence.

— A moins qu'il ne soit aveugle, dit le prince.

La reine fit un geste désespéré, agita de nouveau la sonnette.

— Que faites-vous ? dit le prince.

— Je veux interroger aussi monsieur de Charny, boire le calice jusqu'à la fin.

— Je ne crois pas que monsieur de Charny soit à Versailles, murmura Philippe.

— Pourquoi ?

— On m'a dit, je crois, qu'il était..... indisposé.

— Oh! la chose est assez grave pour qu'il vienne, monsieur. Moi aussi je suis indisposée, pourtant j'irais au bout du monde, pieds nus, pour prouver...

Philippe, le cœur déchiré, s'approcha d'Andrée qui regardait par la fenêtre qui donnait sur les parterres.

— Qu'y a-t-il ? fit la reine en s'avançant vers elle.

— Rien, rien... On disait monsieur de Charny malade, et je le vois.

— Vous le voyez ? s'écria Philippe en courant à son tour.

— Oui, c'est lui.

La reine, oubliant tout, ouvrit la fenêtre elle-même avec une vigueur extraordinaire, et appela de sa voix :

— Monsieur de Charny !

Celui-ci tourna la tête, et, tout effaré d'étonnement, se dirigea vers le château.

XV.

UN ALIBI.

Monsieur de Charny entra, un peu pâle, mais droit et sans souffrance apparente.

A l'aspect de cette compagnie illustre, il prit le maintien respectueux et raide de l'homme du monde et du soldat.

— Prenez garde, ma sœur, dit le comte d'Artois bas à la reine ; il me semble que vous interrogez beaucoup de monde.

— Mon frère, j'interrogerai le monde entier, jusqu'à ce que je parvienne à rencontrer quelqu'un qui me dise que vous vous êtes trompé.

Pendant ce temps, Charny avait vu Philippe, et l'avait salué courtoisement.

— Vous êtes un bourreau de votre santé, dit tout bas Philippe à son adversaire. Sortir blessé ! mais, en vérité, vous voulez mourir.

— On ne meurt pas de s'être égratigné à un buisson du bois de Boulogne, répliqua Charny, heureux de rendre à son ennemi une piqûre morale plus douloureuse que la blessure de l'épée.

La reine se rapprocha et mit fin à ce colloque, qui avait été plutôt un double *à parte* qu'un dialogue.

— Monsieur de Charny, dit-elle, vous étiez, disent ces messieurs, au bal de l'Opéra ?

— Oui, Votre Majesté, répondit Charny en s'inclinant.

— Dites-nous ce que vous y avez vu.

— Votre Majesté demande-t-elle ce que j'y ai vu, ou qui j'y ai vu?

— Précisément... qui vous y avez vu, et pas de discrétion, monsieur de Charny, pas de réticence complaisante.

— Il faut tout dire, madame?

Les joues de la reine reprirent cette pâleur qui dix fois depuis le matin avait remplacé une rougeur fébrile.

— Pour commencer, d'après la hiérarchie, d'après la loi de mon respect, répliqua Charny.

— Bien, vous m'avez vue?

— Oui, Votre Majesté, au moment où le masque de la reine est tombé, par malheur.

Marie-Antoinette froissa dans ses mains nerveuses la dentelle de son fichu.

— Monsieur, dit-elle d'une voix dans laquelle un observateur plus intelligent eût deviné des sanglots prêts à s'exhaler, regardez-moi bien, êtes-vous bien sûr?

— Madame, les traits de Votre Majesté sont gravés dans les cœurs de tous ses sujets. Avoir vu Votre Majesté une fois, c'est la voir toujours.

Philippe regarda Andrée, Andrée plongea ses regards dans ceux de Philippe. Ces deux douleurs, ces deux jalousies firent une douloureuse alliance.

— Monsieur, répéta la reine en se rapprochant de Charny, je vous assure que je n'ai pas été au bal de l'Opéra.

— Oh! madame, s'écria le jeune homme en courbant profondément son front vers la terre, Votre Majesté n'a-t-elle pas le droit d'aller où bon lui semble? et, fût-ce en enfer, dès que Votre Majesté y a mis le pied, l'enfer est purifié.

— Je ne vous demande pas d'excuser ma démarche, fit la reine; je vous prie de croire que je ne l'ai pas faite.

— Je croirai tout ce que Votre Majesté m'ordonnera de croire, répondit Charny, ému jusqu'au fond du cœur de cette insistance de la reine, de cette humilité affectueuse d'une femme si fière.

— Ma sœur ! ma sœur ! c'est trop, murmura le comte d'Artois à l'oreille de Marie-Antoinette.

Car cette scène avait glacé tous les assistans ; les uns par la douleur de leur amour ou de leur amour-propre blessé ; les autres par l'émotion qu'inspire toujours une femme accusée qui se défend avec courage contre des preuves accablantes.

— On le croit ! on le croit ! s'écria la reine éperdue de colère ; et, découragée, elle tomba sur un fauteuil, essuyant du bout de son doigt, à la dérobée, la trace d'une larme que l'orgueil brûlait au bord de sa paupière. Tout à coup elle se releva.

— Ma sœur ! ma sœur ! pardonnez-moi, dit tendrement le comte d'Artois, vous êtes entourée d'amis dévoués ; ce secret dont vous vous effrayez outre mesure, nous le connaissons seuls, et de nos cœurs où il est renfermé, nul ne le tirera qu'avec notre vie.

— Le secret ! le secret ! s'écria la reine, oh ! je n'en veux pas.

— Ma sœur !

— Pas de secret. Une preuve.

— Madame, dit Andrée, on vient.

— Madame, dit Philippe d'une voix lente, le roi.

— Le roi, dit un huissier dans l'antichambre.

— Le roi ! tant mieux. Oh ! le roi est mon seul ami ; le roi, lui, ne me jugerait pas coupable, même quand il croirait m'avoir vue en faute : le roi est le bienvenu.

Le roi entra. Son regard contrastait avec tout ce désordre et tout ce bouleversement des figures autour de la reine.

— Sire ! s'écria celle-ci, vous venez à propos. Sire, encore une calomnie ; encore une insulte à combattre.

— Qu'y a-t-il ? dit Louis XVI en s'avançant.

— Monsieur, un bruit, un bruit infâme. Il va se propager. Aidez-moi ; aidez-moi, sire, car cette fois ce ne sont plus des ennemis qui m'accusent : ce sont mes amis.

— Vos amis ?

— Ces messieurs ; mon frère, pardon ! monsieur le comte d'Artois, monsieur de Taverney, monsieur de Charny, assurent, m'assurent à moi, qu'ils m'ont vue au bal de l'Opéra.

— Au bal de l'Opéra ! s'écria le roi en fronçant le sourcil.
— Oui, sire.

Un silence terrible pesa sur cette assemblée.

Madame de La Motte vit la sombre inquiétude du roi. Elle vit la pâleur mortelle de la reine ; d'un mot, d'un seul mot, elle pouvait faire cesser une peine aussi lamentable; elle pouvait d'un mot anéantir toutes les accusations du passé, sauver la reine pour l'avenir.

Mais son cœur ne l'y porta point ; son intérêt l'en écarta. Elle se dit qu'il n'était plus temps ; que déjà, pour le baquet, elle avait menti, et qu'en rétractant sa parole, en laissant voir qu'elle avait menti une fois, en montrant à la reine qu'elle l'avait laissée aux prises avec la première accusation, la nouvelle favorite se ruinait du premier coup, — tranchait en herbe le profit de sa faveur future ; — elle se tut.

Alors le roi répéta d'un air plein d'angoisses :

— Au bal de l'Opéra? Qui a parlé de cela ? Monsieur le comte de Provence le sait-il?

— Mais ce n'est pas vrai, s'écria la reine, avec l'accent d'une innocence désespérée. Ce n'est pas vrai; monsieur le comte d'Artois se trompe, monsieur de Taverney se trompe. Vous vous trompez, monsieur de Charny. Enfin, on peut se tromper.

Tous s'inclinèrent.

— Voyons ! s'écria la reine, qu'on fasse venir mes gens, tout le monde, qu'on interroge ! C'était samedi ce bal, n'est-ce pas?

— Oui, ma sœur.

— Eh bien ! qu'ai-je fait samedi ? Qu'on me le dise, car en vérité je deviens folle, et si cela continue je croirai moi-même que je suis allée à cet infâme bal de l'Opéra ; mais si j'y étais allée, messieurs, je le dirais.

Tout à coup le roi s'approcha, l'œil dilaté, le front riant, les mains étendues.

— Samedi, dit-il, samedi, n'est-ce pas, messieurs?

— Oui, sire.

— Eh bien ! mais, continua-t-il, de plus en plus calme, de plus en plus joyeux, ce n'est pas à d'autres qu'à votre femme de chambre Marie qu'il faut demander cela. Elle se rappellera peut être à quelle heure je suis entré chez vous ce jour-là ; c'était, je crois, vers onze heures du soir.

— Ah ! s'écria la reine tout enivrée de joie, oui, sire.

Elle se jeta dans ses bras ; puis, tout à coup rouge et confuse de se voir regardée, elle cacha son visage dans la poitrine du roi, qui baisait tendrement ses beaux cheveux.

— Eh bien ! dit le comte d'Artois hébété de surprise et de joie tout ensemble, j'achèterai des lunettes ; mais, vive Dieu ! je ne donnerais pas cette scène pour un million ; n'est-ce pas, messieurs ?

Philippe était adossé au lambris, pâle comme la mort. Charny, froid et impassible, venait d'essuyer son front couvert de sueur.

— Voilà pourquoi, messieurs, dit le roi appuyant avec bonheur sur l'effet qu'il avait produit, voilà pourquoi il est impossible que la reine ait été cette nuit-là au bal de l'Opéra. Croyez-le si bon vous semble ; la reine, j'en suis sûr, se contente d'être crue par moi.

— Eh bien ! ajouta le comte d'Artois, monsieur de Provence en pensera ce qu'il voudra, mais je défie sa femme de prouver de la même façon un alibi, le jour où on l'accusera d'avoir passé la nuit dehors.

— Mon frère !

— Sire, je vous baise les mains.

— Charles, je pars avec vous, dit le roi, après un dernier baiser donné à la reine.

Philippe n'avait pas remué.

— Monsieur de Taverney, fit la reine sévèrement, est-ce que vous n'accompagnez pas monsieur le comte d'Artois ?

Philippe se redressa soudain. Le sang afflua à ses tempes et à ses yeux. Il faillit s'évanouir. A peine eut-il la force de saluer, de regarder Andrée, de jeter un regard terrible à Charny, et de refouler l'expression de sa douleur insensée.

Il sortit.

La reine garda près d'elle Andrée et monsieur de Charny.

Cette situation d'Andrée, placée entre son frère et la reine, entre son amitié et sa jalousie, nous n'aurions pu l'esquisser sans ralentir la marche de la scène dramatique dans laquelle le roi arriva comme un heureux dénoûment.

Cependant, rien ne méritait plus notre attention que cette souffrance de la jeune fille : elle sentait que Philippe eût donné sa vie pour empêcher le tête-à-tête de la reine et de Charny, et elle s'avouait qu'elle-même eût senti son cœur se briser si, pour suivre et consoler Philippe comme elle devait le faire, elle eût laissé Charny seul librement avec madame de La Motte et la reine, c'est-à-dire plus librement que seul. Elle le devinait à l'air à la fois modeste et familier de Jeanne.

Ce qu'elle ressentait, comment se l'expliquer ?

Était-ce de l'amour ? Oh ! l'amour, se fût-elle dit, ne germe pas, ne grandit pas avec cette rapidité dans la froide atmosphère des sentimens de cour. L'amour, cette plante rare, se plaît à fleurir dans les cœurs généreux, purs, intacts. Il ne va pas pousser ses racines dans un cœur profané par des souvenirs, dans un sol glacé par des larmes qui s'y concentrent depuis des années. Non, ce n'était pas l'amour que mademoiselle de Taverney ressentait pour monsieur de Charny. Elle repoussait avec force une pareille idée, parce qu'elle s'était juré de n'aimer jamais rien en ce monde.

Mais alors pourquoi avait-elle tant souffert quand Charny avait adressé à la reine quelques mots de respect et de dévouement. Certes, c'était bien là de la jalousie.

Oui, Andrée s'avouait qu'elle était jalouse, non pas de l'amour qu'un homme pouvait sentir pour une autre femme que pour elle, mais jalouse de la femme qui pouvait inspirer, accueillir, autoriser cet amour.

Elle regardait passer autour d'elle avec mélancolie tous les beaux amoureux de la cour nouvelle. Ces gens vaillans et pleins d'ardeur qui ne la comprenaient point, et s'éloignaient après lui avoir offert quelques hommages, les uns parce que sa froideur n'était pas de la philosophie, les autres parce que cette froideur était un étrange contraste avec les vieilles légèretés dans lesquelles Andrée avait dû prendre naissance.

Et puis, les hommes, soit qu'ils cherchent le plaisir, soit qu'ils rêvent à l'amour, se défient de la froideur d'une femme de vingt-cinq ans, qui est belle, qui est riche, qui est la favorite d'une reine, et qui passe seule, glacée, silencieuse et pâle, dans un chemin où la suprême joie et le suprême bonheur sont de faire un souverain bruit.

Ce n'est pas un attrait que d'être un problème vivant; Andrée s'en était bien aperçue : elle avait vu les yeux se détourner peu à peu de sa beauté, les esprits se défier de son esprit ou le nier. Elle vit même plus : cet abandon devint une habitude chez les anciens, un instinct chez les nouveaux; il n'était pas plus d'usage d'aborder mademoiselle de Taverney et de lui parler, qu'il n'était consacré d'aborder Latone ou Diane à Versailles, dans leur froide ceinture d'eau noircie. — Quiconque avait salué mademoiselle de Taverney, fait sa pirouette et souri à une autre femme, avait accompli son devoir.

Toutes ces nuances n'échappèrent point à l'œil subtil de la jeune fille. Elle, dont le cœur avait éprouvé tous les chagrins sans connaître un seul plaisir; elle, qui sentait l'âge s'avancer avec un cortége de pâles ennuis et de noirs souvenirs; elle invoquait tout bas celui qui punit plus que celui qui pardonne, et, dans ses insomnies douloureuses, passant en revue les délices offertes en pâture aux heureux amans de Versailles, elle soupirait avec une amertume mortelle.

— Et moi! mon Dieu! Et moi!

Lorsqu'elle trouva Charny, le soir du grand froid, lorsqu'elle vit les yeux du jeune homme s'arrêter curieusement sur elle et l'envelopper peu à peu d'un réseau sympathique, elle ne reconnut plus cette réserve étrange que témoignaient devant elle tous ses courtisans. Pour cet homme, elle était une femme. Il avait réveillé en elle la jeunesse et avait galvanisé la mort; il avait fait rougir le marbre de Diane et de Latone.

Aussi mademoiselle de Taverney s'attacha-t-elle subitement à ce régénérateur qui venait de lui faire sentir sa vitalité. Aussi fut-elle heureuse de regarder ce jeune homme, pour qui elle n'était pas un problème. Aussi fut-elle malheureuse de penser qu'une autre femme allait couper les ailes à sa fantaisie azurée, confisquer son rêve à peine sorti par la porte d'or.

On nous pardonnera d'avoir expliqué ainsi comment Andrée ne suivit pas Philippe hors du cabinet de la reine, bien qu'elle eût souffert l'injure adressée à son frère, bien que ce frère fût pour elle une idolâtrie, une religion, presque un amour.

Mademoiselle de Taverney, qui ne voulait pas que la reine restât en tête à tête avec Charny, ne songea plus à prendre sa part de la conversation, après le renvoi de son frère.

Elle s'assit au coin de la cheminée, le dos presque tourné au groupe que formait la reine assise, Charny debout et demi-incliné, madame de La Motte droite dans l'embrasure de la fenêtre, où sa fausse timidité cherchait un asile, sa curiosité réelle une observation favorable.

La reine demeura quelques minutes silencieuse ; elle ne savait comment renouer une nouvelle conversation à cette explication si délicate qui venait d'avoir lieu.

Charny paraissait souffrant, et son attitude ne déplaisait pas à la reine.

Enfin, Marie-Antoinette rompit le silence, et répondant en même temps à sa propre pensée et à celle des autres :

— Cela prouve, fit-elle tout à coup, que nous ne manquons pas d'ennemis. Croirait-on qu'il se passe d'aussi misérables choses à la cour de France, monsieur ? le croirait-on ?

Charny ne répliqua pas.

— Sur vos vaisseaux, continua la reine, quel bonheur de vivre en plein ciel, en pleine mer ! On nous parle à nous, citadins, de la colère, de la méchanceté des flots. Ah ! monsieur, monsieur, regardez-vous ! Est-ce que les lames de l'Océan, les plus furieuses lames, n'ont pas jeté sur vous l'écume de leur colère ? Est-ce que leurs assauts ne vous ont pas renversé quelquefois sur le pont du navire, souvent, n'est-ce pas ? Eh bien ! regardez-vous, vous êtes sain, vous êtes jeune, vous êtes honoré.

— Madame !

— Est-ce que les Anglais, continua la reine qui s'animait par degrés, ne vous ont pas envoyé aussi leurs colères de flamme et de mitraille, colères dangereuses pour la vie, n'est-ce pas ? Mais que vous importe, à vous ? vous êtes sauf, vous êtes fort ; et à cause de cette colère des ennemis que vous avez vaincus, le roi vous a félicité, caressé, le peuple sait votre nom et l'aime.

— Eh bien ! madame ? murmura Charny, qui voyait avec crainte cette fièvre exalter insensiblement les nerfs de Marie-Antoinette.

— A quoi j'en veux arriver ? dit-elle, le voici : Bénis soient les ennemis qui lancent sur nous la flamme, le fer, l'onde écumante ; bénis soient les ennemis qui ne menacent que de la mort !

— Mon Dieu ! madame, répliqua Charny, il n'y a pas d'ennemis pour Votre Majesté ; — il n'y en a pas plus que de serpens pour l'aigle. — Tout ce qui rampe en bas attaché au sol ne gêne pas ceux qui planent dans les nuages.

— Monsieur, se hâta de répondre la reine, vous êtes je le sais, revenu sain et sauf de la bataille ; sorti sain et sauf de la tempête ; vous en êtes sorti triomphant et aimé : tandis que ceux dont un ennemi, comme nous en avons nous autres, salit la renommée avec sa bave de calomnie, ceux-là ne courent aucun risque de la vie, c'est vrai, mais ils vieillissent après chaque tempête ; ils s'habituent à courber le front, dans la crainte de rencontrer, ainsi que j'ai fait aujourd'hui, la double injure des amis et des ennemis fondue en une seule attaque. Et puis, monsieur, si vous saviez combien il est dur d'être haï !

Andrée attendit avec anxiété la réponse du jeune homme ; elle tremblait qu'il ne répliquât par la consolation affectueuse que semblait solliciter la reine.

Mais Charny, tout au contraire, essuya son front avec son mouchoir, chercha un point d'appui sur le dossier d'un fauteuil et pâlit.

La reine, le regardant :

— Ne fait-il pas trop chaud, ici ? dit-elle.

Madame de La Motte ouvrit la fenêtre avec sa petite main, qui secoua l'espagnolette comme eût fait le poing vigoureux d'un homme. Charny but l'air avec délices.

— Monsieur est accoutumé au vent de la mer, il étouffera dans les boudoirs de Versailles.

— Ce n'est point cela, madame, répondit Charny, mais j'ai un service à deux heures, et à moins que Sa Majesté ne m'ordonne de rester...

— Non pas, monsieur, dit la reine ; nous savons ce que c'est qu'une consigne, n'est-ce pas, Andrée ?

Puis se retournant vers Charny, et avec un ton légèrement piqué :

— Vous êtes libre, monsieur, dit-elle.

Et elle congédia le jeune officier du geste.

Charny salua en homme qui se hâte et disparut derrière la tapisserie.

Au bout de quelques secondes, on entendit dans l'antichambre comme une plainte, et comme le bruit que font plusieurs personnes en se pressant.

La reine se trouvait près de la porte, soit par hasard, soit qu'elle eût voulu suivre des yeux Charny, dont la retraite précipitée lui avait paru extraordinaire.

Elle leva la tapisserie, poussa un faible cri et parut prête à s'élancer.

Mais Andrée, qui ne l'avait pas perdue de vue, se trouva entre elle et la porte.

— Oh ! madame ! fit-elle.

La reine regarda fixement Andrée, qui soutint fermement ce regard.

Madame de La Motte allongea la tête.

Entre la reine et Andrée était un léger intervalle, et par cet intervalle, elle put voir monsieur de Charny évanoui, auquel les serviteurs et les gardes portaient secours.

La reine, voyant le mouvement de madame de La Motte, referma vivement la porte.

Mais trop tard ; madame de La Motte avait vu.

8.

Marie-Antoinette, le sourcil froncé, la démarche pensive, alla se rasseoir dans son fauteuil ; elle était en proie à cette préoccupation sombre qui suit toute émotion violente. On n'eût pas dit qu'elle se doutât qu'on vécût autour d'elle.

Andrée, de son côté, quoique restée debout et appuyée à un mur, ne semblait pas moins distraite que la reine.

Il se fit un moment de silence.

— Voilà quelque chose de bizarre, dit tout haut et tout à coup la reine, dont la parole fit tressaillir ses deux compagnes surprises, tant cette parole était inattendue : Monsieur de Charny me paraît douter encore...

— Douter de quoi, madame? demanda Andrée.

— Mais de mon séjour au château la nuit de ce bal.

— Oh ! madame.

— N'est-ce pas, comtesse, n'est-ce pas que j'ai raison, dit la reine, et que M. de Charny doute encore ?

— Malgré la parole du roi ? oh ! c'est impossible, madame, fit Andrée.

— On peut penser que le roi est venu par amour-propre à mon secours. Oh ! il ne croit pas ! non, il ne croit pas ! c'est facile à voir.

Andrée se mordit les lèvres.

— Mon frère n'est point si incrédule que monsieur de Charny, dit-elle ; il paraissait bien convaincu, lui.

— Oh ! ce serait mal, continua la reine, qui n'avait point écouté la réponse d'Andrée. Et, dans ce cas-là, ce jeune homme n'aurait point le cœur droit et pur comme je le pensais.

Puis frappant dans ses mains avec colère :

— Mais au bout du compte, s'écria-t-elle, s'il a vu, pourquoi croirait-il? Monsieur le comte d'Artois aussi a vu, monsieur Philippe aussi a vu, il le dit du moins ; tout le monde avait vu, et il a fallu la parole du roi pour qu'on croie ou plutôt pour qu'on fasse semblant de croire. Oh ! il y a quelque chose sous tout cela, quelque chose que je dois éclaircir, puisque nul n'y songe. N'est-ce pas, Andrée, qu'il faut que je cherche et découvre la raison de tout ceci?

— Votre Majesté a raison, dit Andrée, et je suis sûre que

madame de La Motte est de mon avis, et qu'elle pense que Votre Majesté doit chercher jusqu'à ce qu'elle trouve. N'est-ce pas, madame ?

Madame de La Motte, prise au dépourvu, tressaillit et ne répondit pas.

— Car enfin, continua la reine, on dit m'avoir vue chez Mesmer.

— Votre Majesté y était, se hâta de dire madame de La Motte avec un sourire.

— Soit, répondit la reine, mais je n'y ai point fait ce que dit le pamphlet. Et puis, on m'a vue à l'Opéra, et là je n'y étais point.

Elle réfléchit ; puis tout à coup et vivement :

— Oh ! s'écria-t-elle, je tiens la vérité.

— La vérité ? balbutia la comtesse.

— Oh ! tant mieux ! dit Andrée.

— Qu'on fasse venir monsieur de Crosne, interrompit joyeusement la reine à madame de Misery qui entra.

XVI.

MONSIEUR DE CROSNE.

Monsieur de Crosne, qui était un homme fort poli, se trouvait on ne peut plus embarrassé depuis l'explication du roi et de la reine.

Ce n'est pas une médiocre difficulté que la parfaite connaissance de tous les secrets d'une femme, surtout quand cette femme est la reine, et qu'on a mission de prendre les intérêts d'une couronne et le soin d'une renommée.

Monsieur de Crosne sentit qu'il allait porter tout le poids

d'une colère de femme et d'une indignation de reine ; mais il s'était courageusement retranché dans son devoir, et son urbanité bien connue devait lui servir de cuirasse pour amortir les premiers coups.

Il entra paisiblement, le sourire sur les lèvres.

La reine, elle, ne souriait pas.

— Voyons, monsieur de Crosne, dit-elle, à notre tour de nous expliquer.

— Je suis aux ordres de Votre Majesté.

— Vous devez savoir la cause de tout ce qui m'arrive, monsieur le lieutenant de police !

Monsieur de Crosne regarda autour de lui d'un air un peu effaré.

— Ne vous inquiétez pas, poursuivit la reine ; vous connaissez parfaitement ces deux dames : vous connaissez tout le monde, vous.

— A peu près, dit le magistrat ; je connais les personnes, je connais les effets, mais je ne connais pas la cause de ce dont parle Votre Majesté.

— J'aurai donc le déplaisir de vous l'apprendre, répliqua la reine, dépitée de cette tranquillité du lieutenant de police. Il est bien évident que je pourrais vous donner mon secret, comme on donne ses secrets, à voix basse ou à l'écart ; mais j'en suis venue, monsieur, à toujours rechercher le grand jour et la pleine voix. Eh bien ! j'attribue les effets, vous nommez cela ainsi, les effets dont je me plains à la mauvaise conduite d'une personne qui me ressemble, et qui se donne en spectacle partout où vous croyez me voir, vous, monsieur, ou vos agens.

— Une ressemblance ! s'écria monsieur de Crosne, trop occupé de soutenir l'attaque de la reine pour remarquer le trouble passager de Jeanne et l'exclamation d'Andrée.

— Est-ce que vous trouveriez cette supposition impossible, monsieur le lieutenant de police ? Est-ce que vous aimeriez mieux croire que je me trompe ou que je vous trompe ?

— Madame, je ne dis pas cela ; mais, quelle que soit la ressemblance entre toute femme et Votre Majesté, il y a une telle différence que nul regard exercé ne pourra s'y tromper.

— On peut s'y tromper, monsieur, puisque l'on s'y trompe.

— Et j'en fournirais un exemple à Votre Majesté, fit Andrée.

— Ah!...

— Lorsque nous habitions Taverney-Maison-Rouge, avec mon père, nous avions une fille de service qui, par une étrange bizarrerie...

— Me ressemblait!

— Oh! Votre Majesté, c'était à s'y méprendre.

— Et cette fille, qu'est-elle devenue?

— Nous ne savions pas encore à quel point l'esprit de Sa Majesté est généreux, élevé, supérieur; mon père craignit que cette ressemblance déplût à la reine, et, quand nous étions à Trianon, nous cachions cette fille aux yeux de toute la cour.

— Vous voyez bien, monsieur de Crosne. Ah! ah! cela vous intéresse.

— Beaucoup, madame.

— Ensuite, ma chère Andrée.

— Eh bien! madame, cette fille qui était un esprit remuant, ambitieux, s'ennuya d'être ainsi sequestrée; elle fit une mauvaise connaissance, sans doute, et un soir, à mon coucher, je fus surprise de ne la plus voir. On la chercha. Rien. Elle avait disparu.

— Elle vous avait bien un peu volé quelque chose, ma Sosie?

— Non, madame, je ne possédais rien.

Jeanne avait écouté ce colloque avec une attention facile à comprendre.

— Ainsi, vous ne saviez pas tout cela, monsieur de Crosne? demanda la reine.

— Non, Madame.

— Ainsi, il existe une femme dont la ressemblance avec moi est frappante, et vous ne le savez pas! Ainsi, un événement de cette importance se produit dans le royaume et y cause de graves désordres, et vous n'êtes pas le premier instruit de cet événement? Allons, avouons-le, monsieur ; la police est bien mal faite ?

— Mais, répondit le magistrat, je vous assure que non, madame. Libre au vulgaire d'élever les fonctions du lieutenant de police jusqu'à la hauteur des fonctions d'un Dieu; mais Votre Majesté, qui siége bien au-dessus de moi dans cet Olympe terrestre, sait bien que les magistrats du roi ne sont que des hommes. Je ne commande pas aux événemens, moi ; il y en a de si étranges, que l'intelligence humaine suffit à peine à les comprendre.

— Monsieur, quand un homme a reçu tous les pouvoirs possibles pour pénétrer jusque dans les pensées de ses semblables; quand avec des agens il paie des espions, quand avec des espions il peut noter jusqu'aux gestes que je fais devant mon miroir, si cet homme n'est pas le maître des événemens...

— Madame, quand Votre Majesté a passé la nuit hors de son appartement, je l'ai su. Ma police était-elle bien faite? Oui, n'est-ce pas? Ce jour-là Votre Majesté était allée chez madame, que voici, rue Saint-Claude, au Marais. Cela ne me regarde pas. Lorsque vous avez paru au baquet de Mesmer avec madame de Lamballe, vous y êtes bien allée, je crois ; ma police a été bien faite, puisque les agens vous ont vue. Quand vous êtes allée à l'Opéra...

La reine dressa vivement la tête.

— Laissez-moi dire, madame. Je dis vous, comme monsieur le comte d'Artois a dit vous. Si le beau-frère se méprend aux traits de sa sœur, à plus forte raison se méprendra un agent qui touche un petit écu par jour. L'agent vous a cru voir, il l'a dit. Ma police était encore bien faite ce jour-là. — Direz-vous aussi, madame, que mes agens n'ont pas bien suivi cette affaire du gazetier Reteau, si bien étrillé par monsieur de Charny ?

— Par monsieur de Charny ! s'écrièrent à la fois Andrée et la reine.

— L'événement n'est pas vieux, madame, et les coups de canne sont encore chauds sur les épaules du gazetier. Voilà une de ces aventures qui faisaient le triomphe de monsieur de Sartines, mon prédécesseur, alors qu'il les contait si spirituellement au feu roi ou à la favorite.

— Monsieur de Charny s'est commis avec ce misérable ?

— Je ne l'ai su que par ma police, si calomniée, madame, et vous m'avouerez qu'il a fallu quelque intelligence à cette police pour découvrir le duel qui a suivi cette affaire.

— Un duel de monsieur de Charny ! monsieur de Charny s'est battu ! s'écria la reine.

— Avec le gazetier? dit ardemment Andrée.

— Oh! non, mesdames; le gazetier tant battu n'aurait pas donné à monsieur de Charny le coup d'épée qui l'a fait se trouver mal dans votre antichambre.

— Blessé ! il est blessé ! s'écria la reine, Blessé ! mais quand cela ? mais comment? Vous vous trompez monsieur de Crosne.

— Oh! madame, Votre Majesté me trouve assez souvent en défaut pour m'accorder cette fois que je n'y suis pas.

— Tout à l'heure il était ici.

— Je le sais bien.

— Oh! mais, dit Andrée, j'ai bien vu, moi, qu'il souffrait.

Et ces mots, elle les prononça de telle façon que la reine en découvrit l'hostilité, et se retourna vivement.

Le regard de la reine fut une riposte qu'Andrée soutint avec énergie.

— Que dites-vous ? fit Marie-Antoinette; vous avez remarqué que monsieur de Charny souffrait, et vous ne l'avez pas dit !

Andrée ne répondit pas. Jeanne voulut venir au secours de la favorite, dont il fallait se faire une amie.

— Moi aussi, reprit-elle, j'ai cru m'apercevoir que monsieur de Charny se soutenait difficilement pendant tout le temps que Sa Majesté lui faisait l'honneur de lui parler.

— Difficilement, oui, dit la fière Andrée, qui ne remercia pas même la comtesse avec un regard.

Monsieur de Crosne, lui qu'on interrogeait, savourait à l'aise ses observations sur les trois femmes, dont pas une,

Jeanne exceptée, ne se doutait qu'elle posait devant un lieutenant de police.

Enfin la reine reprit :

— Monsieur, avec qui et pourquoi monsieur de Charny s'est-il battu ?

Pendant ce temps, Andrée put reprendre contenance.

— Avec un gentilhomme qui... Mais, mon Dieu ! madame, c'est bien inutile à présent... Les deux adversaires sont en fort bonne intelligence à l'heure qu'il est, puisque tout présentement ils causaient ensemble devant Votre Majesté

— Devant moi... ici ?

— Ici même... d'où le vainqueur est sorti le premier, voilà vingt minutes peut-être.

— Monsieur de Taverney ! s'écria la reine avec un éclair de rage dans les yeux.

— Mon frère ! murmura Andrée, qui se reprocha d'avoir été assez égoïste pour ne pas tout comprendre.

— Je crois, dit monsieur de Crosne, que c'est en effet avec monsieur Philippe de Taverney que monsieur de Charny s'est battu.

La reine frappa violemment ses mains l'une contre l'autre, ce qui était l'indice de sa plus chaude colère.

— C'est inconvenant... inconvenant, dit-elle... Quoi !... les mœurs d'Amérique apportées à Versailles... Oh ! non, je ne m'en accommoderai pas, moi.

Andrée baissa la tête, monsieur de Crosne également.

— Ainsi, parce qu'on a couru avec monsieur Lafayette et Washington, — la reine affecta de prononcer ce nom à la française, — ainsi l'on transformera ma cour en une lice du seizième siècle ; non, encore une fois, non. Andrée, vous deviez savoir que votre frère s'est battu.

— Je l'apprends, madame, répondit-elle.

— Pourquoi s'est-il battu ?

— Nous aurions pu le demander à monsieur de Charny, qui s'est battu avec lui, fit Andrée pâle et les yeux brillans.

— Je ne demande pas, répondit arrogamment la reine, ce qu'a fait monsieur de Charny, mais bien ce qu'a fait monsieur Philippe de Taverney.

— Si mon frère s'est battu, dit la jeune fille en laissant

tomber une à une ses paroles, ce ne peut être contre le service de Votre Majesté.

— Est-ce à dire que monsieur de Charny ne se battait pas pour mon service, mademoiselle?

— J'ai l'honneur de faire observer à Votre Majesté, répondit Andrée, du même ton, que je ne parle à la reine que de mon frère, et non d'un autre.

Marie-Antoinette se tint calme, et, pour en venir là, il lui fallut toute la force dont elle était capable.

Elle se leva, fit un tour dans la chambre, feignit de se regarder au miroir, prit un volume dans un casier de laque, en parcourut sept à huit lignes, puis le jeta.

— Merci, monsieur de Crosne, dit-elle au magistrat, vous m'avez convaincue. J'avais la tête un peu bouleversée par tous ces rapports, par toutes ces suppositions. Oui, la police est très bien faite, monsieur ; mais, je vous en prie, songez à cette ressemblance dont je vous ai parlé, n'est-ce pas, monsieur. Adieu ?

Elle lui tendit sa main avec une grâce suprême, et il partit doublement heureux et renseigné au décuple.

Andrée sentit la nuance de ce mot : ADIEU ; elle fit une révérence longue et solennelle.

La reine lui dit adieu négligemment, mais sans rancune apparente.

Jeanne s'inclina comme devant un autel sacré ; elle se préparait à prendre congé.

Madame de Misery entra.

— Madame, dit-elle à la reine, Votre Majesté n'a-t-elle pas donné heure à messieurs Bœhmer et Bossange ?

— Ah ! c'est vrai, ma bonne Misery ; c'est vrai. Qu'ils entrent. Restez encore, madame de La Motte, je veux que le roi fasse une paix plus complète avec vous.

La reine, en disant ces mots, guettait dans une glace l'expression du visage d'Andrée, qui gagnait lentement la porte du vaste cabinet.

Elle voulait peut-être piquer sa jalousie en favorisant ainsi la nouvelle venue.

Andrée disparut sous les pans de la tapisserie ; elle n'avait ni sourcillé ni tressailli.

— Acier ! acier ! s'écria la reine en soupirant. Oui, acier, que ces Taverney, mais or aussi.

— Ah ! messieurs les joailliers, bonjour. Que m'apportez-vous de nouveau ? Vous savez bien que je n'ai pas d'argent.

XVII.

LA TENTATRICE.

Madame de La Motte avait repris son poste ; à l'écart comme une femme modeste, debout et attentive comme une femme à qui l'on a permis de rester et d'écouter.

Messieurs Bœhmer et Bossange, en habits de cérémonie, se présentèrent à l'audience de la souveraine. Ils multiplièrent leurs saluts jusqu'au fauteuil de Marie-Antoinette.

— Des joailliers, dit-elle soudain, ne viennent ici que pour parler joyaux. Vous tombez mal, messieurs.

Monsieur Bœhmer prit la parole : c'était l'orateur de l'association.

— Madame, répliqua-t-il, nous ne venons point offrir des marchandises à Votre Majesté, nous craindrions d'être indiscrets.

— Oh ! fit la reine, qui se repentait déjà d'avoir témoigné trop de courage, voir des joyaux, ce n'est pas en acheter ?

— Sans doute, madame, continua Bœhmer en cherchant le fil de sa phrase ; mais nous venons pour accomplir un devoir, et cela nous a enhardis.

— Un devoir... fit la reine avec étonnement.

— Il s'agit encore de ce beau collier de diamants que Votre Majesté n'a pas daigné prendre.

— Ah ! bien... le collier... Nous y voilà revenus ! s'écria Marie-Antoinette en riant.

Bœhmer demeura sérieux.

— Le fait est qu'il était beau, monsieur Bœhmer, poursuivit la reine.

— Si beau, madame, dit Bossange timidement, que Votre Majesté seule était digne de le porter.

— Ce qui me console, fit Marie-Antoinette avec un léger soupir qui n'échappa point à madame de La Motte, ce qui me console, c'est qu'il coûtait... un million et demi, n'est-ce pas, monsieur Bœhmer ?

— Oui, Votre Majesté.

— Et que, continua la reine, en cet aimable temps où nous vivons, quand les cœurs des peuples se sont refroidis comme le soleil de Dieu, il n'est plus de souverain qui puisse acheter un collier de diamans quinze cent mille livres.

— Quinze cent mille livres ! répéta comme un écho fidèle madame de La Motte.

— En sorte que, messieurs, ce que je n'ai pu, ce que je n'ai pas dû acheter, personne ne l'aura... Vous me répondrez que les morceaux en sont bons. C'est vrai ; mais je n'envierai à personne deux ou trois diamans ; j'en pourrais envier soixante.

La reine se frotta les mains avec une sorte de satisfaction dans laquelle entrait pour quelque chose le désir de narguer un peu messieurs Bœhmer et Bossange.

— Voilà justement en quoi Votre Majesté fait erreur, dit Bœhmer, et voilà aussi de quelle nature est le devoir que nous venions accomplir auprès d'elle : le collier est vendu.

— Vendu ! s'écria la reine en se retournant.

— Vendu ! dit madame de La Motte, à qui le mouvement de sa protectrice inspira de l'inquiétude pour sa prétendue abnégation.

— A qui donc ? reprit la reine.

— Ah ! madame, ceci est un secret d'Etat.

— Un secret d'État ! Bon, nous en pouvons rire, exclama joyeusement Marie-Antoinette. Ce qu'on ne dit pas, souvent, c'est qu'on ne pourrait le dire, n'est-ce pas, Bœhmer ?

— Madame.

— Oh ! les secrets d'État ; mais cela nous est familier à nous autres. Prenez garde, Bœhmer, si vous ne me donnez pas le vôtre, je vous le ferai voler par un employé de monsieur de Crosne.

Et elle se mit à rire de bon cœur, manifestant sans voile son opinion sur le prétendu secret qui empêchait Bœhmer et Bossange de révéler le nom des acquéreurs du collier.

— Avec Votre Majesté, dit gravement Bœhmer, on ne se comporte pas comme avec d'autres cliens ; nous sommes venus dire à Votre Majesté que le collier était vendu, parce qu'il est vendu, et nous avons dû taire le nom de l'acquéreur, parce qu'en effet l'acquisition s'est faite secrètement, à la suite du voyage d'un ambassadeur envoyé incognito.

La reine, à ce mot ambassadeur, fut prise d'un nouvel accès d'hilarité. Elle se tourna vers madame de La Motte en lui disant :

— Ce qu'il y a d'admirable dans Bœhmer, c'est qu'il est capable de croire ce qu'il vient de me dire. — Voyons, Bœhmer, seulement le pays d'où vient cet ambassadeur ?... Non, c'est trop, fit-elle en riant... la première lettre de son nom ? voilà tout...

Et lancée dans le rire, elle ne s'arrêta plus.

— C'est monsieur l'ambassadeur de Portugal, dit Bœhmer en baissant la voix, comme pour sauver au moins son secret des oreilles de madame de La Motte.

A cette articulation si positive, si nette, la reine s'arrêta tout à coup.

— Un ambassadeur de Portugal ! dit-elle ; il n'y en a pas ici, Bœhmer.

— Il en est venu un exprès, madame.

— Chez vous... incognito ?

— Oui, madame.

— Qui donc ?

— Monsieur de Souza.

La reine ne répliqua pas. Elle balança un moment sa tête ; puis, en femme qui a pris son parti :

— Eh bien ! dit-elle, tant mieux pour S. M. la reine de Portugal ; les diamans sont beaux. N'en parlons plus.

— Madame, au contraire ; Votre Majesté daignera me permettre d'en parler...

— Nous permettre, dit Bœhmer en regardant son associé.

Bossange salua.

— Les connaissez-vous, ces diamans, comtesse ? s'écria la reine avec un regard à l'adresse de Jeanne.

— Non, madame.

— De beaux diamans !... C'est dommage que ces messieurs ne les aient point apportés.

— Les voici, fit Bossange avec empressement.

Et il tira du fond de son chapeau, qu'il portait sous son bras, la petite boîte plate qui renfermait cette parure.

— Voyez, voyez, comtesse, vous êtes femme, cela vous amusera, dit la reine.

Et elle s'écarta un peu du guéridon de Sèvres sur lequel Bœhmer venait d'étaler avec art le collier, de façon à ce que le jour, en frappant les pierres, en fît jaillir les feux d'un plus grand nombre de facettes.

Jeanne poussa un cri d'admiration. Et de fait, rien n'était plus beau ; on eût dit une langue de feux, tantôt verts et rouges, tantôt blancs comme la lumière elle-même. Bœhmer faisait osciller l'écrin et ruisseler les merveilles de ces flammes liquides.

— Admirable ! admirable ! s'écria Jeanne en proie au délire d'une admiration enthousiaste.

— Quinze cent mille livres qui tiendraient dans le creux de la main, répliqua la reine avec l'affectation d'un flegme philosophique que monsieur Rousseau de Genève eût déployé en pareille circonstance.

Mais Jeanne vit autre chose dans ce dédain que le dédain lui-même, car elle ne perdit pas l'espoir de convaincre la reine, et après un long examen :

— Monsieur le joaillier avait raison, dit-elle ; il n'y a au monde qu'une reine digne de porter ce collier, c'est Votre Majesté.

— Cependant, Ma Majesté ne le portera pas, répliqua Marie-Antoinette.

— Nous n'avons pas dû le laisser sortir de France, madame, sans venir déposer aux pieds de Votre Majesté tous nos regrets. C'est un joyau que toute l'Europe connaît maintenant et qu'on se dispute. Que telle ou telle souveraine s'en pare au refus de la reine de France, notre orgueil national le permettra, quand vous, madame, vous aurez encore une fois, définitivement, irrévocablement refusé.

— Mon refus a été prononcé, répondit la reine. Il a été public. On m'a trop louée pour que je m'en repente.

— Oh ! madame, dit Bœhmer, si le peuple a trouvé beau que Votre Majesté préférât un vaisseau à un collier, la noblesse, qui est française aussi, n'aurait pas trouvé surprenant que la reine de France achetât un collier après avoir acheté un vaisseau.

— Ne parlons plus de cela, fit Marie-Antoinette en jetant un dernier regard à l'écrin.

Jeanne soupira, pour aider le soupir de la reine.

— Ah ! vous soupirez, vous, comtesse. Si vous étiez à ma place, vous feriez comme moi.

— Je ne sais pas, murmura Jeanne.

— Avez-vous bien regardé ? se hâta de dire la reine.

— Je regarderais toujours, madame.

— Laissez cette curieuse, messieurs ; elle admire. Cela n'ôte rien aux diamans ; ils valent toujours quinze cent mille livres, malheureusement.

Ce mot-là sembla une occasion favorable à la comtesse.

La reine regrettait, donc elle avait eu envie. Elle avait eu envie, donc elle devait désirer encore, n'ayant pas été satisfaite. Telle était la logique de Jeanne, il faut le croire, puisqu'elle ajouta :

— Quinze cent mille livres, madame, qui, à votre col, feraient mourir de jalousie toutes les femmes, fussent-elles Cléopâtre, fussent-elles Vénus.

Et, saisissant dans l'écrin le royal collier, elle l'agrafa s habilement, si prestidigieusement sur la peau satinée de Marie-Antoinette, que celle-ci se trouva en un clin d'œil inondée de phosphore et de chatoyantes couleurs.

— Oh ! Votre Majesté est sublime ainsi, dit Jeanne.

Marie-Antoinette s'approcha vivement d'un miroir : elle éblouissait.

Son col fin et souple autant que celui de Jeanne Gray, ce col mignon comme le tube d'un lis, destiné comme la fleur de Virgile à tomber sous le fer, s'élevait gracieusement avec ses boucles dorées et frisées du sein de ce flot lumineux.

Jeanne avait osé découvrir les épaules de la reine, en sorte que les derniers rangs du collier tombaient sur sa poitrine de nacre. La reine était radieuse, la femme était superbe. Amans ou sujets, tout se fût prosterné.

Marie-Antoinette s'oublia jusqu'à s'admirer ainsi. Puis, saisie de crainte, elle voulut arracher le collier de ses épaules.

— Assez, dit-elle, assez !

— Il a touché Votre Majesté, s'écria Bœhmer, il ne peut plus convenir à personne.

— Impossible, répliqua fermement la reine. Messieurs, j'ai un peu joué avec ces diamans, mais prolonger le jeu, ce serait une faute.

— Votre Majesté a tout le temps nécessaire pour s'accoutumer à cette idée, glissa Bœhmer à la reine ; demain nous reviendrons.

— Payer tard, c'est toujours payer. Et puis, pourquoi payer tard ? Vous êtes pressés. On vous paie sans doute plus avantageusement.

— Oui, Votre Majesté, comptant, riposta le marchand redevenu marchand.

— Prenez ! prenez ! s'écria la reine ; dans l'écrin les diamans. Vite ! vite !

— Votre Majesté oublie peut-être qu'un pareil joyau, c'est de l'argent, et que dans cent ans le collier vaudra toujours ce qu'il vaut aujourd'hui.

— Donnez-moi quinze cent mille livres, comtesse, répliqua en souriant forcément la reine, et nous verrons.

— Si je les avais, s'écria celle-ci ; oh !...

Elle se tut. Les longues phrases ne valent pas toujours une heureuse réticence.

Bœhmer et Bossange eurent beau mettre un quart d'eure à serrer, à cadenasser leurs diamans, la reine ne bougea plus.

On voyait à son air affecté, à son silence, que l'impression avait été vive, la lutte pénible.

Selon son habitude, dans les momens de dépit, elle allongea les mains vers un livre, dont elle feuilleta quelques pages sans lire.

Les joailliers prirent congé en disant :

— Votre Majesté a refusé ?

— Oui... et oui, soupira la reine, qui, cette fois, soupira pour tout le monde.

Ils sortirent.

Jeanne vit que le pied de Marie-Antoinette s'agitait au-dessus du coussin de velours dans lequel son empreinte était marquée encore.

Elle souffre, pensa la comtesse immobile.

Tout à coup la reine se leva, fit un tour dans sa chambre, et s'arrêtant devant Jeanne dont le regard la fascinait :

— Comtesse, dit-elle d'une voix brève, il paraît que le roi ne viendra pas. Notre petite supplique est remise à une prochaine audience.

Jeanne salua respectueusement et se recula jusqu'à la porte.

— Mais je penserai à vous, ajouta la reine avec bonté.

Jeanne appuya ses lèvres sur sa main, comme si elle y déposait son cœur, et sortit, laissant Marie-Antoinette toute possédée de chagrins et de vertiges.

— Les chagrins de l'impuissance, les vertiges du désir, se dit Jeanne. Et elle est la reine ! Oh ! non ! elle est femme !

La comtesse disparut.

XVIII.

DEUX AMBITIONS QUI VEULENT PASSER POUR DEUX AMOURS.

Jeanne aussi était femme, et sans être reine.

Il en résulta qu'à peine dans sa voiture, Jeanne compara ce beau palais de Versailles, ce riche et splendide ameublement, à son quatrième étage de la rue Saint-Gilles, ces laquais magnifiques à sa vieille servante.

Mais presque aussitôt l'humble mansarde et la vieille servante s'enfuirent dans l'ombre du passé, comme une de ces visions qui, n'existant plus, n'ont jamais existé, et Jeanne vit sa petite maison du faubourg Saint-Antoine si distinguée, si gracieuse, si comfortable, comme on dirait de nos jours, avec ses laquais moins brodés que ceux de Versailles, mais aussi respectueux, aussi obéissans.

Cette maison et ces laquais, c'était son Versailles à elle ; elle y était non moins reine que Marie-Antoinette, et ses désirs formés, pourvu qu'elle sût les borner, non pas au nécessaire, mais au raisonnable, étaient aussi bien et aussi vite exécutés que si elle eût tenu le sceptre.

Ce fut donc avec le front épanoui et le sourire sur les lèvres que Jeanne rentra chez elle. Il était de bonne heure encore ; elle prit du papier, une plume et de l'encre, écrivit quelques lignes, les introduisit dans une enveloppe fine et parfumée, traça l'adresse et sonna.

A peine la dernière vibration de la sonnette avait-elle retenti que la porte s'ouvrait et qu'un laquais, debout, attendait sur le seuil.

— J'avais raison, murmura Jeanne, la reine n'est pas mieux servie.

Puis étendant la main :

— Cette lettre à monseigneur le cardinal de Rohan, dit-elle.

Le laquais s'avança, prit le billet, et sortit sans dire un mot, avec cette obéissance muette des valets de bonne maison.

La comtesse tomba dans une profonde rêverie, rêverie qui n'était pas nouvelle, mais qui faisait suite à celle de la route.

Cinq minutes ne s'étaient pas écoulées qu'on gratta à la porte.

— Entrez, dit madame de La Motte.

Le même laquais reparut.

— Eh bien ! demanda madame de La Motte avec un léger mouvement d'impatience en voyant que son ordre n'était point exécuté.

— Au moment où je sortais pour exécuter les ordres de madame la comtesse, dit le laquais, monseigneur frappait à la porte. Je lui ai dit que j'allais à son hôtel. Il a pris la lettre de madame la comtesse, l'a lue, a sauté en bas de sa voiture, et est entré en disant :

— C'est bien ; annoncez-moi.

— Après ?

— Monseigneur est là ; il attend qu'il plaise à madame de le faire entrer.

Un léger sourire passa sur les lèvres de la comtesse. Au bout de deux secondes :

— Faites entrer, dit-elle enfin, avec un accent de satisfaction marquée.

Ces deux secondes avaient-elles pour but de faire attendre dans son antichambre un prince de l'Eglise, ou bien étaient-elles nécessaires à madame de La Motte pour achever son plan ?

Le prince parut sur le seuil.

En rentrant chez elle, en envoyant chercher le cardinal, en éprouvant une si grande joie de ce que le cardinal était là, Jeanne avait donc un plan ?

Oui, car la fantaisie de la reine, pareille à un de ces feux follets qui éclairent toute une vallée aux sombres accidens, cette fantaisie de reine et surtout de femme, venait d'ouvrir aux regards de l'intrigante comtesse tous les secrets replis d'une âme trop hautaine, d'ailleurs, pour prendre de grandes précautions à les cacher.

La route est longue, de Versailles à Paris, et quand on la fait côte à côte avec le démon de la cupidité, il a le temps de vous souffler à l'oreille les plus hardis calculs.

Jeanne se sentait ivre de ce chiffre de quinze cent mille livres, épanoui en diamans sur le satin blanc de l'écrin de MM. Bœhmer et Bossange.

Quinze cent mille livres! n'était-ce pas, en effet, une fortune de prince, et surtout pour la pauvre mendiante qui, il y a un mois encore, tendait la main à l'aumône des grands?

Certes, il y avait plus loin de la Jeanne de Valois de la rue Saint-Gilles à la Jeanne de Valois du faubourg Saint-Antoine, qu'il n'y en avait de la Jeanne de Valois du faubourg Saint-Antoine à la Jeanne de Valois maîtresse du collier.

Elle avait donc déjà franchi plus de la moitié du chemin qui menait à la fortune.

Et cette fortune que Jeanne convoitait, ce n'était pas une illusion comme l'est le mot d'un contrat, comme l'est une possession territoriale, toutes choses premières, sans doute, mais auxquelles a besoin de s'adjoindre l'intelligence de l'esprit ou des yeux.

Non, ce collier, c'était bien autre chose qu'un contrat ou une terre : ce collier, c'était la fortune visible ; aussi était-il là, toujours là, brûlant et fascinateur ; et puisque la reine le désirait, Jeanne de Valois pouvait bien y rêver; puisque la reine savait s'en priver, madame de La Motte pouvait bien y borner son ambition.

Aussi mille idées vagues, ces fantômes étranges aux contours nuageux que le poète Aristophane disait s'assimiler aux hommes dans leurs momens de passion, mille envies, mille rages de posséder prirent pour Jeanne, pendant cette route de Paris à Versailles, la forme de loups, de renards et de serpens ailés.

Le cardinal, qui devait réaliser ses rêves, les interrompit en répondant par sa présence inattendue au désir que madame de La Motte avait de le voir.

Lui aussi avait ses rêves, lui aussi avait son ambition, qu'il cachait sous un masque d'empressement, sous un semblant d'amour.

— Ah! chère Jeanne, dit-il, c'est vous. Vous m'êtes devenue, en vérité, si nécessaire, que toute ma journée s'est assombrie de l'idée que vous étiez loin de moi. Êtes-vous venue en bonne santé de Versailles au moins?

— Mais comme vous voyez, monseigneur.

— Et contente?

— Enchantée.

— La reine vous a donc reçue?

— Aussitôt mon arrivée, j'ai été introduite auprès d'elle.

— Vous avez du bonheur. Gageons, à votre air triomphant, que la reine vous a parlé?

— J'ai passé trois heures à peu près dans le cabinet de Sa Majesté.

Le cardinal tressaillit, et peu s'en fallut qu'il ne répétât après Jeanne, avec l'accent de la déclamation :

— Trois heures !

Mais il se contint.

— Vous êtes réellement, dit-il, une enchanteresse, et nul ne saurait vous résister.

— Oh! oh! vous exagérez, mon prince.

— Non, en vérité, et vous êtes restée, dites-vous, trois heures avec la reine?

Jeanne fit un signe de tête affirmatif.

— Trois heures ! répéta le cardinal en souriant; que de choses une femme d'esprit comme vous peut dire en trois heures !

— Oh ! je vous réponds, monseigneur, que je n'ai pas perdu mon temps.

— Je parie que pendant ces trois heures, hasarda le cardinal, vous n'avez pas pensé à moi une seule minute?

— Ingrat !

— Vraiment! s'écria le cardinal.

— J'ai fait plus que penser à vous.

— Qu'avez-vous fait ?

— J'ai parlé de vous.

— Parlé de moi, et à qui? demanda le prélat, dont le cœur commençait à battre, avec une voix dont toute sa puissance sur lui-même ne pouvait dissimuler l'émotion.

— A qui, sinon à la reine ?

Et en disant ces mots si précieux pour le cardinal, Jeanne eut l'art de ne point regarder le prince en face, comme si elle se fût peu inquiétée de l'effet qu'ils devaient produire.

Monsieur de Rohan palpitait.

— Ah! dit-il, voyons, chère comtesse, racontez-moi cela. En vérité, je m'intéresse tant à ce qui vous arrive, que je ne veux pas que vous me fassiez grâce du plus petit détail.

Jeanne sourit; elle savait ce qui intéressait le cardinal tout aussi bien que lui-même.

Mais comme ce récit méticuleux était arrêté d'avance dans son esprit; comme elle l'eût fait d'elle-même si le cardinal ne l'eût point priée de le faire, elle commença doucement, se faisant tirer chaque syllabe ; racontant toute l'entrevue, toute la conversation ; produisant à chaque mot la preuve que, par un de ces hasards heureux qui font la fortune des courtisans, elle était tombée à Versailles dans une de ces circonstances singulières qui font en un jour d'une étrangère une amie presque indispensable. En effet, en un jour, Jeanne de La Motte avait été initiée à tous les malheurs de la reine, à toute les impuissances de la royauté.

Monsieur de Rohan ne paraissait retenir du récit que ce que la reine avait dit pour Jeanne.

Jeanne, dans son récit, n'appuyait que sur ce que la reine avait dit pour monsieur de Rohan.

Le récit venait d'être achevé à peine que le même laquais entra, annonçant que le souper était servi.

Jeanne invita le cardinal d'un coup d'œil. Le cardinal accepta d'un signe.

Il donna le bras à la maîtresse de la maison, qui s'était si vite habituée à en faire les honneurs, et passa dans la salle à manger.

Quand le souper fut achevé, quand le prélat eut bu à longs traits l'espoir et l'amour dans les récits vingt fois repris, vingt fois interrompus de l'enchanteresse, force lui fut de compter enfin avec cette femme qui tenait les cœurs des puissances dans sa main.

Car il remarquait, avec une surprise qui tenait de l'épouvante, qu'au lieu de se faire valoir comme toute femme que l'on recherche et dont on a besoin, elle allait au devant des vœux de son interlocuteur avec une bonne grâce bien différente de cette fierté léonine du dernier souper, pris à la même place et dans la même maison.

Jeanne, cette fois, faisait les honneurs de chez elle en femme non-seulement maîtresse d'elle-même, mais encore maîtresse des autres, Nul embarras dans son regard, nulle réserve dans sa voix. N'avait-elle pas, pour prendre ces hautes leçons d'aristocratie, fréquenté tout le jour la fleur de la noblesse française ; une reine sans rivale ne l'avait-elle pas appelée ma chère comtesse ?

Aussi le cardinal, soumis à cette supériorité, en homme supérieur lui-même, ne tenta-t-il point d'y résister.

— Comtesse, dit-il en lui prenant la main, il y a deux femmes en vous.

— Comment cela ? demanda la comtesse.

— Celle d'hier, et celle d'aujourd'hui.

— Et laquelle préfère Votre Eminence ?

— Je ne sais. Seulement, celle de ce soir est une Armide, une Circé, quelque chose d'irrésistible.

— Et à qui vous n'essaierez pas de résister, j'espère, monseigneur, tout prince que vous êtes.

Le prince se laissa glisser de son siége et tomba aux genoux de madame de La Motte.

— Vous demandez l'aumône ? dit-elle.

— Et j'attends que vous me la fassiez.

— Jour de largesse, répondit Jeanne ; la comtesse de Valois a pris rang, elle est une femme de la cour ; avant peu elle comptera parmi les femmes les plus fières de Versailles. Elle peut donc ouvrir sa main et la tendre à qui bon lui semble.

— Fût-ce à un prince? dit monsieur de Rohan.

— Fût-ce à un cardinal, répondit Jeanne.

Le cardinal appuya un long et brûlant baiser sur cette jolie main mutine; puis, ayant consulté des yeux le regard et le sourire de la comtesse, il se leva. Et, passant dans l'antichambre, dit deux mots à son coureur.

Deux minutes après, on entendit le bruit de la voiture qui s'éloignait.

La comtesse releva la tête.

— Ma foi ! comtesse, dit le cardinal, j'ai brûlé mes vaisseaux.

— Et il n'y a pas grand mérite à cela, répondit la comtesse, puisque vous êtes au port.

XIX.

OU L'ON COMMENCE A VOIR LES VISAGES SOUS LES MASQUES.

Les longues causeries sont le privilége heureux des gens qui n'ont plus rien à se dire. Après le bonheur de se taire ou de désirer, par interjection, le plus grand, sans contredit, est de parler beaucoup sans phrases.

Deux heures après le renvoi de sa voiture, le cardinal et la comtesse en étaient au point où nous disons. La comtesse avait cédé, le cardinal avait vaincu, et cependant le cardinal, c'était l'esclave; la comtesse, c'était le triomphateur.

Deux hommes se trompent en se donnant la main. Un homme et une femme se trompent dans un baiser.

Mais ici chacun ne trompait l'autre que parce que l'autre voulait être trompé.

Chacun avait un but. Pour ce but, l'intimité était nécessaire. Chacun avait donc atteint son but.

Aussi le cardinal ne se donna-t-il point la peine de dissimuler son impatience. Il se contenta de faire un petit détour, et ramenant la conversation sur Versailles et sur les honneurs qui y attendaient la nouvelle favorite de la reine :

— Elle est généreuse, dit-il, et rien ne lui coûte pour les gens qu'elle aime. Elle a le rare esprit de donner un peu à beaucoup de monde, et de donner beaucoup à peu d'amis.

— Vous la croyez donc riche? demanda madame de La Motte.

— Elle sait se faire des ressources avec un mot, un geste, un sourire. Jamais ministre, excepté Turgot peut-être, n'a eu le courage de refuser à la reine ce qu'elle demandait.

— Eh bien! moi, dit madame de La Motte, je la vois moins riche que vous ne la faites, pauvre reine, ou plutôt pauvre femme!

— Comment cela ?

— Est-on riche quand on est obligée de s'imposer des privations ?

— Des privations! contez-moi cela, chère Jeanne.

— Oh! mon Dieu, je vous dirai ce que j'ai vu, rien de plus, rien de moins.

— Dites, je vous écoute.

— Figurez-vous deux affreux supplices que cette malheureuse reine a endurés.

— Deux supplices! Lesquels, voyons?

— Savez-vous ce que c'est qu'un désir de femme, mon cher prince ?

— Non, mais je voudrais que vous me l'apprissiez, comtesse.

— Eh bien! la reine a un désir qu'elle ne peut satisfaire.

— De qui?
— Non, de quoi.
— Soit, de quoi?
— D'un collier de diamans.
— Attendez donc, je sais. Ne voulez-vous point parler des diamans de Bœhmer et Bossange?
— Précisément.
— Oh! vieille histoire, comtesse.
— Vieille ou neuve, n'est-ce pas un véritable désespoir pour une reine, dites, que de ne pouvoir posséder ce qu'a failli posséder une simple favorite? Quinze jours d'existence de plus au roi Louis XV, et Jeanne Vaubernier avait ce que ne peut avoir Marie-Antoinette.
— Eh bien! chère comtesse, voilà ce qui vous trompe, la reine a pu avoir cinq ou six fois ces diamans, et la reine les a toujours refusés.
— Oh!
— Quand je vous le dis, le roi les lui a offerts, et elle les a refusés de la main du roi.

Et le cardinal raconta l'histoire du vaisseau.

Jeanne écouta avidemment, et lorsque le cardinal eut fini :

— Eh bien! dit-elle, après?
— Comment, après?
— Oui, qu'est-ce que cela prouve?
— Qu'elle n'en a point voulu, ce me semble.

Jeanne haussa les épaules.

— Vous connaissez les femmes, vous connaissez la cour, vous connaissez les rois, et vous vous laissez prendre à une pareille réponse?
— Dame! je constate un refus.
— Mon cher prince, cela constate une chose : c'est que la reine a eu besoin de faire un mot brillant, un mot populaire, et qu'elle l'a fait.
— Bon! dit le cardinal, voilà comme vous croyez aux vertus royales, vous? Ah! sceptique! Mais saint Thomas était un croyant, près de vous.
— Sceptique ou croyante, je vous affirme une chose, moi.

—Laquelle?

— C'est que la reine n'a pas eu plutôt refusé le collier, qu'elle a été prise d'une envie folle de l'avoir.

— Vous vous forgez ces idées-là, ma chère, et d'abord, croyez bien à une chose, c'est qu'à travers tous ses défauts, la reine a une qualité immense.

— Laquelle?

— Elle est désintéressée! Elle n'aime ni l'or ni l'argent, ni les pierres. Elle pèse les minéraux à leur valeur; pour elle une fleur au corset vaut un diamant à l'oreille.

— Je ne dis pas non. Seulement, à cette heure, je soutiens qu'elle a envie de se mettre plusieurs diamans au cou.

— Oh! comtesse, prouvez.

— Rien ne sera plus facile; tantôt j'ai vu le collier.

— Vous?

— Moi; non-seulement je l'ai vu, mais je l'ai touché.

— Où cela?

— A Versailles, toujours.

— A Versailles?

— Oui, où les joailliers l'apportaient pour essayer de tenter la reine une dernière fois.

— Et c'est beau.

— C'est merveilleux.

— Alors, vous qui êtes vraiment femme, vous comprenez qu'on pense à ce collier.

— Je comprends qu'on en perde l'appétit et le sommeil.

— Hélas! que n'ai-je un vaisseau à donner au roi.

— Un vaisseau?

— Oui, il me donnerait le collier; et une fois que je l'aurais, vous pourriez manger et dormir tranquille.

— Vous riez?

— Non, je vous jure.

— Eh bien! je vais vous dire une chose qui vous étonnera fort.

— Dites.

— Ce collier, je n'en voudrais pas!

— Tant mieux, comtesse, car je ne pourrais pas vous le donner.

— Hélas! ni vous ni personne, c'est bien ce que sent la reine, et voilà pourquoi elle le désire.

— Mais, je vous répète que le roi le lui offrait.

Jeanne fit un mouvement rapide, un mouvement presque importun.

— Et moi, dit-elle, je vous dis que les femmes aiment surtout ces présens-là quand ils ne sont pas faits par des gens qui les forcent de les accepter.

Le cardinal regarda Jeanne avec plus d'attention.

— Je ne comprends pas trop, dit-il.

— Tant mieux ; brisons là. Que vous fait d'abord ce collier, puisque nous ne pouvons pas l'avoir?

— Oh! si j'étais le roi et que vous fussiez la reine, je vous forcerais bien de l'accepter.

— Eh bien! sans être le roi, forcez la reine à le prendre, et vous verrez si elle est aussi fâchée que vous croyez de cette violence.

Le cardinal regarda Jeanne encore une fois.

— Vrai, dit-il, vous êtes sûre de ne pas vous tromper; la reine a ce désir?

— Dévorant. Écoutez, cher prince, ne m'avez-vous pas dit une fois, ou n'ai-je point entendu dire que vous ne seriez point fâché d'être ministre?

— Mais il est très possible que j'aie dit cela, comtesse.

— Eh bien! gageons, mon cher prince...

— Quoi?

— Que la reine ferait ministre l'homme qui s'arrangerait de façon à ce que ce collier fût sur sa toilette dans huit jours.

— Oh! comtesse.

— Je dis ce que je dis... Aimez-vous mieux que je pense tout bas?

— Oh! jamais.

— D'ailleurs, ce que je dis ne vous concerne pas. Il est bien clair que vous n'allez pas engloutir un million et demi dans un caprice royal; ce serait, par ma foi! payer trop cher un portefeuille que vous aurez pour rien et qui vous est dû. Prenez donc tout ce que je vous ai dit pour du bavardage. Je suis comme les perroquets : on m'a ébloui au soleil, et me voilà répétant toujours qu'il fait chaud. Ah ! monseigneur, que c'est une rude épreuve qu'une journée de faveur pour une petite provinciale ! Ces rayons-là, il faut être aigle comme vous pour les regarder en face.

Le cardinal devint rêveur.

— Allons, voyons, dit Jeanne, voilà que vous me jugez si mal, voilà que vous me trouvez si vulgaire et si misérable, que vous ne daignez plus même me parler.

— Ah ! par exemple !

— La reine jugée par moi, c'est moi.

— Comtesse !

— Que voulez-vous ? j'ai cru qu'elle désirait les diamans parce qu'elle a soupiré en les voyant ; je l'ai cru parce qu'à sa place je les eusse désirés ; excusez ma faiblesse.

— Vous êtes une adorable femme, comtesse ; vous avez, par une alliance incroyable, la faiblesse du cœur, comme vous dites, et la force de l'esprit : vous êtes si peu femme en de certains momens, que je m'en effraie. Vous l'êtes si adorablement dans d'autres, que j'en bénis le ciel et que je vous en bénis.

Et le galant cardinal ponctua cette galanterie par un baiser.

— Voyons, ne parlons plus de toutes ces choses-là, dit-il.

— Soit, murmura Jeanne tout bas, mais je crois que l'hameçon a mordu dans les chairs.

Mais tout en disant : Ne parlons plus de cela, le cardinal reprit :

— Et vous croyez que c'est Bœhmer qui est revenu à la charge ? dit-il.

— Avec Bossange, oui, répondit innocemment madame de La Motte.

— Bossange... Attendez donc, fit le cardinal, comme s'il cherchait ; Bossange, n'est-ce pas son associé ?

— Oui, un grand sec.

— C'est cela.

— Qui demeure ?...

— Il doit demeurer quelque part comme au quai de la

Ferraille ou bien de l'École, je ne sais pas trop ; mais en tout cas dans les environs du Pont-Neuf.

— Du Pont-Neuf ; vous avez raison ; j'ai lu ces noms-là au-dessus d'une porte en passant dans mon carrosse.

— Allons, allons, murmura Jeanne, le poisson mord de plus en plus.

Jeanne avait raison, et l'hameçon était entré au plus profond de la proie.

Aussi, le lendemain, en sortant de la petite maison du faubourg Saint-Antoine, le cardinal se fit-il conduire directement chez Bœhmer.

Il comptait garder l'incognito, mais Bœhmer et Bossange étaient les joailliers de la cour, et aux premiers mots qu'il prononça, ils l'appelèrent monseigneur.

— Eh bien ! oui, monseigneur, dit le cardinal ; mais puisque vous me reconnaissez, tâchez au moins que d'autres ne me reconnaissent pas.

— Monseigneur peut être tranquille. Nous attendons les ordres de monseigneur.

— Je viens pour vous acheter le collier en diamans que vous avez montré à la reine.

— En vérité, nous sommes au désespoir, mais monseigneur vient trop tard.

— Comment cela ?

— Il est vendu.

— C'est impossible, puisque hier vous avez été l'offrir de nouveau à Sa Majesté.

— Qui l'a refusé de nouveau, monseigneur, voilà pourquoi l'ancien marché subsiste.

— Et avec qui ce marché a-t-il été conclu ? demanda le cardinal.

— C'est un secret, monseigneur.

— Trop de secrets, monsieur Bœhmer.

Et le cardinal se leva.

— Mais, monseigneur.

— Je croyais, monsieur, continua le cardinal, qu'un joaillier de la couronne de France devait se trouver content de vendre en France ces belles pierreries; vous préférez le Portugal, à votre aise, monsieur Bœhmer.

— Monseigneur sait tout! s'écria le joaillier.

— Eh bien! que voyez-vous d'étonnant à cela?

— Mais, si monseigneur sait tout, ce ne peut être que par la reine.

— Et quand cela serait? dit monsieur de Rohan sans repousser la supposition, qui flattait son amour-propre.

— Oh! c'est que cela changerait bien les choses, monseigneur.

— Expliquez-vous, je ne comprends pas.

— Monseigneur veut-il me permettre de lui parler en toute liberté?

— Parlez.

— Eh bien! la reine a envie de notre collier.

— Vous le croyez?

— Nous en sommes sûrs.

— Ah! et pourquoi ne l'achète-t-elle pas alors?

— Mais parce qu'elle a refusé au roi, et que revenir sur cette décision qui a valu tant d'éloges à Sa Majesté, ce serait montrer du caprice.

— La reine est au-dessus de ce que l'on dit.

— Oui, quand c'est le peuple, ou même quand ce sont des courtisans qui disent; mais quand c'est le roi qui parle...

— Le roi, vous le savez bien, a voulu donner ce collier à la reine?

— Sans doute; mais il s'est empressé de remercier la reine quand la reine a refusé.

— Voyons, que conclut M. Bœhmer?

— Que la reine voudrait bien avoir le collier sans paraître l'acheter.

— Eh bien! vous vous trompez, monsieur, dit le cardinal; il ne s'agit point de cela.

— C'est fâcheux, monseigneur, car c'eût été la seule raison décisive pour nous de manquer de parole à monsieur l'ambassadeur de Portugal.

Le cardinal réfléchit.

Si forte que soit la diplomatie des diplomates, celle des

marchands leur est toujours supérieure... D'abord, le diplomate négocie presque toujours des valeurs qu'il n'a pas ; le marchand tient et serre dans sa griffe l'objet qui excite la curiosité : le lui acheter, le lui payer cher, c'est presque le dépouiller.

Monsieur de Rohan, voyant qu'il était au pouvoir de cet homme :

— Monsieur, dit-il, supposez si vous voulez que la reine ait envie de votre collier.

— Cela change tout, monseigneur. Je puis rompre tous les marchés quand il s'agit de donner la préférence à la reine.

— Combien vendez-vous ce collier ?

— Quinze cent mille livres.

— Comment organisez-vous le paiement ?

— Le Portugal me payait un à-compte, et j'allais porter le collier moi-même à Lisbonne, où l'on me payait à vue.

— Ce mode de paiement n'est pas praticable avec nous, monsieur Bœhmer ; un à-compte, vous l'aurez s'il est raisonnable.

— Cent mille livres.

— On peut les trouver. Pour le reste ?

— Votre Éminence voudrait du temps ? dit Bœhmer. Avec la garantie de Votre Éminence, tout est faisable. Seulement, le retard implique une perte ; car, notez bien ceci, monseigneur : dans une affaire de cette importance, les chiffres grossissent d'eux-mêmes sans raison. Les intérêts de quinze cent mille livres font, au denier cinq, soixante-quinze mille livres, et le denier cinq est une ruine pour les marchands. Dix pour cent sont tout au plus le taux acceptable.

— Ce serait cent cinquante mille livres, à votre compte ?

— Mais, oui, monseigneur.

— Mettons que vous vendez le collier seize cent mille livres, monsieur Bœhmer, et divisez le paiement de quinze cent mille livres qui resteront en trois échéances complétant une année. Est-ce dit ?

— Monseigneur, nous perdons cinquante mille livres à ce marché.

— Je ne crois pas, monsieur. Si vous aviez à toucher demain quinze cent mille livres, vous seriez embarrassé : un joaillier n'achète pas une terre de ce prix-là.

— Nous sommes deux, monseigneur, mon associé et moi.

— Je le veux bien, mais n'importe, et vous serez bien plus à l'aise de toucher cinq cent mille livres chaque tiers d'année, c'est-à-dire deux cent cinquante mille livres chacun.

— Monseigneur oublie que ces diamans ne nous appartiennent pas. Oh ! s'ils nous appartenaient, nous serions assez riches pour ne nous inquiéter ni du paiement, ni du placement à la rentrée des fonds.

— A qui donc appartiennent-ils alors ?

— Mais, à dix créanciers peut-être : nous avons acheté ces pierres en détail. Nous les devons l'une à Hambourg, l'autre à Naples ; une à Buénos-Ayres, deux à Moscou. Nos créanciers attendent la vente du collier pour être remboursés. Le bénéfice que nous ferons fait notre seule propriété; mais, hélas ! monseigneur, depuis que ce malheureux collier est en vente, c'est-à-dire depuis deux ans, nous perdons déjà deux cent mille livres d'intérêt. Jugez si nous sommes en bénéfice.

Monsieur de Rohan interrompit Bœhmer.

— Avec tout cela, dit-il, je ne l'ai pas vu, moi, ce collier.

— C'est vrai, monseigneur, le voici.

Et Bœhmer, après toutes les précautions d'usage, exhiba le précieux joyau.

— Superbe ! s'écria le cardinal en touchant avec amour les fermoirs qui avaient dû s'imprimer sur le col de la reine.

Quand il eut fini et que ses doigts eurent à satiété cherché sur les pierres les effluves sympathiques qui pouvaient lui être demeurées adhérentes :

— Marché conclu ? dit-il.

— Oui, monseigneur ; et de ce pas, je m'en vais à l'ambassade pour me dédire.

— Je ne croyais pas qu'il y eût d'ambassadeur du Portugal à Paris en ce moment ?

— En effet, monseigneur, monsieur de Souza s'y trouve en ce moment ; il est venu incognito.

— Pour traiter l'affaire, dit le cardinal en riant.

— Oui, monseigneur.

— Oh ! pauvre Souza ! je le connais beaucoup. Pauvre Souza !

Et il redoubla d'hilarité.

Monsieur Bœhmer crut devoir s'associer à la gaieté de son client.

On s'égaya lontemps sur cet écrin, aux dépens du Portugal.

Monsieur de Rohan allait partir.

Bœhmer l'arrêta.

— Monseigneur veut-il me dire comment se réglera l'affaire ? demanda-t-il.

— Mais tout naturellement.

— L'intendant de monseigneur ?

— Non pas ; personne excepté moi ; vous n'aurez affaire qu'à moi.

— Et quand ?

— Dès demain.

— Les cent mille livres ?

— Je les apporterai ici demain.

— Oui, monseigneur.

— Et les effets ?

— Je les souscrirai ici demain.

— C'est au mieux, monseigneur.

— Et puisque vous êtes un homme de secret, monsieur Bœhmer, souvenez-vous bien que vous en tenez dans vos mains un des plus importans.

— Monseigneur, je le sens, et je mériterai votre confiance, ainsi que celle de Sa Majesté la reine, ajouta-t-il finement.

Monsieur de Rohan rougit et sortit troublé, mais heureux comme tout homme qui se ruine dans un paroxysme de passion.

Le lendemain de ce jour, monsieur Bœhmer se dirigea d'un air composé vers l'ambassade de Portugal.

Au moment où il allait frapper à la porte, monsieur Beausire, premier secrétaire, se faisait rendre des comptes par monsieur Ducorneau, premier chancelier, et don Manoël y Souza, l'ambassadeur, expliquait un nouveau plan de campagne à son associé, le valet de chambre.

Depuis la dernière visite de M. Bœhmer à la rue de la la Jussienne, l'hôtel avait subi beaucoup de transformations.

Tout le personnel débarqué, comme nous l'avons vu, dans les deux voitures de poste, s'était casé selon les exigences du besoin, et dans les attributions diverses qu'il devait remplir dans la maison du nouvel ambassadeur.

Il faut dire que les associés, en se partageant les rôles qu'ils remplissaient admirablement bien, devant les changer, avaient l'occasion de surveiller eux-mêmes leurs intérêts, ce qui donne toujours un peu de courage dans les plus pénibles besognes.

Monsieur Ducorneau, enchanté de l'intelligence de tous ces valets, admirait en même temps que l'ambassadeur se fût assez peu soucié du préjugé national pour prendre une maison entièrement française, depuis le premier secrétaire jusqu'au troisième valet de chambre.

Aussi ce fut à ce propos qu'en établissant les chiffres avec monsieur de Beausire, il entamait avec ce dernier une conversation pleine d'éloges pour le chef de l'ambassade.

— Les Souza, voyez-vous, disait Beausire, ne sont pas de ces Portugais encroûtés qui s'en tiennent à la vie du quatorzième siècle, comme vous en verriez beaucoup dans nos provinces. Non, ce sont des gentilshommes voyageurs, riches à millions, qui seraient rois quelque part si l'envie leur en prenait.

— Mais elle ne leur prend pas, dit spirituellement monsieur Ducorneau.

— Pourquoi faire? monsieur le chancelier; est-ce qu'avec un certain nombre de millions et un nom de prince, on ne vaut pas un roi ?

— Oh ! mais voilà des doctrines philosophiques, monsieur le secrétaire, dit Ducorneau surpris ; je ne m'attendais pas à voir sortir ces maximes égalitaires de la bouche d'un diplomate.

— Nous faisons exception, répondit Beausire un peu contrarié de son anachronisme ; sans être un voltairien ou un Arménien à la façon de Rousseau, on connaît son monde philosophique, on connaît les théories naturelles de l'inégalité des conditions et des forces.

— Savez-vous, s'écria le chancelier avec élan, qu'il est heureux que le Portugal soit un petit Etat !

— Eh ! pourquoi ?

— Parce que, avec de tels hommes à son sommet, il s'agrandirait vite, monsieur.

— Oh ! vous nous flattez, cher chancelier. Non, nous faisons de la politique philosophique. C'est spécieux, mais peu applicable. Maintenant brisons là. Il y a donc cent huit mille livres dans la caisse, dites-vous ?

— Oui, monsieur le secrétaire, cent huit mille livres.

— Et pas de dettes ?

— Pas un denier.

— C'est exemplaire. Donnez-moi le bordereau, je vous prie.

— Le voici. A quand la présentation, monsieur le secrétaire ? Je vous dirai que dans le quartier c'est un sujet de curiosité, de commentaires inépuisables, je dirai presque d'inquiétudes.

— Ah ! ah !

— Oui, l'on voit de temps en temps rôder autour de l'hôtel des gens qui voudraient que la porte fût en verre.

— Des gens !... fit Beausire, des gens du quartier ?

— Et autres. Oh ! la mission de monsieur l'ambassadeur étant secrète, vous jugez bien que la police s'occupera vite d'en pénétrer les motifs.

— J'ai pensé comme vous, dit Beausire assez inquiet.

— Tenez, monsieur le secrétaire, fit Ducorneau en menant Beausire au grillage d'une fenêtre qui s'ouvrait sur le pan coupé d'un pavillon de l'hôtel. Tenez, voyez-vous dans la rue cet homme en surtout brun sale ?

— Oui, je le vois.

— Comme il regarde, hein ?

— En effet. Que croyez-vous qu'il soit, cet homme ?

— Que sais-je, moi... Un espion de monsieur de Crosne, peut-être.

— C'est probable.

— Entre nous soit dit, monsieur le secrétaire, monsieur de Crosne n'est pas un magistrat de la force de monsieur de Sartines. Avez-vous connu monsieur de Sartines ?

— Non, monsieur, non !

— Oh ! celui-là vous eût dix fois déjà devinés. Il est vrai que vous prenez des précautions...

La sonnette retentit.

— Monsieur l'ambassadeur appelle, dit précipitamment Beausire, que la conversation commençait à gêner.

Et, ouvrant la porte avec force, il repoussa avec les deux battants de cette porte deux associés qui, l'un la plume à l'oreille et l'autre le balai à la main, l'un service de quatrième ordre, l'autre valet de pied, trouvaient la conversation longue et voulaient y participer, ne fût-ce que par le sens de l'ouïe.

Beausire jugea qu'il était suspect, et se promit de redoubler de vigilance.

Il monta donc chez l'ambassadeur, après avoir, dans l'ombre, serré la main de ses deux amis et co-intéressés.

XX.

OU MONSIEUR DUCORNEAU NE COMPREND ABSOLUMENT RIEN A CE QUI SE PASSE.

Don Manoël y Souza était moins jaune que de coutume, c'est-à-dire qu'il était plus rouge. Il venait d'avoir avec monsieur le commandeur valet de chambre une explication pénible.

Cette explication n'était pas encore terminée.

Lorsque Beausire arriva, les deux coqs s'arrachaient les dernières plumes.

— Voyons, monsieur de Beausire, dit le commandeur, mettez-nous d'accord.

— En quoi, dit le secrétaire, qui prit des airs d'arbitre, après avoir échangé un coup d'œil avec l'ambassadeur, son allié naturel.

— Vous savez, dit le valet de chambre, que monsieur Bœhmer doit venir aujourd'hui conclure l'affaire du collier.

— Je le sais.

— Et qu'on doit lui compter les cent mille livres.

— Je le sais encore.

— Ces cent mille livres sont la propriété de l'association, n'est-ce pas?

— Qui en doute?

— Ah! monsieur de Beausire me donne raison, fit le commandeur en se retournant vers don Manoël.

10.

— Attendons, attendons, dit le Portugais en faisant un signe de patience avec la main.

— Je ne vous donne raison que sur ce point, dit Beausire, que les cent mille livres sont aux associés.

— Voilà tout; je n'en demande pas davantage.

— Eh bien, alors, la caisse qui les renferme ne doit pas être située dans le seul bureau de l'ambassade qui soit contigu à la chambre de monsieur l'ambassadeur.

— Pourquoi cela? dit Beausire.

— Et monsieur l'ambassadeur, poursuivit le commandeur, doit nous donner à chacun une clef de cette caisse.

— Non pas, dit le Portugais.

— Vos raisons?

— Ah! oui, vos raisons? demanda Beausire.

— On se défie de moi, dit le Portugais en caressant sa barbe fraîche, pourquoi ne me défierais-je pas des autres. Il me semble que si je puis être accusé de voler l'association, je puis suspecter l'association de me vouloir voler. Nous sommes des gens qui se valent.

— D'accord, dit le valet de chambre; mais justement pour cela, nous avons des droits égaux.

— Alors, mon cher monsieur, si vous voulez faire ici de l'égalité, vous eussiez dû décider que nous ferions chacun à notre tour le rôle de l'ambassadeur. C'eût été moins vraisemblable peut-être aux yeux du public, mais les associés eussent été rassurés. C'est tout, n'est-ce pas?

— Et d'abord, interrompit Beausire, monsieur le commandeur, vous n'agissez pas en bon confrère; est-ce que le seigneur don Manoël n'a pas un privilége incontestable, celui de l'invention?

— Ah! oui... dit l'ambassadeur, et monsieur de Beausire le partage avec moi.

— Oh! répliqua le commandeur, quand une fois une affaire est en train, on ne fait plus attention aux priviléges.

— D'accord, mais on continue de faire attention aux procédés, dit Beausire.

— Je ne viens pas seul faire cette réclamation, murmura

le commandeur un peu honteux, tous nos camarades pensent comme moi.

— Et ils ont tort, répliqua le Portugais.

— Ils ont tort, dit Beausire.

Le commandeur releva la tête.

— J'ai eu tort moi-même, dit-il dépité, de prendre l'avis de monsieur de Beausire. Le secrétaire ne pouvait manquer de s'entendre avec l'ambassadeur.

— Monsieur le commandeur, répliqua Beausire avec un flegme étonnant, vous êtes un coquin à qui je couperais les oreilles, si vous aviez encore des oreilles ; mais on vous les a rognées trop de fois.

— Plaît-il ? fit le commandeur en se redressant.

— Nous sommes là très tranquillement dans le cabinet de monsieur l'ambassadeur, et nous pourrons traiter l'affaire en famille. Or, vous venez de m'insulter en disant que je m'entends avec don Manoël.

— Et vous m'avez insulté aussi, dit froidement le Portugais venant en aide à Beausire.

— Il s'agit d'en rendre raison, monsieur le commandeur.

— Oh ! je ne suis pas un fier-à-bras, moi, s'écria le valet de chambre.

— Je le vois bien, répliqua Beausire ; en conséquence, vous serez rossé, commandeur.

— Au secours ! cria celui-ci, déjà saisi par l'amant de mademoiselle Oliva, et presque étranglé par le Portugais.

Mais au moment où les deux chefs allaient se faire justice, la sonnette d'en bas avertit qu'une visite entrait.

— Lâchons-le, dit don Manoël.

— Et qu'il fasse son office, dit Beausire.

— Les camarades sauront cela, répliqua le commandeur en se rajustant.

— Oh ! dites, dites-leur ce que vous voudrez ; nous savons ce que nous leur répondrons.

— Monsieur Bœhmer ! cria d'en bas le suisse.

— Eh ! voilà qui finit tout, cher commandeur, dit Beausire en envoyant un léger soufflet sur la nuque de son adversaire.

— Nous n'aurons plus de conteste avec les cent mille livres, puisque les cent mille livres vont disparaître avec monsieur Bœhmer. Çà, faites le beau, monsieur le valet de chambre !

Le commandeur sortit en grommelant, et reprit son air humble pour introduire convenablement le joaillier de la couronne.

Dans l'intervalle de son départ à l'entrée de Bœhmer, Beausire et le Portugais avaient échangé un second coup d'œil tout aussi significatif que le premier.

Bœhmer entra, suivi de Bossange. Tous deux avaient une contenance humble et déconfite, à laquelle les fins observateurs de l'ambassade ne durent pas se tromper.

Tandis qu'ils prenaient les sièges offerts par Beausire, celui-ci continuait son investigation, et guettait l'œil de don Manoël pour entretenir la correspondance.

Manoël gardait son air digne et officiel.

Bœhmer, l'homme aux initiatives, prit la parole dans cette circonstance dificile.

Il expliqua que des raisons politiques d'une haute importance l'empêchaient de donner suite à la négociation commencée.

Manoël se récria.

Beausire fit un hum !

Monsieur Bœhmer s'embarrassa de plus en plus.

Don Manoël lui fit observer que le marché était conclu, que l'argent de l'à-compte était prêt.

Bœhmer persista.

L'ambassadeur, toujours par l'entremise de Beausire, répondit que son gouvernement avait ou devait avoir connaissance de la conclusion du marché ; que le rompre, c'était exposer Sa Majesté portugaise à un quasi-affront.

Monsieur Bœhmer objecta qu'il avait pesé toutes les conséquences de ces réflexions, mais que revenir à ses premières idées lui était devenu impossible.

Beausire ne se décidait pas à accepter la rupture ; il déclara tout net à Bœhmer que se dédire était d'un mauvais négociant, d'un homme sans parole.

Bossange prit alors la parole pour défendre le commerce incriminé dans sa personne et celle de son associé.

Mais il ne fut pas éloquent.

Beausire lui fit clore la bouche avec ce seul mot : — Vous avez trouvé un enchérisseur ?

Les joailliers, qui n'étaient pas extrêmement forts en politique, et qui avaient de la diplomatie en général et des diplomates portugais en particulier une idée excessivement haute, rougirent, se croyant pénétrés.

Beausire vit qu'il avait frappé juste ; et comme il lui importait de finir cette affaire, dans laquelle il sentait tout une fortune, il feignit de consulter en portugais son ambassadeur.

— Messieurs, dit-il alors aux joailliers, on vous a offer un bénéfice ; rien de plus naturel ; cela prouve que les diamans sont d'un beau prix. Eh bien ! Sa Majesté portugaise ne veut pas d'un bon marché qui nuirait à des négocians honnêtes. Faut-il vous offrir cinquante mille livres ?

Bœhmer fit un signe négatif.

— Cent mille, cent cinquante mille livres, continua Beausire, décidé, sans se compromettre, à offrir un million de plus pour gagner sa part des quinze cent mille livres.

Les joailliers, éblouis, demeurèrent un moment gênés ; puis, s'étant consultés :

— Non, monsieur le secrétaire, dirent-ils à Beausire, ne prenez pas la peine de nous tenter ; le marché est fini, une volonté plus puissante que la nôtre nous contraint de vendre le collier dans ce pays. Vous comprenez sans doute ; excusez-nous, ce n'est pas nous qui refusons, ne nous en veuillez donc point; c'est de quelqu'un plus grand que nous, plus grand que vous, que naît l'opposition.

Beausire et Manoël ne trouvèrent rien à répondre. Bien au contraire, ils firent une sorte de compliment aux joailliers et tâchèrent de se montrer indifférens.

Ils s'y appliquèrent si activement, qu'ils ne virent pas dans l'antichambre monsieur le commandeur, valet de chambre, occupé à écouter aux portes, pour savoir comment se traitait l'affaire dont on voulait l'exclure.

Ce digne associé fut maladroit cependant, car en s'inclinant sur la porte, il glissa et tomba dans le panneau qui résonna.

Beausire s'élança vers l'antichambre et trouva le malheureux tout effaré.

— Que fais-tu ici, malheureux? s'écria Beausire.

— Monsieur, répondit le commandeur, j'apportais le courrier de ce matin.

— Bien ! fit Beausire ; allez.

Et, prenant ces dépêches, il renvoya le commandeur.

Ces dépêches étaient toute la correspondance de la chancellerie : lettres de Portugal ou d'Espagne, fort insignifiantes pour la plupart, qui faisaient le travail quotidien de monsieur Ducorneau, mais qui, passant toujours par les mains de Beausire ou de don Manoël avant d'aller à la chancellerie, avaient déjà fourni aux deux chefs d'utiles renseignemens sur les affaires de l'ambassade.

Au mot dépêches que les joailliers entendirent, ils se levèrent soulagés, comme des gens qui viennent de recevoir leur congé, après une audience embarrassante.

On les laissa partir, et le valet de chambre reçut l'ordre de les accompagner jusque dans la cour.

A peine eût-il quitté l'escalier que don Manoël et Beausire, s'envoyant de ces regards qui entament vite une action, se rapprochèrent.

— Eh bien ! dit don Manoël, l'affaire est manquée.

— Net, dit Beausire.

— Sur cent mille livres, vol médiocre, nous avons chacun 8,400 livres.

— Ce n'est pas la peine, répliqua Beausire.

— N'est-ce pas? Tandis que là, dans la caisse...

— Il montrait la caisse si vivement convoitée par le commandeur.

— Là, dans la caisse, il y a cent huit mille livres.

— Cinquante-quatre mille chacun.

— Eh bien ! c'est dit, répliqua don Manoël. Partageons.

— Soit, mais le commandeur ne va plus nous quitter à présent qu'il sait l'affaire manquée.

— Je vais chercher un moyen, dit don Manoël d'un air singulier.

— Et moi j'en ai trouvé un, dit Beausire.

— Lequel?

— Le voici. Le commandeur va rentrer?

— Oui.

— Il va demander sa part et celle des associés?

— Oui.

— Nous allons avoir toute la maison sur les bras?

— Oui.

— Appelons le commandeur comme pour lui conter un secret, et laissez-moi faire.

— Il me semble que je devine, dit don Manoël ; allez au devant de lui.

— J'allais vous dire d'y aller vous-même.

Ni l'un ni l'autre ne voulait laisser son *ami* seul avec la caisse. C'est un rare bijou que la confiance.

Don Manoël répondit que sa qualité d'ambassadeur l'empêchait de faire cette démarche.

— Vous n'êtes pas un ambassadeur pour lui, dit Beausire ; enfin n'importe.

— Vous y allez?

— Non ; je l'appelle par la fenêtre.

En effet, Beausire héla par la fenêtre monsieur le commandeur, qui déjà se préparait à entamer une conversation avec le suisse.

Le commandeur, se voyant appeler, monta.

Il trouva les deux chefs dans la chambre voisine de celle où était la caisse.

Beausire, s'adressant à lui d'un air souriant :

— Gageons, dit-il, que je sais ce que vous disiez au suisse.

— Moi?

— Oui : vous lui contiez que l'affaire avec Bœhmer avait manqué.

— Ma foi! non.

— Vous mentez,

— Je vous jure que non !

— A la bonne heure ; car si vous aviez parlé, vous auriez fait une bien grande sottise et perdu une bien belle somme d'argent.

— Comment cela ? s'écria le commandeur surpris ; quelle somme d'argent ?

— Vous n'êtes pas sans comprendre qu'à nous trois seuls nous savons le secret.

— C'est vrai.

— Et qu'à nous trois, par conséquent, nous avons les cent huit mille livres, puisque tous croient que Bœhmer et Bossange ont emporté la somme.

— Morbleu ! s'écria le commandeur saisi de joie, c'est vrai.

— Trente-trois mille trois cent trente-trois francs six sols chacun, dit Manoël.

— Plus ! plus ! s'écria le commandeur ; il y a une fraction de huit mille livres.

— C'est vrai, dit Beausire ; vous acceptez ?

— Si j'accepte ! fit le valet de chambre en se frottant les mains, je le crois bien. A la bonne heure, voilà parler.

— Voilà parler comme un coquin ! dit Beausire d'une voix tonnante ; quand je vous disais que vous n'étiez qu'un fripon. Allons, don Manoël, vous qui êtes robuste, saisissez-moi ce drôle, et livrons-le pour ce qu'il est à nos associés.

— Grâce ! grâce ! cria le malheureux, j'ai voulu plaisanter.

— Allons ! allons ! continua Beausire, dans la chambre noire jusqu'à plus ample justice.

— Grâce ! cria encore le commandeur.

— Prenez garde, dit Beausire à don Manoël, qui serrait le perfide commandeur ; prenez garde que monsieur Ducorneau n'entende !

— Si vous ne me lâchez pas, dit le commandeur, je vous dénoncerai tous !

— Et moi, je t'étranglerai ! dit don Manoël d'une voix pleine de colère en poussant le valet de chambre vers un cabinet de toilette voisin,

— Renvoyez monsieur Ducorneau, fit-il à l'oreille de Beausire.

Celui-ci ne se le fit pas répéter. Il passa rapidement dans la chambre contiguë à celle de l'ambassadeur, tandis que ce dernier enfermait le commandeur dans la sourde épaisseur de ce cachot.

Une minute se passa, Beausire ne revenait pas.

Don Manoël eut une idée ; il se sentait seul, la caisse était à dix pas ; pour l'ouvrir, pour y prendre les cent huit mille livres en billets, pour s'élancer par une fenêtre et déguerpir à travers le jardin avec la proie, tout voleur bien organisé n'avait besoin que de deux minutes.

Don Manoël calcula que Beausire, pour le renvoi de Ducorneau et son retour à la chambre, perdrait cinq minutes au moins.

Il s'élança vers la porte de la chambre où était la caisse. Cette porte se trouva fermée au verrou. Don Manoël était robuste, adroit; il eût ouvert la porte d'une ville avec une clef de montre.

— Beausire s'est défié de moi, pensa-t-il, parce que j'ai seul la clef; il a mis le verrou ; c'est juste.

Avec son épée, il fit sauter le verrou.

Il arriva sur la caisse et poussa un cri terrible. La caisse ouvrait une bouche large et démeublée. Rien dans ses profondeurs béantes !

Beausire, qui avait une seconde clef, était entré par l'autre porte et avait raflé la somme.

Don Manoël courut comme un insensé jusqu'à la loge du suisse, qu'il trouva chantant.

Beausire avait cinq minutes d'avance.

Quand le Portugais, par ses cris et ses doléances, eut mis tout l'hôtel au fait de l'aventure ; quand, pour s'appuyer d'un témoignage, il eut remis le commandeur en liberté, il ne trouva que des incrédules et des furieux.

On l'accusa d'avoir ourdi ce complot avec Beausire, lequel courait devant lui en gardant la moitié du vol.

Plus de masques, plus de mystères, l'honnête monsieur

Ducorneau ne comprenait plus avec quelles gens il se trouvait lié.

Il faillit s'évanouir quand il vit ces diplomates se préparer à pendre sous un hangar don Manoël, qui n'en pouvait mais !...

— Pendre monsieur de Souza ! criait le chancelier, mais c'est un crime de lèze-majesté ; prenez garde !

On prit le parti de le jeter dans une cave ; il criait trop fort.

C'est à ce moment que trois coups frappés solennellement à la porte firent tressaillir les associés.

Le silence se rétablit parmi eux.

Les trois coups se répétèrent.

Puis une voix aiguë cria en portugais :

— Ouvrez ! au nom de monsieur l'ambassadeur du Portugal !

— L'ambassadeur ! murmurèrent tous les coquins en s'éparpillant dans tout l'hôtel, et pendant quelques minutes ce fut par les jardins, par les murs du voisinage, par les toits, un sauve-qui-peut, un pêle-mêle désordonné.

L'ambassadeur véritable, qui venait effectivement d'arriver, ne put rentrer chez lui qu'avec des archers de la police, qui enfoncèrent la porte en présence d'une foule immense, attirée par ce spectacle curieux.

Puis on fit main-basse partout, et l'on arrêta monsieur Ducorneau, qui fut conduit au Châtelet, où il coucha.

C'est ainsi que se termina l'aventure de la fausse ambassade de Portugal.

XXI.

ILLUSIONS ET RÉALITÉS.

Si le suisse de l'ambassade eût pu courir après Beausire, comme le lui commandait don Manoël, avouons qu'il eût eu fort à faire.

Beausire, à peine hors de l'antre, avait gagné au petit galop la rue Coquillière, et au grand galop la rue Saint-Honoré.

Toujours se défiant d'être poursuivi, il avait croisé ses traces en courant des bordées dans les rues sans alignement et sans raison qui ceignent notre halle aux blés ; au bout de quelques minutes, il était à peu près sûr que nul n'avait pu le suivre ; il était sûr aussi d'une chose, c'est que ses forces étaient épuisées, et qu'un bon cheval de chasse n'eût pu en faire davantage.

Beausire s'assit sur un sac de blé, dans la rue de Viarmes, qui tourne autour de la halle, et là feignit de considérer avec la plus vive attention la colonne de Médicis, que Bachaumont avait achetée pour l'arracher au marteau des démolisseurs et en faire présent à l'hôtel de ville.

Le fait est que monsieur de Beausire ne regardait ni la colonne de monsieur Philibert Delorme, ni le cadran solaire dont monsieur de Pingré l'avait décorée. Il tirait péniblement du fond de ses poumons une respiration stridente et rauque comme celle d'un soufflet de forge fatigué.

Pendant plusieurs instans il ne put réussir à compléter la masse d'air qu'il lui fallait dégorger de son larynx pour rétablir l'équilibre entre la suffocation et la pléthore.

Enfin il y parvint, et ce fut avec un soupir qui eût été entendu par les habitants de la rue de Viarmes s'ils n'eussent été occupés à vendre ou à peser leurs grains.

— Ah ! pensa Beausire, voilà donc mon rêve réalisé, j'ai une fortune.

Et il respira encore.

— Je vais donc pouvoir devenir un parfait honnête homme ; il me semble déjà que j'engraisse.

Et de fait, s'il n'engraissait pas, il enflait.

— Je vais, continua-t-il en son monologue silencieux, faire d'Oliva une femme aussi honnête que je serai moi-même honnête homme. Elle est belle, elle est naïve dans ses goûts.

Le malheureux !

Elle ne haïra pas une vie retirée en province, dans une belle métairie que nous appellerons notre terre, à proximité d'une petite ville où nous serons facilement pris pour des seigneurs.

Nicole est bonne ; elle n'a que deux défauts : la paresse et l'orgueil.

Pas davantage ! pauvre Beausire ! deux péchés mortels !

Et avec ces défauts que je satisferai, moi l'équivoque Beausire, je me serai fait une femme accomplie.

Il n'alla pas plus loin ; la respiration lui était revenue.

Il s'essuya le front, s'assura que les cent mille livres étaient encore dans sa poche, et, plus libre de son corps comme de son esprit, il voulut réfléchir.

On ne le chercherait pas rue de Viarmes, mais on le chercherait. Messieurs de l'ambassade n'étaient pas gens à perdre de gaîté de cœur leur part de butin.

On se diviserait donc en plusieurs bandes, et l'on commencerait par aller explorer le domicile du voleur.

Là était toute la difficulté. Dans ce domicile logeait Oliva. On la préviendrait, on la maltraiterait peut-être ; que sait-on ? on pousserait la cruauté jusqu'à se faire d'elle un ôtage.

Pourquoi ces gueux-là ne sauraient-ils pas que mademoiselle Oliva était la passion de Beausire, et pourquoi, le sachant, ne spéculeraient-ils pas sur cette passion ?

Beausire faillit devenir fou sur la lisière de ces deux mortels dangers.

L'amour l'emporta.

Il ne voulut pas que nul touchât à l'objet de son amour. Il courut comme un trait à la maison de la rue Dauphine.

Il avait, d'ailleurs, une confiance illimitée dans la rapidité de sa marche ; ses ennemis, si agiles qu'ils fussent, ne pouvaient l'avoir prévenu.

D'ailleurs, il se jeta dans un fiacre au cocher duquel il montra un écu de six livres, en lui disant : Au Pont-Neuf.

Les chevaux ne coururent pas, ils s'envolèrent.

Le soir venait.

Beausire se fit conduire au terre-plain du pont, derrière la statue d'Henri IV. On y abordait dans ce temps en voiture ; c'était un lieu de rendez-vous assez trivial, mais usité.

Puis, hasardant sa tête par une portière, il plongea ses regards dans la rue Dauphine.

Beausire n'était pas sans quelque habitude des gens de police : il avait passé dix ans à tâcher de les reconnaître pour les éviter en temps et lieu.

Il remarqua sur la descente du pont, du côté de la rue Dauphine, deux hommes espacés qui tendaient leurs cols vers cette rue pour y considérer un spectacle quelconque.

Ces hommes étaient des espions. Voir des espions sur le Pont-Neuf, ce n'était pas rare, puisque le proverbe dit à cette époque que pour voir en tout temps un prélat, une fille de joie et un cheval blanc, il n'est rien tel que de passer sur le Pont-Neuf.

Or, les chevaux blancs, les habits de prêtres et les filles de joie ont toujours été des points de mire pour les hommes de police.

Beausire ne fut que contrarié, que gêné ; il se fit tout bossu, tout clopinant, pour déguiser sa démarche, et coupant la foule, il gagna la rue Dauphine.

Nulle trace de ce qu'il redoutait pour lui. Il apercevait déjà la maison aux fenêtres de laquelle se montrait souvent la belle Oliva, son étoile.

Les fenêtres étaient fermées ; sans doute elle reposait sur le sofa ou lisait quelque mauvais livre, ou croquait quelque friandise.

Soudain Beausire crut voir un hoqueton de soldat du guet dans l'allée en face.

Bien plus, il en vit un paraître à la croisée du petit salon.

La sueur le reprit ; sueur froide, celle-là est malsaine. Il n'y avait pas à reculer : il s'agissait de passer devant la maison.

Beausire eut ce courage ; il passa et regarda la maison.

Quel spectacle !

Une allée gorgée de fantassins de la garde de Paris, au milieu desquels on voyait un commissaire du Châtelet tout en noir.

Ces gens... le rapide coup d'œil de Beausire les vit troublés, effarés, désappointés. On a ou l'on n'a pas l'habitude de lire sur les visages des gens de la police ; quand on l'a comme l'avait Beausire, on n'a pas besoin de s'y prendre à deux fois pour deviner que ces messieurs ont manqué leur coup.

Beausire se dit que monsieur de Crosne, prévenu sans doute n'importe comment ou par qui, avait voulu faire prendre Beausire et n'avait trouvé qu'Oliva. *Indè iræ.*

De là le désappointement. Certes, si Beausire se fût trouvé dans des circonstances ordinaires, s'il n'eût eu cent mille livres dans sa poche, il se fût jeté au milieu des alguazils, en criant comme Nisus : Me voici ! me voici ! c'est moi qui ai fait tout !

Mais l'idée que ces gens là palperaient les cent mille livres, en feraient des gorges chaudes toute leur vie, l'idée que le coup de main si audacieux et si subtil tenté par lui, Beausire, ne profiterait qu'aux agens du lieutenant de police, cette idée triompha de tous ses scrupules, disons-le, et étouffa tous ses chagrins d'amour.

— Logique... se dit-il : Je me fais prendre... Je fais prendre les cent mille livres. Je ne sers pas Oliva... Je me ruine.... Je lui prouve que je l'aime comme un insensé...

Mais je mérite qu'elle me dise : Vous êtes une brute ; il fallait m'aimer moins et me sauver.

Décidément, jouons des jambes et mettons en sûreté l'argent, qui est la source de tout : liberté, bonheur, philosophie.

Cela dit, Beausire appuya les billets de caisse sur son cœur et se reprit à courir vers le Luxembourg, car il n'allait plus que par instinct depuis une heure, et cent fois ayant été chercher Oliva au jardin du Luxembourg, il laissait ses jambes le porter là.

Pour un homme aussi entêté de logique, c'était un pauvre raisonnement.

En effet, les archers, qui savent les habitudes des voleurs, comme Beausire savait les habitudes des archers eussent été naturellement chercher Beausire au Luxembourg.

Mais le ciel ou le diable avait décidé que monsieur de Crosne ne ferait rien avec Beausire cette fois.

A peine l'amant de Nicole tournait-il la rue Saint-Germain-des-Prés, qu'il faillit être renversé par un beau carrosse dont les chevaux couraient fièrement vers la rue Dauphine.

Beausire n'eut que le temps, grâce à cette légèreté parisienne inconnue au reste des Européens, d'esquiver le timon. Il est vrai qu'il n'esquiva pas le juron et le coup de fouet du cocher ; mais un propriétaire de cent mille livres ne s'arrête pas aux misères d'un pareil point d'honneur, surtout quand il a les compagnies de l'Étoile et les gardes de Paris à ses trousses.

Beausire se jeta donc de côté ; mais en se cambrant, il vit dans ce carosse Oliva et un fort bel homme qui causaient avec vivacité.

Il jeta un petit cri qui ne fit qu'animer davantage les chevaux. Il eût bien suivi la voiture, mais cette voiture s'en allait rue Dauphine, la seule rue de Paris où Beausire ne voulait point passer en ce moment.

Et puis, quelle apparence que ce fût Oliva qui occupât ce carrosse, — fantômes, visions, absurdités, c'était voir, non pas trouble, mais double, c'était voir Oliva quand même.

Il y avait encore ce raisonnement à se faire, c'est qu'Oliva n'était pas dans ce carrosse, puisque les archers l'arrêtaient chez elle rue Dauphine.

Le pauvre Beausire, aux abois, moralement et physiquement, se jeta dans la rue des Fossés-Monsieur-le-Prince, gagna le Luxembourg, traversa le quartier déjà désert, et parvint hors barrière à se réfugier dans un petit cabinet dont l'hôtesse avait pour lui toutes sortes d'égards.

Il s'installa dans ce bouge, cacha ses billets sous un carreau de la chambre, appuya sur ce carreau le pied de son lit, et se coucha, suant et pestant, mais entremêlant ses blasphèmes de remerciemens à Mercure, ses nausées fiévreuses d'une infusion de vin sucré avec de la canelle, breuvage tout à fait propre à ranimer la transpiration à la peau et la confiance au cœur.

Il était sûr que la police ne le trouverait plus. Il était sûr que nul ne le dépouillerait de son argent.

Il était sûr que Nicole, fût-elle arrêtée, n'était coupable d'aucun crime, et que le temps se passait des éternelles réclusions sans motif.

Il était sûr enfin que les cent mille livres lui serviraient même à arracher de la prison, si on la retenait, Oliva, sa compagne inséparable.

Restaient les compagnons de l'ambassade; avec eux le compte était plus difficile à régler.

Mais Beausire avait prévu les chicanes. Il les laissait tous en France, et partait pour la Suisse, pays libre et moral, aussitôt que mademoiselle Oliva se serait trouvée libre.

Rien de tout ce que méditait Beausire, en buvant son vin chaud, ne succéda selon ses prévisions : c'était écrit.

L'homme a presque toujours le tort de se figurer qu'il voit les choses quand il ne les voit pas; il a plus tort encore de se figurer qu'il ne les a pas vues quand réellement il les a vues.

Nous allons commenter cette glose au lecteur.

XXII.

OU MADEMOISELLE OLIVA COMMENCE A SE DEMANDER CE QUE L'ON VEUT FAIRE D'ELLE.

Si monsieur Beausire eût bien voulu s'en rapporter à ses yeux qui étaient excellens, au lieu de faire travailler son esprit que tout aveuglait alors, monsieur de Beausire se fût épargné beaucoup de chagrins et de déceptions.

En effet, c'était bien mademoiselle Oliva qu'il avait vue dans le carrosse, aux côtés d'un homme qu'il n'avait pas reconnu en ne le regardant qu'une fois, et qu'il eût reconnu en le regardant deux fois ; Oliva, qui, le matin, avait été comme d'habitude faire sa promenade dans le jardin du Luxembourg, et qui, au lieu de rentrer à deux heures pour dîner, avait rencontré, accosté, questionné cet étrange ami qu'elle s'était fait le jour du bal de l'Opéra.

En effet, au moment où elle payait sa chaise pour revenir, et souriait au cafetier du jardin dont elle était la pratique assidue, Cagliostro, débouchant d'une allée, était accouru vers elle et lui avait pris le bras.

Elle poussa un petit cri.

— Où allez-vous ? dit-il.

— Mais, rue Dauphine, chez nous.

— Voilà qui va servir à souhait les gens qui vous y attendent, répartit le seigneur inconnu.

— Des gens... qui m'attendent... comment cela ? Mais personne ne m'attend.

— Oh ! si fait ; une douzaine de visiteurs à peu près.

11.

— Une douzaine de visiteurs ! s'écria Oliva en riant ; pourquoi pas un régiment tout de suite ?

— Ma foi, c'eût été possible d'envoyer un régiment rue Dauphine qu'il y serait.

— Vous m'étonnez !

— Je vous étonnerai bien plus encore si je vous laisse aller rue Dauphine.

— Parce que ?

— Parce que vous y serez arrêtée, ma chère.

— Arrêtée, moi ?

— Assurément ; ces douze messieurs qui vous attendent sont des archers expédiés par monsieur de Crosne.

Oliva frissonna : certaines gens ont toujours peur de certaines choses.

Néanmoins, se raidissant après une inspection de conscience un peu plus approfondie :

— Je n'ai rien fait, dit-elle. Pourquoi m'arrêterait-on ?

— Pourquoi arrête-t-on une femme ? Pour des intrigues, pour des niaiseries.

— Je n'ai point d'intrigues.

— Vous en avez peut-être bien eu ?

— Oh ! je ne dis pas.

— Bref, on a tort sans doute de vous arrêter ; mais on cherche à vous arrêter, c'est le fait. Allons-nous toujours rue Dauphine ?

Oliva s'arrêta pâle et troublée.

— Vous jouez avec moi comme un chat avec une pauvre souris, dit-elle. Voyons ; si vous savez quelque chose, dites-le moi. N'est-ce pas à Beausire qu'on en veut ?

Et elle arrêtait sur Cagliostro un regard suppliant.

— Peut-être bien. Je le soupçonnerais d'avoir la conscience moins nette que vous.

— Pauvre garçon !...

— Plaignez-le, mais s'il est pris, ne l'imitez pas en vous laissant prendre à votre tour.

— Mais quel intérêt avez-vous à me protéger ? Quel intérêt avez-vous à vous occuper de moi ? Tenez, fit-elle hardiment, ce n'est pas naturel qu'un homme tel que vous...

— N'achevez pas, vous diriez une sottise ; et les momens sont précieux, parce que les agens de monsieur de Crosne ne vous voyant pas rentrer, seraient capables de venir vous chercher ici.

— Ici ! on sait que je suis ici ?

— La belle affaire de le savoir ; je le sais bien, moi ! Je continue. Comme je m'intéresse à votre personne et vous veux du bien, le reste ne vous regarde pas. Vite, gagnons la rue d'Enfer. Mon carrosse vous y attend. Ah ! vous doutez encore ?

— Oui.

— Eh bien ! nous allons faire une chose assez imprudente, mais qui vous convaincra une fois pour toutes, j'espère. Nous allons passer devant votre maison dans mon carrosse, et quand vous aurez vu ces messieurs de la police d'assez loin pour n'être pas prise, et d'assez près pour juger de leur disposition, eh bien ! alors vous estimerez mes bonnes intentions ce qu'elles valent.

En disant ces mots, il avait conduit Oliva jusqu'à la grille de la rue d'Enfer. Le carrosse s'était rapproché, avait reçu le couple et conduit Cagliostro et Oliva dans la rue Dauphine, à l'endroit où Beausire les avait aperçus tous deux.

Certes, s'il eût crié à ce moment, s'il eût suivi la voiture, Oliva eût tout fait pour se rapprocher de lui, pour le sauver, poursuivi, ou se sauver avec lui, libre.

Mais Cagliostro vit ce malheureux, détourna l'attention d'Oliva en lui montrant la foule qui déjà s'attroupait par curiosité autour du guet.

Du moment où Oliva eut distingué les soldats de la police et sa maison envahie, elle se jeta dans les bras de son protecteur avec un désespoir qui eût attendri tout autre homme que cet homme de fer.

Lui se contenta de serrer la main de la jeune femme et de la cacher elle-même en abaissant le store.

— Sauvez-moi ! sauvez-moi ! répétait pendant ce temps la pauvre fille.

— Je vous le promets, dit-il.

— Mais puisque vous dites que ces hommes de police savent tout, ils me trouveront toujours.

— Non pas, non pas ; à l'endroit où vous serez, nul ne vous découvrira ; car si l'on vient vous prendre chez vous, on ne viendra pas vous prendre chez moi.

— Oh! fit-elle avec effroi, chez vous... nous allons chez vous ?

— Vous êtes folle, répliqua-t-il ; on dirait que vous ne vous souvenez plus de ce dont nous sommes convenus. Je ne suis pas votre amant, ma belle, et ne veux pas l'être.

— Alors, c'est la prison que vous m'offrez?

— Si vous préférez l'hôpital, vous êtes libre.

— Allons, répliqua-t-elle épouvantée, je me livre à vous; faites de moi ce que vous voudrez.

Il la conduisit rue Neuve-Saint-Gilles, dans cette maison où nous l'avons vu recevoir Philippe de Taverney.

Quand il l'eut installée loin du domestique et de toute surveillance, dans un petit appartement, au deuxième étage :

— Il importe que vous soyez plus heureuse que vous n'allez être ici.

— Heureuse ! Comment cela? fit-elle, le cœur gros. Heureuse, sans liberté, sans la promenade ! C'est si triste ici. Pas même de jardin. J'en mourrai.

Et elle jetait un coup d'œil vague et désespéré sur l'extérieur.

— Vous avez raison, dit-il, je veux que vous ne manquiez de rien ; vous seriez mal ici, et d'ailleurs mes gens finiraient par vous voir et vous gêner.

— Ou par me vendre, ajouta-t-elle.

— Quant à cela, ne craignez rien, mes gens ne vendent que ce que je leur achète, ma chère enfant ; mais pour que vous ayez toute la tranquillité désirable, je vais m'occuper de vous procurer une autre demeure.

Oliva se montra un peu consolée par ces promesses. D'ailleurs le séjour de son nouvel appartement lui plut. Elle y trouva l'aisance et des livres amusans.

Son protecteur la quitta en lui disant :

— Je ne veux point vous prendre par la famine, chère enfant. Si vous voulez me voir, sonnez-moi, j'arriverai tout de suite, si je me trouve chez moi, ou sitôt mon retour, si je suis sorti.

Il lui baisa la main et la quitta.

— Ah! cria-t-elle, faites-moi surtout avoir des nouvelles de Beausire.

— Avant tout, lui répondit le comte.

Et il l'enferma dans sa chambre.

Puis, en descendant l'escalier, rêveur :

— Ce sera, dit-il, une profanation que de la loger dans cette maison de la rue Saint-Claude. Mais il faut que nul ne la voie, et dans cette maison nul ne la verra. S'il faut, au contraire, qu'une seule personne l'aperçoive, cette personne l'apercevra dans cette seule maison de la rue Saint-Claude. Allons, encore ce sacrifice. Eteignons cette dernière étincelle du flambeau qui brûla autrefois.

Le comte prit un large surtout, chercha des clefs dans son secrétaire, en choisit plusieurs, qu'il regarda d'un air attendri, et sortit seul à pied de son hôtel, en remontant la rue Saint-Louis du Marais.

XXIII.

LA MAISON DÉSERTE.

Monsieur de Cagliostro arriva seul à cette ancienne maison de la rue Saint-Claude, que nos lecteurs ne doivent pas avoir tout à fait oubliée. La nuit tombait comme il s'arrêtait en face de la porte, et l'on n'apercevait plus que quelques rares passans sur la chaussée du boulevard.

Les pas d'un cheval retentissant dans la rue Saint-Louis, une fenêtre qui se fermait avec un bruit de vieilles ferrures, le grincement des barres de la massive porte cochère après le retour du maître de l'hôtel voisin, voici les seuls mouvemens de ce quartier à l'heure où nous parlons.

Un chien aboyait, ou plutôt hurlait, dans le petit enclos du couvent, et une bouffée de vent attiédi roulait jusque dans la rue Saint-Claude les trois quarts mélancoliques de l'heure sonnant à Saint-Paul.

C'était neuf heures moins un quart.

Le comte arriva, comme nous avons dit, en face de la porte cochère, tira de dessous sa houppelande une grosse clef, broya pour la faire entrer dans la serrure une foule de débris qui s'y étaient réfugiés, poussés par les vents depuis plusieurs années.

La paille sèche, dont un fétu s'était introduit dans l'ogivique entrée de la serrure; la petite graine, qui courait vers le midi pour devenir une ravenelle ou une mauve, et qui un jour se trouva emprisonnée dans ce sombre réservoir; l'éclat de pierre envolé du bâtiment voisin; les mouches casernées depuis dix ans dans cet hôpital de fer, et dont les cadavres avaient fini par combler la profondeur; tout cela cria et se moulut en poussière sous la pression de la clef.

Une fois que la clef eut accompli ses évolutions dans la serrure, il ne s'agit plus que d'ouvrir la porte.

Mais le temps avait fait son œuvre. Le bois s'était gonflé dans les jointures, la rouille avait mordu dans les gonds. L'herbe avait poussé dans tous les interstices du pavé, verdissant le bas de la porte de ses humides émanations; partout une espèce de mastic pareil aux constructions des hirondelles calfeutrait chaque interstice, et les vigoureuses végétations des madrépores terrestres, superposant leurs arcades, avaient masqué le bois sous la chair vivace de leurs cotylédons.

Cagliostro sentit la résistance; il appuya le poing, puis le coude, puis l'épaule, et enfonça toutes ces barricades qui cédèrent l'une après l'autre avec un craquement de mauvaise humeur.

Quand cette porte s'ouvrit, toute la cour apparut désolée, moussue comme un cimetière, aux yeux de Cagliotro.

Il referma la porte derrière lui, et ses pas s'imprimèrent

dans le chiendent rétif et dru qui avait envahi l'aire des pavés eux-mêmes.

Nul ne l'avait vu entrer, nul ne le voyait dans l'enceinte de ces murs énormes. Il put s'arrêter un moment et rentrer peu à peu dans sa vie passée comme il venait de rentrer dans sa maison.

L'une était désolée et vide, l'autre ruinée et déserte.

Le perron, de douze marches, n'avait plus que trois degrés entiers.

Les autres, minées par le travail de l'eau des pluies, par le jeu des pariétaires et des pavots envahisseurs, avaient d'abord chancelé puis roulé loin de leurs attaches. — En tombant, les pierres s'étaient brisées, l'herbe avait monté sur les ruines et planté fièrement, comme les étendards de la dévastation, ses panaches au-dessus d'elles.

Cagliostro monta le perron tremblant sous ses pieds, et à l'aide d'une seconde clef, pénétra dans l'antichambre immense.

Là seulement il alluma une lanterne dont il avait pris soin de se munir; mais si soigneusement qu'il eût allumé la bougie, l'haleine sinistre de la maison l'éteignit du premier coup.

Le souffle de la mort réagissait violemment contre la vie; l'obscurité tuait la lumière.

Cagliostro ralluma sa lanterne et continua son chemin.

Dans la salle à manger, les dressoirs moisis dans leurs angles avaient presque perdu la forme première, les dalles visqueuses n'en retenaient plus le pied. Toutes les portes intérieures étaient ouvertes, laissant la pensée pénétrer librement avec la vue dans ces profondeurs funèbres où elles avaient déjà laissé passer la mort.

Le comte sentit comme un frisson hérisser sa chair, car, à l'extrémité du salon, là où jadis commençait l'escalier, un bruit s'était fait entendre.

Ce bruit, autrefois, annonçait une chère présence, ce bruit éveillait dans tous les sens du maître de cette maison la vie, l'espoir, le bonheur. Ce bruit, qui ne représentait rien à l'heure présente, rappelait tout dans le passé.

Cagliostro, le sourcil froncé, la respiration lente, la main froide, se dirigea vers la statue d'Harpocrate, près de laquelle jouait le ressort de l'ancienne porte de communication, lien mystérieux, insaisissable, qui unissait la maison connue à la maison secrète.

Le ressort fonctionna sans peine, quoique les boiseries vermoulues tremblassent à l'entour. Mais à peine le comte eut-il posé le pied sur l'escalier secret, que ce bruit étrange recommença de se faire entendre. Cagliostro étendit sa main avec sa lanterne pour en découvrir la cause : il ne vit qu'une grosse couleuvre qui descendait lentement l'escalier et fouettait de sa queue chaque marche sonore.

Le reptile attacha tranquillement son œil noir sur Cagliostro, puis se glissa dans le premier trou de la boiserie et disparut.

Sans doute c'était le génie de la solitude.

Le comte poursuivit sa marche.

Partout dans cette ascension l'accompagnait un souvenir, ou, pour mieux dire, une ombre ; et lorsque sur les parois la lumière dessinait une silhouette mobile, le comte tressaillait, pensant que son ombre à lui était une ombre étrangère ressuscitée pour faire, elle aussi, la visite du mystérieux séjour.

Ainsi marchant, ainsi rêvant, il arriva jusqu'à la plaque de cette cheminée qui servait de passage entre la chambre des armes de Balsamo et la retraite parfumée de Lorenza Féliciani.

Les murs étaient nus, les chambres vides. Dans le foyer encore béant gisait un amas énorme de cendres, parmi lesquelles scintillaient quelques petits lingots d'or et d'argent.

Cette cendre fine, blanche et parfumée, c'était le mobilier de Lorenza que Balsamo avait brûlé jusqu'à la dernière parcelle ; c'étaient les armoires d'écaille, le clavecin et la corbeille de bois de rose, le beau lit diapré de porcelaines de Sèvres, dont on retrouvait la poussière micacée pareille à celle de la poudre de marbre ; c'étaient les moulures et les ornemens de métal fondus au grand feu hermétique ; c'étaient les rideaux et les tapis de brocard de soie ; c'étaient les boîtes d'aloès et de sandal dont l'odeur pénétrante s'exhalant par les cheminées, lors de l'incendie, avait parfumé toute la zone de Paris sur laquelle avait passé la fumée ; en sorte que durant deux jours les passans avaient levé la tête pour respirer ces arômes étranges mêlés à notre air parisien; en sorte que le courtaud du quartier des Halles et la grisette du quartier Saint-Honoré avaient vécu enivrés de ces atômes violens et enflammés que la brise enlève aux rampes du Liban et aux plaines de la Syrie.

Ces parfums, disons-nous, la chambre déserte et froide les gardait encore. Cagliostro se baissa, prit une pincée de cendres, la respira longtemps avec une passion sauvage.

— Ainsi puissé-je, murmura-t-il, absorber un reste de cette âme qui, autrefois, se communiquait à cette poussière.

Puis il revit les barreaux de fer, la tristesse de la cour voisine, et par l'escalier, les hautes déchirures que l'incendie avait faites à cette maison intérieure, dont il avait dévoré l'étage supérieur.

Spectacle sinistre et beau ! La chambre d'Althotas avait disparu ; il ne restait des murs que sept à huit crénelures sur lesquelles le feu avait promené ses langues qui dévorent et noircissent.

Pour quiconque eût ignoré l'histoire douloureuse de Balsamo et de Lorenza, il était impossible de ne pas déplorer cette ruine. Tout dans cette maison respirait la grandeur abaissée, la splendeur éteinte, le bonheur perdu.

Cagliostro s'imprégna donc de ces rêves. L'homme descendit des hauteurs de sa philosophie pour se repétrir dans ce peu d'humanité tendre qu'on appelle les sentimens du cœur, et qui ne sont pas du raisonnement.

Après avoir évoqué les doux fantômes de la solitude et fait la part du ciel, il croyait en être quitte avec la faiblesse humaine, lorsque ses yeux s'arrêtèrent sur un objet encore brillant parmi tout ce désastre et toutes ces misères.

Il se baissa et vit dans la rainure du parquet, à moitié ensevelie sous la poussière, une petite flèche d'argent qui semblait récemment tombée des cheveux d'une femme.

C'était une de ces épingles italiennes comme les dames de ce temps aimaient à en choisir pour retenir les anneaux de la chevelure, devenue trop lourde quand elle était poudrée.

Le philosophe, le savant, le prophète, le contempteur de l'humanité, celui qui voulait que le ciel lui-même comptât avec lui, cet homme qui avait refoulé tant de douleurs chez lui et tiré tant de gouttes de sang du cœur des autres, Cagliostro l'athée, le charlatan, le sceptique rieur, ramassa cette épingle, l'approcha de ses lèvres, et, bien sûr qu'on ne pouvait le voir, il laissa une larme monter jusqu'à ses yeux en murmurant :

— Lorenza !

Et puis ce fut tout. Il y avait du démon dans cet homme.

Il cherchait la lutte, et, pour son propre bonheur, l'entretenait en lui.

Après avoir baisé ardemment cette relique sacrée, il ouvrit la fenêtre, passa son bras à travers les barreaux et lança le frêle morceau de métal dans l'enclos du couvent voisin, dans les branches, dans l'air, dans la poussière, on ne sait où.

Il se punissait ainsi d'avoir fait usage de son cœur.

— Adieu ! dit-il à l'insensible objet qui se perdait peut-être pour jamais. Adieu, souvenir qui m'était envoyé pour m'attendrir, pour m'amoindrir sans doute. Désormais je ne penserai plus qu'à la terre.

Oui, cette maison va être profanée. Que dis-je ? elle l'est déjà ! J'ai rouvert les portes, j'ai apporté la lumière aux murailles, j'ai vu l'intérieur du tombeau, j'ai fouillé la cendre de la mort.

Profanée est donc la maison ! Qu'elle le soit tout à fait et pour un bien quelconque !

Une femme encore traversera cette cour, une femme appuiera ses pieds sur l'escalier, une femme chantera peut-être sous cette voûte où vibre encore le dernier soupir de Lorenza !

Soit. Mais toutes ces profanations auront lieu dans un but, dans le but de servir ma cause. Si Dieu y perd, Satan ne fera qu'y gagner.

Il posa sa lanterne sur l'escalier.

— Toute cette cage d'escalier, dit-il, tombera. Toute cette maison intérieure tombera aussi. Le mystère s'envolera, l'hôtel restera cachette et cessera d'être sanctuaire.

Il écrivit à la hâte sur ses tablettes les lignes suivantes :

« A monsieur Lenoir, mon architecte :

» Nettoyer cour et vestibules ; restaurer remises et écuries ; démolir le pavillon intérieur ; réduire l'hôtel à deux étages : huit jours. »

— Maintenant, dit-il, voyons si l'on aperçoit bien d'ici la fenêtre de la petite comtesse.

Il s'approcha d'une fenêtre située au second étage de l'hôtel.

On embrassait de là toute la façade opposée de la rue Saint-Claude par dessus la porte cochère.

En face, à soixante pieds au plus, on voyait le logement occupé par Jeanne de La Motte.

— C'est infaillible, les deux femmes se verront, dit Cagliostro. Bien.

Il reprit sa lanterne et descendit l'escalier.

Une grande heure après, il était rentré chez lui et envoyait son devis à l'architecte.

Il faut dire que dès le lendemain cinquante ouvriers avaient envahi l'hôtel, que le marteau, la scie et les pics résonnaient partout, que l'herbe amassée en gros tas commençait à fumer dans un coin de la cour, et que le soir, à sa rentrée, le passant, fidèle à son inspection quotidienne, vit un gros rat pendu par une patte au bas d'un cerceau dans la cour, au milieu d'un cercle de manœuvres, maçons, qui raillaient sa moustache grisonnante et son embonpoint vénérable.

Le silencieux habitant de l'hôtel avait été muré dans son trou par la chute d'une pierre de taille. A demi mort quand la grue releva cette pierre, il fut saisi par la queue et sacrifié aux divertissemens des jeunes Auvergnats gâcheurs de plâtre ; soit honte, soit asphyxie, il en mourut.

Le passant lui fit cette oraison funèbre :
— En voilà un qui avait été heureux dix ans!

Sic transit gloria mundi.

La maison en huit jours fut restaurée comme Cagliostro l'avait commandé à l'architecte.

XXIV.

JEANNE PROTECTRICE.

Monsieur le cardinal de Rohan reçut, deux jours après sa visite à Bœhmer, un billet ainsi conçu :
« Son Eminence, monsieur le cardinal de Rohan, sait sans doute où il soupera ce soir. »
— De la petite comtesse, dit-il en flairant le papier. J'irai.
Voici à quel propos madame de La Motte demandait cette entrevue au cardinal.
Des cinq laquais mis à son service par Son Eminence, elle en avait distingué un, cheveux noirs, yeux bruns, le teint fleuri du sanguin mêlé à la solide carnation du bilieux. C'étaient, pour l'observatrice, tous les symptômes d'une organisation active, intelligente et opiniâtre.
Elle fit venir cet homme, et, en un quart d'heure, elle obtint de sa docilité, de sa perspicacité, tout ce qu'elle en voulait tirer.
Cet homme suivit le cardinal et rapporta qu'il avait vu Son Eminence aller deux fois en deux jours chez messieurs Bœhmer et Bossange.

Jeanne en savait assez. Un homme tel que monsieur de Rohan ne marchande pas. D'habiles marchands comme Bœhmer ne laissent pas aller l'acheteur. Le collier devait être vendu.

Vendu par Bœhmer.

Acheté par monsieur de Rohan! et ce dernier n'en aurait pas sonné un mot à sa confidente, à sa maîtresse!

Le symptôme était grave. Jeanne plissa son front, pinça ses lèvres fines, et adressa au cardinal le billet que nous avons lu.

Monsieur de Rohan vint le soir. Il s'était fait précéder d'un panier de Tokay et de quelques raretés, absolument comme s'il allait souper chez la Guimard ou chez mademoiselle Dangeville.

La nuance n'échappa pas plus à Jeanne que tant d'autres ne lui avaient échappé; elle affecta de ne rien faire servir de ce qu'avait envoyé le cardinal; puis, ouvrant avec lui la conversation avec une certaine tendresse, lorsqu'ils furent seuls :

— En vérité, monseigneur, dit-elle, une chose m'afflige considérablement,

— Oh! laquelle, comtesse? fit monsieur de Rohan avec cette affectation de contrariété qui n'est pas toujours signe que l'on est contrarié véritablement.

— Eh bien! monseigneur, la cause de ma contrariété, c'est de voir, non pas que vous ne m'aimez plus, vous ne m'avez jamais aimée....

— Oh! comtesse, que dites-vous là!

— Ne vous excusez pas, monseigneur, ce serait du temps perdu.

— Pour moi, dit galamment le cardinal.

— Non, pour moi, répondit nettement madame de La Motte. D'ailleurs...

— Oh! comtesse, fit le cardinal.

— Ne vous désolez pas, monseigneur, cela m'est parfaitement indifférent.

— Que je vous aime ou que je ne vous aime pas?

— Oui.

— Et pourquoi cela vous est-il indifférent?

— Mais parce que je ne vous aime pas, moi.

— Comtesse, savez-vous que ce n'est point obligeant ce que vous me faites l'honneur de me dire là.

— En effet, il est vrai que nous ne débutons point par des douceurs ; c'est un fait, constatons-le.

— Quel fait ?

— Que je ne vous ai jamais plus aimé, monseigneur, que vous ne m'avez aimée vous-même.

— Oh ! quant à moi, il ne faut pas dire cela, s'écria le prince avec un accent de presque vérité. J'ai eu pour vous beaucoup d'affection, comtesse. Ne me logez donc pas à la même enseigne que vous.

— Voyons, monseigneur, estimons-nous assez l'un et l'autre pour nous dire la vérité.

— Et la vérité, quelle est-elle ?

— Il y a entre nous un lien bien autrement fort que l'amour.

— Lequel ?

— L'intérêt.

— L'intérêt ? Fi ! comtesse.

— Monseigneur, je vous dirai, comme le paysan normand disait de la potence à son fils : Si tu en es dégoûté, n'en dégoûte pas les autres. Fi ! de l'intérêt, monseigneur. Comme vous y allez !

— Eh bien ! donc, voyons, comtesse : supposons que nous soyons intéressés, en quoi puis-je servir vos intérêts et vous les miens ?

— D'abord, monseigneur, et avant toute chose, il me prend envie de vous faire une querelle.

— Faites, comtesse.

— Vous avez manqué de confiance envers moi, c'est-à-dire d'estime.

— Moi ! Et quand cela, je vous prie ?

— Quand ? Nierez-vous qu'après m'avoir tiré habilement de l'esprit des détails que je mourais d'envie de vous donner...

— Sur quoi ? comtesse.

— Sur le goût de certaine grande dame, pour certaine

chose ; vous vous êtes mis en mesure de satisfaire ce goût sans m'en parler.

— Tirer des détails, deviner le goût de certaine dame pour certaine chose, satisfaire ce goût! comtesse, en vérité vous êtes une énigme, un sphinx. Ah ! j'avais bien vu la tête et le cou de la femme, mais je n'avais pas encore vu les griffes du lion. Il paraît que vous allez me les montrer, soit.

— Eh ! non, je ne vous montrerai rien du tout, monseigneur, attendu que vous n'avez plus envie de rien voir. Je vous donnerai purement et simplement le mot de l'énigme : les détails, c'est ce qui s'était passé à Versailles ; le goût de certaine dame, c'est la reine ; et la satisfaction donnée à ce goût de la reine, c'est l'achat que vous avez fait hier à messieurs Bœhmer et Bossange de leur fameux collier.

— Comtesse ! murmura le cardinal, tout vacillant et tout pâle.

Jeanne attacha sur lui son plus clair regard.

— Voyons, dit-elle, pourquoi me regarder ainsi d'un air tout effaré, est-ce que vous n'avez point hier passé marché avec les joailliers du quai de l'Ecole ?

Un Rohan ne ment pas, même avec une femme. Le cardinal se tut.

Et comme il allait rougir, sorte de déplaisir qu'un homme ne pardonne jamais à la femme qui le cause, Jeanne se hâta de lui prendre la main.

— Pardon, mon prince, dit-elle, j'ai hâte de vous dire en quoi vous vous trompiez sur moi. Vous m'avez crue sotte et méchante ?

— Oh ! oh ! comtesse.

— Enfin...

— Pas un mot de plus ; laissez-moi parler à mon tour. Je vous persuaderai peut-être, car, dès aujourd'hui, je vois clairement à qui j'ai affaire. Je m'attendais à trouver en vous une jolie femme, une femme d'esprit, une maîtresse charmante, vous êtes mieux que cela. Ecoutez.

Jeanne se rapprocha du cardinal, laissant sa main dans ses mains.

— Vous avez bien voulu être ma maîtresse, mon amie,

sans m'aimer. Vous me l'avez dit vous-même, poursuivit monsieur de Rohan.

— Et je vous le redis encore, fit madame de La Motte.

— Vous aviez un but, alors?

— Assurément.

— Le but, comtesse?

— Vous avez besoin que je vous l'explique?

— Non, je le touche du doigt. Vous voulez faire ma fortune. N'est-il pas sûr qu'une fois ma fortune faite, mon premier soin sera d'assurer la vôtre? Est-ce bien cela, et me suis-je trompé?

— Vous ne vous êtes pas trompé, monseigneur, et c'est bien cela. Seulement, croyez-moi sans phrases, ce but-là je ne l'ai pas poursuivi au milieu des antipathies et des répugnances, la route a été agréable.

— Vous êtes une aimable femme, comtesse, et c'est tout plaisir que de causer affaires avec vous — Je disais donc que vous avez deviné juste. Vous savez que j'ai quelque part un respectueux attachement?

— Je l'ai vu au bal de l'Opéra, mon prince.

— Cet attachement ne sera jamais partagé. Oh! Dieu me garde de le croire!

— Eh! fit la comtesse, une femme n'est pas toujours reine, et vous valez bien, que je sache, monsieur le cardinal Mazarin.

— C'était un fort bel homme aussi, dit en riant monsieur de Rohan.

— Et un excellent premier ministre, répartit Jeanne avec le plus grand calme.

— Comtesse, avec vous c'est peine perdue de penser, c'est vingt fois surabondant de dire. Vous pensez et vous parlez pour vos amis. Oui, je tends à devenir premier ministre. Tout m'y pousse : la naissance, l'habitude des affaires, certaine bienveillance que me témoignent les cours étrangères, beaucoup de sympathie qui m'est accordée par le peuple français.

— Tout enfin, dit Jeanne, excepté une chose.

— Excepté une répugnance, voulez-vous dire?

— Oui, de la reine ; et cette répugnance, c'est le véritable obstacle. Ce qu'elle aime, la reine, il faut toujours que le roi finisse par l'aimer ; ce qu'elle hait, il le déteste d'avance.

— Et elle me hait ?

— Oh !

— Soyons francs. Je ne crois pas qu'il nous soit permis de rester en si beau chemin, comtesse.

— Eh bien ! monseigneur, la reine ne vous aime pas.

— Alors, je suis perdu ! Il n'y a pas de collier qui tienne.

— Voilà en quoi vous pouvez vous tromper, prince.

— Le collier est acheté !

— Au moins la reine verra-t-elle que si elle ne vous aime pas, vous l'aimez, vous.

— Oh ! comtesse !

— Vous savez, monseigneur, que nous sommes convenus d'appeler les choses par leur nom.

— Soit. Vous dites donc que vous ne désespérez pas de me voir un jour premier ministre ?

— J'en suis sûre.

— Je m'en voudrais de ne pas vous demander quelles sont vos ambitions.

— Je vous les dirai, prince, quand vous serez en état de les satisfaire.

— C'est parler, cela, je vous attends à ce jour.

— Merci ; maintenant, soupons.

Le cardinal prit la main de Jeanne, et la serra comme Jeanne avait tant désiré que sa main fût serrée quelques jours avant. Mais ce temps était passé.

Elle retira sa main.

— Eh bien ! comtesse ?

— Soupons, vous dis-je, monseigneur.

— Mais je n'ai plus faim.

— Alors, causons.

— Mais je n'ai plus rien à dire.

— Alors, quittons-nous.

— Voilà, dit-il, ce que vous appelez notre alliance. Vous me congédiez ?

— Pour être vraiment l'un à l'autre, dit-elle, monseigneur, soyons tout à fait l'un et l'autre à nous-mêmes.

— Vous avez raison, comtesse ; pardon de m'être encore trompé cette fois sur votre compte. Oh ! je vous jure bien que ce sera la dernière.

Il lui reprit la main et la baisa si respectueusement, qu'il ne vit pas le sourire narquois, diabolique, de la comtesse, au moment où ces mots avaient retenti :

« Ce sera la dernière fois que je me tromperai sur votre compte. »

Jeanne se leva, reconduisit le prince jusqu'à l'antichambre. Là, il s'arrêta, et tout bas :

— La suite, comtesse ?

— C'est tout simple.

— Que ferai-je ?

— Rien. Attendez-moi.

— Et vous irez ?

— A Versailles.

— Quand ?

— Demain.

— Et j'aurai réponse ?

— Tout de suite.

— Allons, ma protectrice, je m'abandonne à vous.

— Laissez-moi faire.

Elle rentra sur ce mot chez elle, se mit au lit, et, considérant vaguement le bel Endymion de marbre qui attendait Diane :

— Décidément, la liberté vaut mieux, murmura-t-elle.

XXV.

JEANNE PROTÉGÉE.

Maîtresse d'un pareil secret, riche d'un pareil avenir, étayée de deux appuis si considérables, Jeanne se sentit forte à lever le monde.

Elle se donna quinze jours de délai pour commencer de mordre pleinement à la grappe savoureuse que la fortune suspendait au-dessus de son front.

Paraître à la cour non plus comme une solliciteuse, non plus comme la pauvre mendiante retirée par madame de Boulainvilliers, mais comme une descendante des Valois, riche de cent mille livres de rentes, avoir un mari duc et pair, s'appeler la favorite de la reine, et, par ce temps d'intrigues et d'orages, gouverner l'Etat en gouvernant le roi par Marie-Antoinette, voilà tout simplement le panorama qui se déroula devant l'inépuisable imagination de la comtesse de La Motte.

Le jour venu, elle ne fit qu'un bond jusqu'à Versailles. Elle n'avait pas de lettre d'audience; mais sa foi en sa fortune était devenue telle que Jeanne ne doutait plus de voir fléchir l'étiquette devant son désir.

Et elle avait raison.

Tous ces officieux de cour, si fort empressés de deviner les goûts du maître, avaient remarqué déjà combien Marie-Antoinette prenait de plaisir dans la société de la jolie comtesse.

C'en fut assez pour qu'à son arrivée un huissier intelligent, jaloux de se faire bien venir, allât se placer sur le passage de la reine qui venait de la chapelle, et là, comme par hasard, prononçât devant le gentilhomme de service ces mots :

— Monsieur, comment faire pour madame la comtesse de La Motte-Valois, qui n'a pas de lettre d'audience ?

La reine causait bas avec madame de Lamballe. Le nom de Jeanne, adroitement lancé par cet homme, l'arrêta dans sa conversation.

Elle se retourna.

— Ne dit-on pas, demanda-t-elle, qu'il y a là madame de La Motte-Valois?

— Je crois que oui, Votre Majesté, répliqua le gentilhomme.

— Qui dit cela ?

— Cet huissier, madame.

L'huissier s'inclina modestement.

— Je recevrai madame de La Motte-Valois, fit la reine qui continua sa route.

Puis, en se retirant :

— Vous la conduirez dans le cabinet des bains, dit-elle.

Et elle passa.

Jeanne, à qui cet homme raconta simplement ce qu'il venait de faire, porta tout de suite la main à sa bourse, mais l'huissier l'arrêta par un sourire.

— Madame la comtesse, veuillez, je vous prie, dit-il, accumuler cette dette; vous pourrez bientôt me la payer avec de meilleurs intérêts.

Jeanne remit l'argent dans sa poche.

— Vous avez raison, mon ami, merci.

Pourquoi, se dit-elle, ne protégerais-je pas un huissier qui m'a protégée. J'en fais bien autant pour un cardinal.

Jeanne se trouva bientôt en présence de sa souveraine.

Marie-Antoinette était sérieuse, peu disposée en apparence, peut-être même par cela qu'elle avait trop favorisé la comtesse avec une réception inespérée.

Au fond, pensa l'amie de monsieur de Rohan, la reine se figure que je vais encore mendier... Avant que j'aie prononcé vingt mots, elle se sera déridée ou m'aura fait jeter à la porte.

— Madame, dit la reine, je n'ai pas encore trouvé l'occasion de parler au roi.

— Ah! madame, Votre Majesté n'a été que trop bonne déjà pour moi, et je n'attends rien de plus. Je venais...

— Pourquoi venez-vous? dit la reine habile à saisir les transitions. Vous n'aviez pas demandé audience. Il y a urgence peut-être... pour vous?

— Urgence... oui, madame ; mais pour moi... non.

— Pour moi, alors... Voyons, parlez, comtesse.

Et la reine conduisit Jeanne dans la salle des bains, où ses femmes l'attendaient.

La comtesse, voyant autour de la reine tout ce monde, ne commençait pas la conversation.

La reine, une fois au bain, renvoya ses femmes.

— Madame, dit Jeanne, Votre Majesté me voit bien embarrassée.

— Comment cela? Je vous le disais bien.

— Votre Majesté sait, je crois le lui avoir dit, toute la grâce que met monsieur le cardinal de Rohan à m'obliger?

La reine fronça le sourcil.

— Je ne sais, dit-elle.

— Je croyais...

— N'importe... dites.

— Eh bien! madame, Son Eminence me fit l'honneur avant-hier de me rendre visite.

— Ah!

— C'était pour une bonne œuvre que je préside.

— Très bien, comtesse, très bien. Je donnerai aussi... à votre bonne œuvre.

— Votre Majesté se méprend. J'ai eu l'honneur de lui dire que je ne demandais rien. Monsieur le cardinal, selon sa coutume, me parla de la bonté de la reine, de sa grâce inépuisable.

— Et demanda que je protégeasse ses protégés?

— D'abord! Oui, Votre Majesté.

— Je le ferai, non pour monsieur le cardinal, mais pour les malheureux que j'accueille toujours bien, de quelque part qu'ils viennent. Seulement, dites à Son Eminence que je suis fort gênée.

— Hélas! madame, voilà bien ce que je lui dis, et de là vient l'embarras que je signalais à la reine.

— Ah! ah!

— J'exprimai à monsieur le cardinal toute la charité si ardente dont s'emplit le cœur de Votre Majesté à l'annonce d'une infortune quelconque, toute la générosité qui fait vider incessamment la bourse de la reine, trop étroite toujours.

— Bien! bien!

— Tenez, monseigneur, lui dis-je, comme exemple. Sa Majesté se rend esclave de ses propres bontés. Elle se sacrifie à ses pauvres. Le bien qu'elle fait lui tourne à mal, et là-dessus je m'accusai moi-même.

— Comment cela, comtesse? dit la reine, qui écoutait, soit que Jeanne eût su la prendre par son faible, soit que l'esprit distingué de Marie-Antoinette sentît sous la longueur de ce préambule un vif intérêt, résultant pour elle de la préparation.

— Je dis, madame, que Votre Majesté m'avait donné une forte somme quelques jours avant; que mille fois, au moins, cela était arrivé depuis deux ans à la reine, et que si la reine eût été moins sensible, moins généreuse, elle aurait deux millions en caisse, grâce auxquels nulle considération ne l'empêcherait de se donner ce beau collier de diamans, si noblement, si courageusement, mais, permettez-moi de le dire, madame, si injustement repoussé.

La reine rougit et se remit à regarder Jeanne. Evidemment la conclusion se renfermait dans la dernière phrase. Y avait-il piége? y avait-il seulement flagornerie? Certes, la question étant ainsi posée, il ne pouvait manquer d'y avoir danger pour une reine. Mais Sa Majesté rencontra sur le visage de Jeanne tant de douceur, de candide bienveillance, tant de vérité pure, que rien n'accusait une pareille physionomie d'être perfide ou adulatrice.

Et comme la reine elle-même avait une âme pleine de vraie générosité, et que dans la générosité il y a toujours la force, dans la force toujours la solide vérité, alors Marie-Antoinette poussant un soupir :

— Oui, dit-elle, le collier est beau ; il était beau, veux-je dire, et je suis bien aise qu'une femme de goût me loue de l'avoir repoussé.

— Si vous saviez, madame, s'écria Jeanne, coupant à propos la phrase, comme on finit par connaître les sentimens des gens lorsqu'on porte intérêt à ceux que ces gens aiment !

— Que voulez-vous dire ?

— Je veux dire, madame, qu'en apprenant votre héroïque sacrifice du collier, je vis monsieur de Rohan pâlir.

— Pâlir !

— En un moment ses yeux se remplirent de larmes. Je ne sais, madame, s'il est vrai que monsieur de Rohan soit un bel homme et un seigneur accompli, ainsi que beaucoup le prétendent ; ce que je sais, c'est qu'en ce moment, sa figure, éclairée par le feu de son âme, et toute sillonnée de larmes provoquées par votre généreux désintéressement, que dis-je ? par votre privation sublime, cette figure-là ne sortira jamais de mon souvenir.

La reine s'arrêta un moment à faire tomber l'eau du bec de cygne doré qui plongeait sur sa baignoire de marbre.

— Eh bien ! comtesse, dit-elle, puisque monsieur de Rohan vous a paru si beau et si accompli que vous venez de le dire, je ne vous engage pas à le lui laisser voir. C'est un prélat mondain, un pasteur qui prend la brebis autant pour lui-même que pour le Seigneur.

— Oh ! madame.

— Eh bien ! quoi ? Est-ce que je le calomnie ? N'est-ce pas là sa réputation ? Ne s'en fait-il pas une sorte de gloire ? Ne le voyez-vous pas, aux jours de cérémonie, agiter ses belles mains en l'air, elles sont belles, c'est vrai, pour les rendre plus blanches, et sur ses mains, étincelant de la bague pastorale, les dévotes fixant des yeux plus brillans que le diamant du cardinal ?

Jeanne s'inclina.

— Les trophées du cardinal, poursuivit la reine, emportée, sont nombreux. Quelques-uns ont fait scandale. Le prélat est un amoureux comme ceux de la Fronde. Le loue qui voudra pour cela, je me récuse, allez.

— Eh bien ! madame, fit Jeanne mise à l'aise par cette familiarité, comme aussi par la situation toute physique de son interlocutrice, je ne sais pas si monsieur le cardinal pensait aux dévotes quand il me parlait si ardemment des vertus de Votre Majesté; mais tout ce que je sais, c'est que ses belles mains, au lieu d'être en l'air, s'appuyaient sur son cœur.

La reine secoua la tête en riant forcément.

— Oui-da ! pensa Jeanne, est-ce que les choses iraient mieux que nous ne le croyions? est-ce quele dépit serait notre auxiliaire ? oh ! nous aurions trop de facilités alors.

La reine reprit vite son air noble et indifférent.

— Continuez, dit-elle.

— Votre Majesté me glace; cette modestie qui lui fait repousser même la louange...

— Du cardinal ! Oh ! oui.

— Mais pourquoi? madame.

— Parce qu'elle m'est suspecte, comtesse.

— Il ne m'appartient pas, répliqua Jeanne avec le plus profond respect, de défendre celui qui a été assez malheureux pour être tombé dans la disgrâce de Votre Majesté ; n'en doutons pas un moment, celui-là est bien coupable, puisqu'il a déplu à la reine.

— Monsieur de Rohan ne m'a pas déplu ; il m'a offensée. Mais je suis reine et chrétienne ; et doublement portée, par conséquent, à oublier les offenses.

Et la reine dit ces paroles avec cette majestueuse bonté qui n'appartenait qu'à elle.

Jeanne se tut.

— Vous ne dites plus rien ?

— Je serais suspecte à Votre Majesté, j'encourrais sa disgrâce, son blâme, en exprimant une opinion qui froisserait la sienne.

— Vous pensez le contraire de ce que je pense à l'égard du cardinal ?

— Diamétralement, madame.

— Vous ne parleriez pas ainsi le jour où vous sauriez ce que le prince Louis a fait contre moi.

— Je sais seulement ce que je l'ai vu faire pour le service de Votre Majesté.

— Des galanteries?

Jeanne s'inclina.

— Des politesses, des souhaits, des complimens? continua la reine.

Jeanne se tut.

— Vous avez pour monsieur de Rohan une amitié vive, comtesse; je ne l'attaquerai plus devant vous.

Et la reine se mit à rire.

— Madame, répondit Jeanne, j'aimais mieux votre colère que votre raillerie. Ce que ressent monsieur le cardinal pour Votre Majesté est un sentiment tellement respectueux, que, j'en suis sûre, s'il voyait la reine rire de lui, il mourrait.

— Oh! oh! il a donc bien changé.

— Mais Votre Majesté me faisait l'honneur de me dire l'autre jour que, depuis dix ans déjà, monsieur de Rohan était passionnément...

— Je plaisantais, comtesse, dit sévèrement la reine.

Jeanne, réduite au silence, parut à la reine résignée à ne plus lutter, mais Marie-Antoinette se trompait bien. Pour ces femmes, nature de tigre et de serpent, le moment où elles se replient est toujours le prélude de l'attaque; le repos concentré précède l'élan.

— Vous parlez de ces diamans, fit imprudemment la reine. Avouez que vous y avez pensé.

— Jour et nuit, madame, dit Jeanne avec la joie d'un général qui voit faire sur le champ de bataille une faute décisive à son ennemi. Ils sont si beaux, ils iront si bien à Votre Majesté.

— Comment cela?

— Oui, madame, oui, à Votre Majesté.

— Mais ils sont vendus!

— Oui, ils sont vendus.

— A l'ambassadeur de Portugal?

Jeanne secoua doucement la tête.

— Non? fit la reine avec joie.

— Non, madame.

— A qui donc?

— Monsieur de Rohan les a achetés.

La reine fit un bond, et, tout à coup refroidie :

— Ah! fit-elle.

— Tenez, madame, dit Jeanne avec une éloquence pleine de fougue et d'entraînement, ce que fait monsieur de Rohan est superbe; c'est un moment de générosité, de bon cœur; c'est un beau mouvement; une âme comme celle de Votre Majesté ne peut s'empêcher de sympathiser avec tout ce qui est bon et sensible. A peine monsieur de Rohan a-t-il su par moi, je l'avoue, la gêne momentanée de Votre Majesté :

« Comment! s'est-il écrié, la reine de France se refuse ce que n'oserait se refuser une femme de fermier général? Comment! la reine peut s'exposer à voir un jour madame Necker parée de ces diamans? »

Monsieur de Rohan ignorait encore que l'ambassadeur de Portugal les eût marchandés. Je le lui appris. Son indignation redoubla. « Ce n'est plus, dit-il, une question de plaisir à faire à la reine, c'est une question de dignité royale. — Je connais l'esprit des cours étrangères, — vanité, ostentation, — on y rira de la reine de France, qui n'a plus d'argent pour satisfaire un goût légitime ; et moi, je souffrirais qu'on raillât la reine de France! Non, jamais. » Et il m'a quittée brusquement. Une heure après, je sus qu'il avait acheté les diamans.

— Quinze cent mille livres?

— Seize cent mille livres.

— Et quelle a été son intention en les achetant?

— Que, puisqu'ils ne pouvaient être à Votre Majesté, ils ne fussent pas du moins à une autre femme.

— Et vous êtes sûre que ce n'est pas pour en faire hommage à quelque maîtresse que monsieur de Rohan a acheté ce collier?

— Je suis sûre que c'est pour l'anéantir plutôt que de le voir briller à un autre col qu'à celui de la reine.

Marie-Antoinette réfléchit, et sa noble physionomie laissa voir sans nuage tout ce qui se passait dans son âme.

— Ce qu'a fait là monsieur de Rohan est bien, dit-elle ; c'est un trait noble et d'un dévoûment délicat.

Jeanne absorbait ardemment ces paroles.

— Vous remercierez donc monsieur de Rohan, continua la reine.

— Oh ! oui, madame.

— Vous ajouterez que l'amitié de monsieur de Rohan m'est prouvée, et que moi, en honnête homme, ainsi que le dit Catherine, j'accepte tout de l'amitié, à charge de revanche. Aussi, j'accepte, non pas le don de monsieur de Rohan...

— Quoi donc, alors ?

— Mais son avance... Monsieur de Rohan a bien voulu avancer son argent ou son crédit, pour me faire plaisir. Je le rembourserai. Bœhmer avait demandé du comptant, je crois ?

— Oui, madame.

— Combien, deux cent mille livres ?

— Deux cent cinquante mille livres.

— C'est le trimestre de la pension que me fait le roi. On me l'a envoyé ce matin, d'avance, je le sais, mais enfin on me l'a envoyé.

La reine sonna rapidement ses femmes qui l'habillèrent, après l'avoir enveloppée de fines batistes chauffées.

Restée seule avec Jeanne, et réinstallée dans sa chambre, elle dit à la comtesse :

— Ouvrez, je vous prie, ce tiroir.

— Le premier ?

— Non, le second. Vous voyez un portefeuille ?

— Le voici, madame.

— Il renferme deux cent cinquante mille livres. Comptez-les.

Jeanne obéit.

— Portez-les au cardinal. Remerciez-le encore. Dites-lui que chaque mois je m'arrangerai pour payer ainsi. On réglera les intérêts. De cette façon, j'aurai le collier qui me plaisait tant, et si je me gêne pour le payer, au moins je ne gênerai point le roi.

Elle se recueillit une minute.

— Et j'aurai gagné à cela, continua-t-elle, d'apprendre que j'ai un ami délicat qui m'a servie...

Elle attendit encore.

— Et une amie qui m'a devinée, fit-elle, en offrant à Jeanne sa main, sur laquelle se précipita la comtesse.

Puis, comme elle allait sortir, — après avoir encore hésité : — Comtesse, dit-elle tout bas, comme si elle avait peur de ce qu'elle disait, vous instruirez monsieur de Rohan qu'il sera bien venu à Versailles, et que j'ai des remercîmens à lui faire.

Jeanne s'élança hors de l'appartement, non pas ivre, mais insensée de joie et d'orgueil satisfait.

Elle serrait les billets de caisse comme un vautour sa proie volée.

XXVI.

LE PORTEFEUILLE DE LA REINE.

Cette fortune, au propre et au figuré, que portait Jeanne de Valois, nul n'en sentit l'importance plus que les chevaux qui la ramenèrent de Versailles.

Si jamais chevaux pressés de gagner un prix volèrent dans la carrière, ce furent ces deux pauvres chevaux de carrosse de louage.

Leur cocher, stimulé par la comtesse, leur fit croire qu'ils étaient les légers quadrupèdes du pays d'Elis, et qu'il y avait à gagner deux talens d'or pour le maître, triple ration d'orge mondé pour eux.

Le cardinal n'était pas encore sorti, quand madame de La Motte arriva chez lui, tout au milieu de son hôtel et de son monde.

Elle se fit annoncer plus cérémonieusement qu'elle n'avait fait chez la reine.

— Vous venez de Versailles? dit-il.

— Oui, monseigneur.

Il la regardait, elle était impénétrable.

Elle vit son frisson, sa tristesse, son malaise : elle n'eut pitié de rien.

— Eh bien? fit-il.

— Eh bien! voyons, monseigneur, que désirez-vous? Parlez un peu, afin que je ne me fasse pas trop de reproches.

— Ah! comtesse, vous me dites cela d'un air!..

— Attristant, n'est-ce pas?

— Tuant.

— Vous vouliez que je visse la reine?

— Oui.

— Je l'ai vue.

— Vous vouliez qu'elle me laissât parler de vous, elle qui, plusieurs fois, avait témoigné son éloignement pour vous et son mécontentement en entendant prononcer votre nom?

— Je vois qu'il faut, si j'ai eu ce désir, renoncer à le voir exaucé.

— Non, la reine m'a parlé de vous.

— Ou plutôt vous avez été assez bonne pour lui parler de moi?

— Il est vrai.

— Et Sa Majesté a écouté?

— Cela mérite explication.

— Ne me dites pas un mot de plus, comtesse, je vois combien Sa Majesté a eu de répugnance...

— Non, pas trop... J'ai osé parler du collier.

— Osé dire que j'ai pensé...

— A l'acheter pour elle, oui.

— Oh! comtesse, c'est sublime! Et elle a écouté?

— Mais oui.

— Vous lui avez dit que je lui offrais ces diamans?
— Elle a refusé net.
— Je suis perdu.
— Refusé d'accepter le don, oui ; mais le prêt...
— Le prêt!... Vous auriez tourné si délicatement l'offre?
— Si délicatement, qu'elle a accepté.
— Je prête à la reine, moi!... comtesse, est-il possible?
— C'est plus que si vous donniez, n'est-ce pas?
— Mille fois.
— Je le pensais bien. Toutefois Sa Majesté accepte.

Le cardinal se leva, puis se rassit. Il vint encore jusqu'à Jeanne, et, lui prenant les mains :

— Ne me trompez pas, dit-il, songez qu'avec un mot, vous pouvez faire de moi le dernier des hommes.

— On ne joue pas avec des passions, monseigneur ; bon avec le ridicule ; et les hommes de votre rang et de votre mérite ne peuvent jamais être ridicules.

— C'est vrai. Alors ce que vous me dites...
— Est l'exacte vérité.
— J'ai un secret avec la reine?
— Un secret... mortel.

Le cardinal courut à Jeanne, et lui serra la main tendrement.

— J'aime cette poignée de main, dit la comtesse, elle est d'un homme à un homme.

— Elle est d'un homme heureux à un ange protecteur.
— Monseigneur, n'exagérez rien.
— Oh ! si fait, ma joie, ma reconnaissance... jamais...
— Mais vous exagérez l'une et l'autre. Prêter un million et demi à la reine, n'est-ce que cela qu'il vous fallait?

Le cardinal soupira.

— Buckingham eût demandé autre chose à Anne d'Autriche, monseigneur, après ses perles semées sur le parquet de la chambre royale.

— Ce que Buckingham a eu, comtesse, je ne veux pas même le souhaiter, fût-ce en rêve.

— Vous vous expliquerez de cela, monseigneur, avec la reine, car elle m'a donné ordre de vous avertir qu'elle vous verrait avec plaisir à Versailles.

L'imprudente n'eut pas plutôt laissé échapper ces mots, que le cardinal blanchit comme un adolescent sous le premier baiser d'amour.

Le fauteuil qui se trouvait à sa portée, il le prit en tâtonnant comme un homme ivre.

— Ah! ah! pensa Jeanne, c'est encore plus sérieux que je ne croyais ; j'avais rêvé le duché, la pairie, cent mille livres de rentes, j'irai jusqu'à la principauté, jusqu'au demi million de rente ; car monsieur de Rohan ne travaille ni par ambition, ni par avarice, il travaille par amour!

Monsieur de Rohan se remit vite. La joie n'est pas une maladie qui dure longtemps, et comme c'était un esprit solide, il jugea convenable de parler affaire avec Jeanne, afin de lui faire oublier qu'il venait de parler amour.

Elle le laissa faire.

— Mon amie, dit-il en serrant Jeanne dans ses bras, que prétend faire la reine de ce prêt que vous lui avez supposé?

— Vous me demandez cela parce que la reine est censée n'avoir pas d'argent?

— Tout juste.

— Eh bien! elle prétend vous payer comme si elle payait Bœhmer, avec cette différence que si elle avait acheté de Bœhmer, tout Paris le saurait, chose impossible depuis le fameux mot du vaisseau, et que si elle faisait faire la moue au roi, toute la France ferait la grimace. La reine veut donc avoir en détail les diamans, et les payer en détail. Vous lui en fournirez l'occasion ; vous êtes pour elle un caissier discret, un caissier solvable, dans le cas où elle se trouverait embarrassée, voilà tout ; elle est heureuse et elle paie, n'en demandez pas davantage.

— Elle paie. Comment?

— La reine, femme qui comprend tout, sait bien que vous avez des dettes, monseigneur; et puis elle est fière, ce n'est pas une amie qui reçoive des présens... Quand je lui ai dit que vous aviez avancé deux cent cinquante mille livres...

— Vous le lui avez dit?

— Pourquoi pas.

— C'était lui rendre tout de suite l'affaire impossible.

— C'était lui procurer le moyen, la raison de l'accepter. Rien pour rien, voilà la devise de la reine.

— Mon Dieu !

Jeanne fouilla tranquillement dans sa poche et en tira le portefeuille de Sa Majesté.

— Qu'est cela? dit monsieur de Rohan.

— Un portefeuille qui renferme des billets de caisse pour deux cent cinquante mille livres.

— Mais oui.

— Et la reine vous les adresse avec un beau merci.

— Oh !

— Le compte y est. J'ai compté.

— Il s'agit bien de cela.

— Mais que regardez-vous?

— Je regarde ce portefeuille, que je ne vous connaissais pas.

— Il vous plaît. Cependant il n'est ni beau ni riche.

— Il me plaît, je ne sais pourquoi.

— Vous avez bon goût.

— Vous me raillez? En quoi dites-vous que j'ai bon goût?

— Sans doute, puisque vous avez le même goût que la reine.

— Ce portefeuille...

— Etait à la reine, monseigneur...

— Y tenez-vous?

— Oh ! beaucoup.

Monsieur de Rohan soupira.

— Cela se conçoit, dit-il.

— Cependant, s'il vous faisait plaisir, dit la comtesse avec ce sourire qui perd les saints.

— Vous n'en doutez pas, comtesse ; mais je ne veux pas vous en priver.

— Prenez-le.

— Comtesse ! s'écria le cardinal entraîné par sa joie, vous êtes l'amie la plus précieuse, la plus spirituelle, la plus...

— Oui, oui.

— Et c'est entre nous...

— A la vie, à la mort! on dit toujours cela. Non, je n'ai qu'un mérite.

— Lequel donc ?

— Celui d'avoir fait vos affaires avec assez de bonheur et avec beaucoup de zèle.

— Si vous n'aviez que ce bonheur-là, mon amie, je dirais que je vous vaux presque, attendu que moi, tandis que vous alliez à Versailles, pauvre chère, j'ai aussi travaillé pour vous.

Jeanne regarda le cardinal avec surprise.

— Oui, une misère, fit-il. Un homme est venu, mon banquier, me proposer des actions sur je ne sais quelle affaire de marais à dessécher ou à exploiter.

— Ah!

— C'était un profit certain; j'ai accepté.

— Et bien vous fîtes.

— Oh ! vous allez voir que je vous place toujours dans ma pensée au premier rang.

— Au deuxième, c'est encore plus que je ne mérite. Mais voyons.

— Mon banquier m'a donné deux cents actions, j'en ai pris le quart pour vous, les dernières.

— Oh ! monseigneur.

— Laissez-moi donc faire. Deux heures après il est revenu. Le fait seul du placement de ces actions en ce jour avait déterminé une hausse de cent pour cent. Il me donna cent mille livres.

— Belle spéculation.

— Dont voici votre part, chère comtesse, je veux dire chère amie.

Et du paquet de deux cent cinquante mille livres données par la reine, il glissa vingt-cinq mille livres dans la main de Jeanne.

— C'est bien, monseigneur, donnant donnant. Ce qui me flatte le plus c'est que vous avez pensé à moi.

— Il en sera toujours de même, répliqua le cardinal en lui baisant la main.

— Attendez-vous à la pareille, dit Jeanne... Monseigneur, à bientôt, à Versailles.

Et elle partit, après avoir donné au cardinal la liste des échéances choisies par la reine, et dont la première, à un mois de date, faisait une somme de cinq cent mille livres.

XXVII.

OU L'ON RETROUVE LE DOCTEUR LOUIS.

Peut-être nos lecteurs, en se rappelant dans quelle position difficile nous avons laissé monsieur de Charny, nous sauront-ils quelque gré de les ramener dans cette antichambre des petits appartemens de Versailles, dans laquelle le brave marin, que ni les hommes ni les élémens n'avaient jamais intimidé, avait fui de peur de se trouver mal devant trois femmes : — la reine, Andrée, madame de La Motte.

Arrivé au milieu de l'antichambre, monsieur de Charny avait en effet compris qu'il lui était impossible d'aller plus loin. Il avait, tout chancelant, étendu les bras. On s'était aperçu que les forces lui manquaient, et l'on était venu à son secours.

C'était alors que le jeune officier s'était évanoui, et au bout de quelques instans était revenu à lui, sans se douter que la reine l'avait vu, et peut-être fût accourue à lui dans un premier mouvement d'inquiétude, si Andrée ne l'eût arrêtée, bien plus encore par une jalousie ardente que par un froid sentiment des convenances.

Au reste, bien avait pris à la reine de rentrer dans sa chambre à l'avis donné par Andrée, quel que fût le sentiment qui eût dicté cet avis, car à peine la porte s'était-elle refermée sur elle, qu'à travers son épaisseur elle entendit le cri de l'huissier :

— Le roi !

C'était en effet le roi qui allait de ses appartemens à la terrasse, et qui voulait, avant le conseil, visiter ses équipages de chasse, qu'il trouvait un peu négligés depuis quelque temps.

En entrant dans l'antichambre, le roi, qui était suivi de quelques officiers de sa maison, s'arrêta ; il voyait un homme renversé sur l'appui d'une fenêtre, et dans une position à alarmer les deux gardes-du-corps qui lui portaient secours, et qui n'avaient pas l'habitude de voir s'évanouir pour rien des officiers.

Aussi, tout en soutenant monsieur de Charny, criaient-ils :

— Monsieur ! monsieur ! qu'avez-vous donc ?

Mais la voix manquait au malade, et il lui était impossible de répondre.

Le roi, comprenant à ce silence la gravité du mal, accéléra sa marche.

— Mais oui, dit-il, oui, c'est quelqu'un qui perd connaissance.

A la voix du roi, les deux gardes se retournèrent, et par un mouvement machinal lâchèrent monsieur de Charny qui, soutenu par un reste de force, tomba ou plutôt se laissa aller sur les dalles avec un gémissement.

— Oh ! messieurs, dit le roi, que faites-vous donc ?

On se précipita. On releva doucement monsieur de Charny qui avait complétement perdu connaissance, et on l'étendit sur un fauteuil.

— Oh ! mais, s'écria le roi tout à coup en reconnaissant le jeune officier, c'est monsieur de Charny !

— Monsieur de Charny ? s'écrièrent les assistans.

— Oui, le neveu de monsieur de Suffren.

Ces mots firent un effet magique. Charny fut en un moment inondé d'eaux de senteurs ni plus ni moins que s'il se fût trouvé au milieu de dix femmes. Un médecin avait été mandé, il examina vivement le malade.

Le roi, curieux de toute science et compâtissant à tous

les maux, ne voulut pas s'éloigner; il assistait à la consultation.

Le premier soin du médecin fut d'écarter la veste et la chemise du jeune homme, afin que l'air touchât sa poitrine; mais, en accomplissant cet acte, il trouva ce qu'il ne cherchait point.

— Une blessure! dit le roi redoublant d'intérêt et s'approchant de manière à voir de ses propres yeux.

— Oui, oui, murmura monsieur de Charny en essayant de se soulever, et en promenant autour de lui des yeux affaiblis, une blessure ancienne qui s'est rouverte. Ce n'est rien... rien...

Et sa main serrait imperceptiblement les doigts du médecin.

Un médecin comprend et doit comprendre tout. Celui-là n'était pas un médecin de cour, mais un chirurgien des communs de Versailles. Il voulut se donner de l'importance.

— Oh! ancienne... cela vous plaît à dire, monsieur; les lèvres sont trop fraîches, le sang est trop vermeil : cette blessure n'a pas vingt-quatre heures.

Charny, à qui cette contradiction rendit ses forces, se remit sur ses pieds et dit :

— Je ne suppose pas que vous m'appreniez à quel moment j'ai reçu ma blessure, monsieur ; je vous dis et je vous répète qu'elle est ancienne.

Alors, en ce moment, il aperçut et reconnut le roi. Il boutonna sa veste, comme honteux d'avoir eu un aussi illustre spectateur de sa faiblesse.

— Le roi! dit-il.

— Oui, monsieur de Charny, oui, moi-même, qui bénis le ciel d'être venu ici pour vous apporter un peu de soulagement.

— Une égratignure, sire, balbutia Charny ; une ancienne blessure, sire, voilà tout.

— Ancienne ou nouvelle, dit Louis XVI, la blessure m'a fait voir votre sang, sang précieux d'un brave gentilhomme.

— A qui deux heures dans son lit rendront la santé,

ajouta Charny, et il voulut se lever encore ; mais il avait compté sans ses forces. Le cerveau embarrassé, les jambes vacillantes, il ne se souleva que pour retomber aussitôt dans le fauteuil.

— Allons, dit le roi, il est bien malade.

— Oh ! oui, fit le médecin d'un air fin et diplomate, qui sentait sa pétition d'avancement ; mais cependant on peut le sauver.

Le roi était honnête homme ; il avait deviné que Charny cachait quelque chose. Ce secret lui était sacré. Tout autre l'eût été cueillir aux lèvres du médecin qui l'offrait si obligeamment ; mais Louis XVI préféra laisser le secret à son propriétaire.

— Je ne veux pas, dit-il, que monsieur de Charny coure aucun risque en retournant chez lui. On soignera monsieur de Charny à Versailles ; on appellera vite son oncle, monsieur de Suffren, et quand on aura remercié monsieur de ses soins, et il désignait l'officieux médecin, on ira chercher le chirurgien de ma maison, le docteur Louis. Il est, je crois, de quartier.

Un officier courut exécuter les ordres du roi. Deux autres s'emparèrent de Charny et le transportèrent au bout de la galerie, dans la chambre de l'officier des gardes.

Cette scène se passa plus vite que celle de la reine et de monsieur de Crosne.

Monsieur de Suffren fut mandé, le docteur Louis appelé en remplacement du surnuméraire.

Nous connaissons cet honnête homme, sage et modeste, intelligence moins brillante qu'utile, courageux laboureur de ce champ immense de la science, où celui-là est plus honoré qui récolte le grain, où celui-là n'est pas moins honorable qui ouvre le sillon.

Derrière le chirurgien, penché déjà sur son client, s'empressait le bailli de Suffren, à qui une estafette venait d'apporter la nouvelle.

L'illustre marin ne comprenait rien à cette syncope, à ce malaise subit.

Lorsqu'il eut pris la main de Charny et regardé ses yeux ternes :

13.

— Étrange! dit-il, étrange! Savez-vous, docteur, que jamais mon neveu n'a été malade.

— Cela ne prouve rien, monsieur le bailli, dit le docteur.

— L'air de Versailles est donc bien lourd, car, je vous le répète, j'ai vu Olivier en mer pendant dix ans, et toujours vigoureux, droit comme un mât.

— C'est sa blessure, dit un des officiers présens.

— Comment sa blessure! s'écria l'amiral; Olivier n'a jamais été blessé de sa vie.

— Oh! pardon, répliqua l'officier en montrant la batiste rougie; mais je croyais...

Monsieur de Suffren vit du sang.

— C'est bon, c'est bon, fit avec une brusquerie familière le docteur, qui venait de sentir le pouls de son malade, n'allons-nous pas discuter l'origine du mal? Nous avons le mal, contentons-nous-en, et guérissons-le si c'est possible.

Le bailli aimait les propos sans réplique; il n'avait pas accoutumé les chirurgiens de ses équipages à ouater leurs paroles.

— Est-ce bien dangereux, docteur? demanda-t-il avec plus d'émotion qu'il n'en voulait montrer.

— A peu près comme une coupure de rasoir au menton.

— Bien. Remerciez le roi, messieurs. Olivier, je te reviendrai voir.

Olivier remua les yeux et les doigts, comme pour remercier à la fois son oncle qui le quittait, et le docteur qui lui faisait lâcher prise.

Puis, heureux d'être dans un lit, heureux de se voir abandonné à un homme plein d'intelligence et de douceur, il feignit de s'endormir.

Le docteur renvoya tout le monde.

Le fait est qu'Olivier s'endormit, non sans avoir remercié le ciel de tout ce qui lui était arrivé, ou plutôt de ce qui ne lui était pas advenu de mal en des circonstances si graves.

La fièvre s'était emparée de lui, cette fièvre régénératrice merveilleuse de l'humanité, sève éternelle qui fleurit dans le sang de l'homme, et, servant les desseins de Dieu, c'est-à-dire de l'humanité, fait germer la santé dans le malade, ou emporte le vivant au milieu de la santé.

Quand Olivier eut bien ruminé, avec cette ardeur des fiévreux, sa scène avec Philippe, sa scène avec la reine, sa scène avec le roi, il tomba dans un cercle terrible que le sang furieux vient jeter comme un filet sur l'intelligence... Il délira.

Trois heures après, on eût pu l'entendre de la galerie où se promenaient quelques gardes ; ce que remarquant le docteur, il appela son laquais et lui commanda de prendre Olivier dans ses bras. Olivier poussa quelques cris plaintifs.

— Roule-lui la couverture sur la tête.

— Et qu'en ferai-je ? dit le valet. Il est trop lourd et se défend trop. Je vais demander assistance à l'un de messieurs les gardes.

— Vous êtes une poule mouillée, si vous avez peur d'un malade, dit le vieux docteur.

— Monsieur...

— Et si vous le trouvez trop lourd, c'est que vous n'êtes pas fort comme je l'avais cru. Je vous renverrai donc en Auvergne.

La menace fit son effet. Charny, criant, hurlant, délirant et gesticulant, fut enlevé comme une plume par l'Auvergnat à la vue des gardes-du-corps.

Ceux-ci questionnaient Louis et l'entouraient.

— Messieurs, dit le docteur en criant plus fort que Charny pour couvrir ses cris, vous entendez bien que je n'irai pas faire une lieue toutes les heures pour visiter ce malade que le roi m'a confié. Votre galerie est au bout du monde.

— Où le conduisez-vous, alors, docteur ?

— Chez moi, comme un paresseux que je suis. J'ai ici, vous le savez, deux chambres ; je le coucherai dans l'une d'elles, et après-demain, si personne ne se mêle de lui, je vous en rendrai compte.

— Mais, docteur, dit l'officier, je vous assure qu'ici le

malade est très bien; nous aimons tous monsieur de Suffren, et...

— Oui, oui, je connais ces soins-là de camarade à camarade. Le blessé a soif, on est bon pour lui ; on lui donne à boire, et il meurt. Au diable les bons soins de messieurs les gardes ! On m'a tué ainsi dix malades.

Le docteur parlait encore que déjà Olivier ne pouvait plus être entendu.

— Oui-da ! poursuivit le digne médecin, c'est fort bien fait, c'est puissamment raisonné. Il n'y a qu'un malheur à cela, c'est que le roi voudra voir le malade... Et s'il le voit... il l'entendra... Diable ! il n'y a pas à hésiter. Je vais prévenir la reine, elle me donnera un conseil.

Le bon docteur ayant pris cette résolution avec cette promptitude d'homme à qui la nature compte les secondes, inonda d'eau fraîche le visage du blessé, le plaça dans un lit de façon à ce qu'il ne se tuât pas en remuant ou en tombant. Il mit un cadenas aux volets, ferma la porte de la chambre à double tour, et, la clef dans sa poche, se rendit chez la reine, après s'être assuré, en écoutant au dehors, que pas un des cris d'Olivier ne pouvait être perçu ou compris.

Il va sans dire que, pour plus de précaution, l'Auvergnat était enfermé avec le malade.

Il trouva juste à cette porte madame de Misery, que la reine expédiait pour prendre des nouvelles du blessé.

Elle insistait pour entrer.

— Venez, venez, madame, dit-il, je sors.

— Mais, docteur, la reine attend !

— Je vais chez la reine, madame.

— La reine désire...

— La reine en saura tout autant qu'elle en désire savoir ; c'est moi qui vous le dis, madame. Allons.

Et il fit si bien, qu'il força la dame de Marie-Antoinette à courir pour arriver en même temps que lui.

XXVIII.

ÆGRI SOMNIA.

La reine attendait la réponse de madame de Misery, elle n'attendait pas le docteur.

Celui-ci entra avec sa familiarité accoutumée.

— Madame, dit-il tout haut, le malade, auquel le roi et Votre Majesté s'intéressent, va aussi bien qu'on va quand on a la fièvre.

La reine connaissait le docteur; elle savait toute son horreur pour les gens qui, disait-il, poussent des cris entiers quand ils ressentent des demi-souffrances.

Elle se figura que monsieur de Charny avait un peu outré sa position. Les femmes fortes sont disposées à trouver faibles les hommes forts.

— Le blessé, dit-elle, est un blessé pour rire.

— Eh! eh! fit le docteur.

— Une égratignure...

— Mais non, non, madame; enfin, égratignure ou blessure, tout ce que je sais, c'est qu'il a la fièvre.

— Pauvre garçon ! Une fièvre assez forte?

— Une fièvre terrible.

— Bah! fit la reine avec effroi; je ne pensais pas que, comme cela... tout de suite... la fièvre...

Le docteur regarda un moment la reine.

— Il y a fièvre et fièvre, répliqua-t-il.

— Mon cher Louis, tenez, vous m'effrayez. Vous qui d'ordinaire êtes si rassurant, je ne sais vraiment ce que vous avez ce soir.

— Rien d'extraordinaire.

— Ah ! par exemple ! vous vous retournez, et vous regardez de droite et de gauche, vous avez l'air d'un homme qui voudrait me confier un grand secret.

— Eh ! qui dit non ?

— Vous voyez bien ; un secret à propos de fièvre !

— Mais, oui.

— De la fièvre de monsieur de Charny.

— Mais, oui.

— Et vous me cherchez pour ce secret ?

— Mais, oui.

— Vite au fait. Vous savez que je suis curieuse. Tenez, commençons par le commencement.

— Comme Petit-Jean, n'est-ce pas ?

— Oui, mon cher docteur.

— Eh bien ! madame...

— Eh bien ! j'attends, docteur.

— Non, c'est moi qui attends.

— Quoi ?

— Que vous me questionniez, madame. Je ne raconte pas bien, mais si on me fait des demandes, je réponds comme un livre.

— Eh bien ! je vous ai demandé comment va la fièvre de monsieur de Charny.

— Non, c'est mal débuté. Demandez-moi d'abord comment il se fait que monsieur de Charny soit chez moi, dans une de mes deux petites chambres, au lieu d'être dans la galerie ou dans le poste de l'officier des gardes.

— Soit, je vous le demande. En effet, c'est étonnant.

— Eh bien ! madame, je n'ai pas voulu laisser monsieur de Charny dans cette galerie, dans ce poste, comme vous voudrez, parce que monsieur de Charny n'est pas un fiévreux ordinaire.

La reine fit un geste de surprise.

— Que voulez-vous dire ?

— Monsieur de Charny, quand il a la fièvre, délire tout de suite.

— Oh ! fit la reine, en joignant les mains.

— Et, poursuivit Louis en se rapprochant de la reine, lorsqu'il délire, le pauvre jeune homme! il dit une foule de choses extrêmement délicates à entendre pour messieurs les gardes du roi ou toute autre personne.

— Docteur !

— Ah ! dame ! il ne fallait pas me questionner, si vous ne vouliez pas que je répondisse.

— Dites toujours, cher docteur.

Et la reine prit la main du bon savant.

— Ce jeune homme est un athée, peut-être, et, dans son délire, il blasphème.

— Non pas, non pas. Il a, au contraire, une religion très profonde.

— Il y aurait exaltation peut-être dans ses idées ?

— Exaltation, c'est le mot.

La reine composa son visage, et prenant ce superbe sang-froid qui accompagne toujours les actes des princes habitués au respect des autres et à l'estime d'eux-mêmes, faculté indispensable aux grands de la terre pour dominer et ne pas se trahir :

— Monsieur de Charny, dit-elle, m'est recommandé. Il est le neveu de monsieur de Suffren, notre héros. Il m'a rendu des services ; je veux être à son égard comme serait une parente, une amie. Dites-moi donc la vérité ; je dois et je veux l'entendre.

— Mais, moi, je ne puis vous la dire, répliqua Louis, et puisque Votre Majesté tient si fort à la connaître, je ne sais qu'un moyen, c'est que Votre Majesté entende elle-même. De cette façon, si quelque chose est dit à tort par ce jeune homme, la reine n'en voudra ni à l'indiscret qui aura laissé pénétrer le secret, ni à l'imprudent qui l'aura étouffé.

— J'aime votre amitié, s'écria la reine, et crois dès à présent que monsieur de Charny dit des choses étranges dans son délire...

— Des choses qu'il est urgent que Votre Majesté entende pour les apprécier, fit le bon docteur.

Et il prit doucement la main émue de la reine.

— Mais d'abord, prenez garde, s'écria la reine, je ne fais point ici un pas sans avoir quelque charitable espion derrière moi.

— Vous n'aurez que moi, ce soir. Il s'agit de traverser mon corridor, qui a une porte à chaque extrémité. Je fermerai celle par laquelle nous entrerons, et nul ne sera près de nous, madame.

— Je m'abandonne à mon cher docteur, fit la reine.

Et prenant le bras de Louis, elle se glissa hors des appartemens toute palpitante de curiosité.

Le docteur tint sa promesse. Jamais roi, marchant au combat ou faisant une reconnaissance dans une ville de guerre ; jamais reine, escortée en aventure, ne fut plus vulgairement éclairée par un capitaine des gardes ou un grand-officier du palais.

Le docteur ferma la première porte, s'approcha de la deuxième, à laquelle il colla son oreille.

— Eh bien ! dit la reine, c'est donc là qu'est votre malade ?

— Non pas, madame, il est dans la seconde pièce. Oh ! s'il était dans celle-ci, vous l'eussiez entendu du bout du corridor. Ecoutez déjà de cette porte.

On entendait, en effet, le murmure inarticulé de quelques plaintes.

— Il gémit, il souffre, docteur.

— Non pas, non pas, il ne gémit pas du tout. Il parle bel et bien. Tenez, je vais ouvrir cette porte.

— Mais je ne veux pas entrer près de lui, s'écria la reine en se rejetant en arrière.

— Ce n'est pas non plus cela que je vous propose, dit le docteur. Je vous parle seulement d'entrer dans la première chambre, et de là, sans crainte d'être vue ou de voir, vous entendrez tout ce qui se dira chez le blessé.

— Tous ces mystères, toutes ces préparations me font peur, murmura la reine.

— Que sera-ce donc lorsque vous aurez entendu ! répliqua le docteur.

Et il entra seul près de Charny.

Vêtu de sa culotte d'uniforme, dont le bon docteur avait dénoué les boucles, sa jambe nerveuse et fine prise dans un bas de soie aux spirales d'opale et de nacre, ses bras étendus comme ceux d'un cadavre, et tout raides dans les manches de batiste froissée, Charny essayait de soulever sur l'oreiller sa tête plus lourde que si elle eût été de plomb.

Une sueur bouillante ruisselait en perles sur son front, et collait à ses tempes les boucles dénouées de ses cheveux.

Abattu, écrasé, inerte, il n'était plus qu'une pensée, qu'un sentiment, qu'un reflet ; son corps ne vivait plus que sur cette flamme, toujours animée et s'irritant elle-même dans son cerveau, comme le lumignon dans la veilleuse d'albâtre.

Ce n'est pas une vaine comparaison que nous avons choisie, car cette flamme, seule existence de Charny, éclairait fantastiquement et d'une façon adoucie certains détails que la mémoire seule n'eût pas traduits en longs poèmes.

Charny en était à se raconter lui-même son entrevue dans le fiacre avec la dame allemande rencontrée de Paris à Versailles.

— Allemande ! Allemande ! répétait-il toujours.

— Oui. Allemande, nous savons cela, dit le docteur, route de Versailles.

— Reine de France, s'écria-t-il tout à coup.

— Eh ! fit Louis en regardant dans la chambre de la reine. Rien que cela. Qu'en dites-vous, madame ?

— Voilà ce qu'il y a d'affreux, murmura Charny ; c'est d'aimer un ange, une femme, de l'aimer follement, de donner sa vie pour elle, et de n'avoir plus en face, quand on s'approche, qu'une reine de velours et d'or, un métal ou une étoffe, pas de cœur !

— Oh ! fit le docteur en riant d'un rire forcé.

Charny ne fit pas attention à l'interruption.

— J'aimerais, dit-il, une femme mariée. Je l'aimerais avec cet amour sauvage qui fait que l'on oublie tout. Eh bien !... je dirais à cette femme : il nous reste quelques beaux jours sur cette terre; ceux qui nous attendent en dehors de l'amour vaudront-ils ces jours-là ! Viens, ma bien-aimée, tant que tu m'aimeras et que je t'aimerai, ce sera la vie des élus. Après, eh bien ! après, ce sera la mort, c'est-à-dire la vie que nous avons en ce moment.

Donc gagnons les bénéfices de l'amour.

— Pas mal raisonné pour un fiévreux, murmura le docteur, bien que cette morale fût des moins serrées.

— Mais ses enfans !... s'écria tout à coup Charny avec rage ; elle ne laissera pas ses deux enfans.

— Voilà l'obstacle, *hic nodus*, fit Louis en étanchant la sueur du front de Charny, avec un sublime mélange de raillerie et de charité.

— Oh ! reprit le jeune homme insensible à tout, des enfans, cela s'emportera bien dans le pan d'un manteau de voyage, des enfans !...

— Voyons, Charny, puisque tu emportes la mère, elle, plus légère qu'une plume de fauvette, dans tes bras ; puisque tu la soulèves sans rien sentir qu'un frisson d'amour au lieu d'un fardeau, est-ce que tu n'emporterais pas aussi les enfans de Marie... Ah !...

Il poussa un cri terrible.

— Les enfans d'un roi, c'est si lourd qu'on en sentirait le vide dans une moitié du monde.

Louis quitta son malade et s'approcha de la reine.

Il la trouva debout, froide et tremblante ; il lui prit la main ; elle avait aussi le frisson.

— Vous aviez raison, dit-elle. C'est plus que du délire, c'est un danger réel que court ce jeune homme si on l'entendait.

— Ecoutez ! écoutez ! poursuivit le docteur.

— Non, plus un mot.

— Il s'adoucit. Tenez, le voilà qui prie.

En effet, Charny venait de se soulever et joignait les mains ; il fixait de grands yeux étonnés dans le vague et le chimérique infini.

— Marie, dit-il d'une voix vibrante et douce, Marie, j'ai

bien senti que vous m'aimiez. Oh ! je n'en dirai rien. Votre pied, Marie, s'est approché du mien dans le fiacre, et je me suis senti mourir. Votre main a descendu sur la mienne.... là... là... je n'en dirai rien, c'est le secret de ma vie. Mon sang a beau couler, Marie, de ma blessure, le secret ne sortira pas avec lui.

Mon ennemi a trempé son épée dans mon sang ; mais s'il a un peu de mon secret à moi, il n'a rien du vôtre. Ne craignez donc rien, Marie ; ne me dites même pas que vous m'aimez : c'est inutile : puisque vous rougissez, vous n'avez rien à m'apprendre.

— Oh ! oh ! fit le docteur. Ce n'est plus seulement de la fièvre alors ; voyez comme il est calme... c'est...

— C'est ?... fit la reine avec inquiétude.

— C'est une extase, madame : l'extase ressemble à la mémoire. C'est en effet la mémoire d'une âme lorsqu'elle se souvient du ciel.

— J'en ai entendu assez, murmura la reine si troublée qu'elle essaya de fuir.

Le docteur l'arrêta violemment par la main.

— Madame, madame, dit-il, que voulez-vous ?

— Rien, docteur ; rien.

— Mais si le roi veut voir son protégé.

— Ah ! oui. Oh ! ce serait un malheur.

— Que dirai-je ?

— Docteur, je n'ai pas une idée, je n'ai pas une parole ; ce spectacle affreux m'a navrée.

— Et vous lui avez pris sa fièvre à cet extatique, dit tout bas le docteur : il y a là cent pulsations au moins.

La reine ne répondit pas, dégagea sa main et disparut.

XXIX.

OU IL EST DÉMONTRÉ QUE L'AUTOPSIE DU COEUR EST PLUS DIFFICILE QUE CELLE DU CORPS.

Le docteur demeura pensif, regardant s'éloigner la reine.

Puis à lui-même et en secouant la tête :

— Il y a dans ce château, murmura-t-il, des mystères qui ne sont pas du ressort de la science. Contre les uns, je m'arme de la lancette et je leur perce la veine pour les guérir ; contre les autres, je m'arme du reproche et leur perce le cœur : les guérirai-je ?

Puis, comme l'accès était passé, il ferma les yeux de Charny, restés ouverts et hagards, lui rafraîchit les tempes avec de l'eau et du vinaigre, et disposa autour de lui ces soins qui changent l'atmosphère brûlante du malade en un paradis de délices.

Alors ayant vu le calme revenir sur les traits du blessé, remarquant que ses sanglots se changeaient tout doucement en soupirs, que de vagues syllabes s'échappaient de sa bouche au lieu de furieuses paroles :

— Oui, oui, il y avait non-seulement sympathie, mais encore influence, dit-il ; ce délire s'était levé comme pour venir au-devant de la visite que le malade a reçue ; oui, les atomes humains se déplacent comme dans le règne végétal les poussières fécondantes; oui, la pensée a des communications invisibles, les cœurs ont des rapports secrets.

Tout à coup il tressaillit, et se retourna à moitié, écoutant à la fois de l'oreille et de l'œil.

— Voyons, qui est encore là? murmura-t-il.

En effet, il venait d'entendre comme un murmure et un frôlement de robe à l'extrémité du corridor.

— Il est impossible que ce soit la reine, murmura-t-il; elle ne reviendrait pas sur une résolution probablement invariable. Voyons.

Et il alla doucement ouvrir une autre porte donnant aussi sur le corridor, et avançant la tête sans bruit, il vit à dix pas de lui une femme vêtue de longs habits aux plis immobiles, et pareille à la statue froide et inerte du désespoir.

Il faisait nuit, la faible lumière placée dans le corridor ne pouvait l'éclairer d'un bout à l'autre; mais par une fenêtre passait un rayon de lune qui portait sur elle, et qui la faisait visible jusqu'au moment où un nuage passerait entre elle et le rayon.

Le docteur rentra doucement, franchit l'espace qui séparait une porte de l'autre : puis sans bruit, mais rapidement, il ouvrit celle derrière laquelle cette femme était cachée.

Elle poussa un cri, étendit les mains, et rencontra les mains du docteur Louis.

— Qui est là? demanda-t-il avec une voix où il y avait plus de pitié que de menace; car il devinait, à l'immobilité même de cette ombre, qu'elle écoutait plus encore avec le cœur qu'avec l'oreille.

— Moi, docteur, moi, répondit une voix douce et triste.

Quoique cette voix ne fût pas inconnue au docteur, elle n'éveilla en lui qu'un vague et lointain souvenir.

— Moi, Andrée de Taverney, docteur.

— Ah! mon Dieu! qu'y a-t-il? s'écria le docteur, est-ce qu'elle s'est trouvée mal?

— *Elle!* s'écria Andrée, *Elle!* Qui donc *Elle?*

Le docteur sentit qu'il venait de commettre une imprudence.

— Pardon, mais j'ai vu tout à l'heure une femme s'éloigner. Peut-être était-ce vous?

— Ah! oui, dit Andrée, il est venu une femme avant moi ici, n'est-ce pas?

Et Andrée prononça ces paroles avec une ardente curiosité, qui ne laissa aucun doute au docteur sur le sentiment qui les avait dictées.

— Ma chère enfant, dit le docteur, il me semble que nous jouons aux propos interrompus. De qui me parlez-vous? que me voulez-vous? expliquez-vous?

— Docteur, reprit Andrée avec une voix si triste, qu'elle alla jusqu'au fond du cœur de celui qu'elle interrogeait, bon docteur, n'essayez pas de me tromper, vous qui avez pris l'habitude de me dire la vérité; avouez qu'une femme était ici tout à l'heure, avouez-le moi, aussi bien je l'ai vue.

— Eh! qui vous dit qu'il n'est venu personne?

— Oui; mais une femme, une femme, docteur.

— Sans doute, une femme; à moins que vous ne comptiez soutenir cette thèse qu'une femme n'est femme que jusqu'à l'âge de quarante ans.

— Celle qui est venue avait quarante ans, docteur, s'écria Andrée, respirant pour la première fois; ah!

— Quand je dis quarante ans, je lui fais grâce encore de cinq ou six bonnes années; mais il faut être galant avec ses amies, et madame de Misery est de mes amies, et même de mes bonnes amies.

— Madame de Misery?

— Sans doute.

— C'est bien elle qui est venue?

— Et pourquoi diable! ne vous le dirais-je pas si c'était une autre?

— Oh! c'est que...

— En vérité, les femmes sont toutes les mêmes, inexplicables; je croyais cependant vous connaître, vous particulièrement. Eh bien! non, je ne vous connais pas plus que les autres. C'est à se damner.

— Bon et cher docteur!

— Assez. Venons au fait.

Andrée le regarda avec inquiétude.

— Est-ce qu'elle s'est trouvée plus mal? demanda-t-il.

— Qui cela ?

— Pardieu ! la reine.

— La reine !

— Oui, la reine, pour qui madame de Misery est venue me chercher tout à l'heure ; la reine, qui a ses suffocations, ses palpitations. Triste maladie, ma chère demoiselle, incurable. Donnez-moi donc de ses nouvelles si vous êtes venue de sa part, et retournons auprès d'elle.

Et le docteur Louis fit un mouvement qui indiquait son intention de quitter la place où il se trouvait.

Mais Andrée l'arrêta doucement, et respirant plus à l'aise.

— Non, cher docteur, dit-elle. Je ne viens point de la part de la reine. J'ignorais même qu'elle fût souffrante. Pauvre reine ! si je l'eusse su... Tenez, pardonnez-moi, docteur, mais je ne sais plus ce que je dis.

— Je le vois bien.

— Non-seulement je ne sais plus ce que je dis, mais ce que je fais.

— Oh ! ce que vous faites, moi je le sais : vous vous trouvez mal.

Et, en effet, Andrée avait lâché le bras du docteur ; sa main froide retombait tout le long de son corps ; elle s'inclinait, livide et froide.

Le docteur la redressa, la ranima, l'encouragea.

Andrée alors fit sur elle-même un violent effort. Cette âme vigoureuse, qui ne s'était jamais laissée abattre, ni par la douleur physique, ni par la douleur morale, tendit ses ressorts d'acier.

— Docteur, dit-elle, vous savez que je suis nerveuse, et que l'obscurité me cause d'affreuses terreurs ? Je me suis égarée dans l'obscurité, de là l'état étrange où je me trouve.

— Et pourquoi diable ! vous y exposez-vous, à l'obscurité ? Qui vous y force ? Puisque personne ne vous envoyait ici, puisque rien ne vous y amenait.

— Je n'ai pas dit *rien*, docteur, j'ai dit *personne*.

— Ah ! ah ! des subtilités, ma chère malade. Nous

sommes mal ici pour en faire. Allons ailleurs, surtout si vous en avez pour longtemps.

— Dix minutes, docteur, c'est tout ce que je vous demande.

— Dix minutes, soit, mais pas debout; mes jambes se refusent positivement à ce mode de dialogue ; allons nous asseoir.

— Où cela ?

— Sur la banquette du corridor, si vous voulez.

— Et là personne ne nous entendra, vous croyez, docteur ? demanda Andrée avec effroi.

— Personne.

— Pas même le blessé qui est là ? continua-t-elle du même ton, en indiquant au docteur cette chambre éclairée par un doux reflet bleuâtre, dans laquelle son regard plongeait.

— Non, dit le docteur, pas même ce pauvre garçon, et j'ajouterai que si quelqu'un nous entend, à coup sûr, ce ne sera point celui-là.

Andrée joignit les mains.

— O mon Dieu ! il est donc bien mal ? dit-elle.

— Le fait est qu'il n'est pas bien. Mais parlons de ce qui vous amène ; vite, mon enfant, vite ; vous savez que la reine m'attend.

— Eh bien ! docteur, dit Andrée en poussant un soupir. Nous en parlons, ce me semble.

— Quoi ! M. de Charny ?

— C'est de lui qu'il s'agit, docteur, et je venais vous demander de ses nouvelles.

Le silence avec lequel le docteur Louis accueillit les paroles auxquelles il devait s'attendre cependant fut glacial. En effet, le docteur rapprochait en ce moment la démarche d'Andrée de la démarche de la reine ; il voyait ces deux femmes mues par un même sentiment, et aux symptômes il croyait reconnaître que ce sentiment c'était un violent amour.

Andrée, qui ignorait la visite de la reine, et qui ne pouvait lire dans l'esprit du docteur tout ce qu'il y avait de triste bienveillance et de miséricordieuse pitié, prit le silence du docteur pour un blâme, peut-être un peu durement formulé, et elle se redressa comme d'habitude sous cette pression, toute muette qu'elle fût.

— Cette démarche, vous pouvez l'excuser, ce me semble docteur, dit-elle, car M. de Charny est malade d'une blessure reçue dans un duel, et cette blessure c'est mon frère qui la lui a faite.

— Votre frère ! s'écria le docteur Louis ; c'est M. Philippe de Taverney qui a blessé M. de Charny ?

— Sans doute.

— Oh ! mais j'ignorais cette circonstance.

— Mais maintenant que vous le savez, ne comprenez-vous pas que je doive m'enquérir de l'état dans lequel il se trouve ?

— Oh ! si fait, mon enfant, dit le bon docteur, enchanté de trouver une occasion d'être indulgent. J'ignorais, moi, je ne pouvais deviner la véritable cause.

Et il appuya sur ces derniers mots de manière à prouver à Andrée qu'il n'adoptait ses conclusions que sous toutes réserves.

— Voyons, docteur, dit Andrée en s'appuyant des deux mains au bras de son interlocuteur, et en le regardant en face, voyons, dites toute votre pensée.

— Mais, je l'ai dite. Pourquoi ferais-je des restrictions mentales ?

— Un duel entre gentilshommes c'est chose banale, c'est un événement de tous les jours.

— La seule chose qui pourrait donner de l'importance à ce duel, ce serait le cas où nos deux jeunes gens se seraient battus pour une femme.

— Pour une femme, docteur ?

— Oui. Pour vous, par exemple.

— Pour moi ! Andrée poussa un profond soupir. Non, docteur, ce n'est pas pour moi que M. de Charny s'est battu.

Le docteur eut l'air de se contenter de la réponse, mais, d'une façon ou de l'autre, il voulut avoir l'explication du soupir.

— Alors, dit-il, je comprends, c'est votre frère qui vous

a envoyée pour avoir un bulletin exact de la santé du blessé.

— Oui ! c'est mon frère ! oui, docteur, s'écria Andrée.

Le docteur la regarda à son tour en face.

— Oh ! ce que tu as dans le cœur, âme inflexible, je vais bien le savoir, murmura-t-il.

Puis, tout haut :

— Eh bien donc ! dit-il, je vais vous dire toute la vérité, comme on la doit à toute personne intéressée à la connaître. Reportez-la à votre frère, et qu'il prenne ses arrangemens en conséquence... Vous comprenez.

— Non, docteur, car je cherche ce que vous voulez dire par ces mots : Qu'il prenne ses arrangemens en conséquence.

— Voici... Un duel, même à présent, n'est pas chose agréable au roi. Le roi ne fait plus observer les édits, c'est vrai ; mais quand un duel a fait scandale, Sa Majesté bannit ou emprisonne.

— C'est vrai, docteur.

— Et quand, par malheur, il y a eu mort d'homme ; oh ! alors, le roi est impitoyable. Eh bien ! conseillez à votre cher frère de se mettre à couvert pour un temps donné.

— Docteur, s'écria Andrée, docteur, M. de Charny est donc bien mal ?

— Écoutez, chère demoiselle, je vous ai promis la vérité, la voici : Vous voyez bien ce pauvre garçon qui dort là-bas ou plutôt qui râle dans cette chambre ?

— Docteur, oui, répartit Andrée d'une voix étranglée ; eh bien ?...

— Eh bien ! s'il n'est pas sauvé demain à pareille heure, si la fièvre qui vient de naître et qui le dévore n'a pas cessé, M. de Charny, demain à pareille heure, sera un homme mort.

Andrée sentit qu'elle allait pousser un cri, elle se serra la gorge, elle s'enfonça les ongles dans les chairs, pour éteindre dans la douleur physique un peu de cette angoisse qui lui déchirait le cœur.

Louis ne put voir sur ses traits l'effrayant ravage que cette lutte avait produit.

Andrée se donnait comme une femme spartiate.

— Mon frère, dit-elle, ne fuira pas ; il a combattu M. de Charny en homme de cœur ; s'il a eu le malheur de le frapper, c'était à son corps défendant ; s'il l'a tué, Dieu le jugera.

— Elle n'était pas venue pour son compte, se dit le docteur ; c'est donc pour la reine, alors. Voyons si Sa Majesté a poussé la légèreté jusque-là.

— Comment la reine a-t-elle pris ce duel ? demanda-t-il.

— La reine ? je ne sais pas, répartit Andrée. Qu'importe à la reine ?

— Mais M. de Taverney lui est agréable, je suppose ?

— Eh bien ! M. de Taverney est sauf ; espérons que Sa Majesté défendra elle-même mon frère, si on l'accusait.

Louis, battu des deux côtés dans sa double hypothèse, abandonna la partie.

— Je ne suis pas un physiologiste, dit-il, je ne suis qu'un chirurgien. Pourquoi, diable ! quand je sais si bien le jeu des muscles et des nerfs, vais-je me mêler du jeu des caprices et des passions des femmes ?

— Mademoiselle, vous avez appris ce que vous désirez savoir. Faites, ou ne faites pas fuir monsieur de Taverney, cela vous regarde. Quant à moi, mon devoir est d'essayer à sauver le blessé... cette nuit, sans quoi la mort qui continue tranquillement son œuvre me l'enlèverait dans les vingt-quatre heures. Adieu.

Et il lui ferma doucement, mais net, la porte sur les talons.

Andrée passa une main convulsive sur son front, se vit seule, seule avec cette épouvantable réalité. Il lui sembla que déjà la mort, dont venait de parler si froidement le docteur, descendait sur cette chambre, et passait en blanc suaire dans le corridor obscur.

Le vent de la funèbre apparition glaça ses membres, elle s'enfuit jusqu'à son appartement, s'enferma sous un triple tour de clef, et tombant à deux genoux sur le tapis de son lit :

— Mon Dieu ! s'écria-t-elle avec une énergie sauvage,

avec des torrens de larmes brûlantes, mon Dieu! vous n'êtes pas injuste, vous n'êtes pas insensé ; vous n'êtes pas cruel, mon Dieu! Vous pouvez tout, vous ne laisserez pas mourir ce jeune homme, qui n'a pas fait de mal, et qui est aimé en ce monde. Mon Dieu! nous autres, pauvres humains, nous ne croyons vraiment qu'au pouvoir de votre bienfaisance, bien qu'en toute occasion nous tremblions devant le pouvoir de votre colère. Mais moi !... moi... qui vous supplie, j'ai été assez éprouvée en ce monde, j'ai assez souffert sans avoir commis de crime. Eh bien ! je ne me suis jamais plaint, même à vous; je n'ai jamais douté de vous. Si, aujourd'hui que je vous prie; si, aujourd'hui que je conjure ; si, aujourd'hui que je demande, que je veux la vie d'un jeune homme... si aujourd'hui vous me refusiez, ô mon Dieu ! je dirais que vous avez abusé contre moi de toutes vos forces, et que vous êtes un dieu de sombres colères, de vengeances inconnues; je dirais... Oh! je blasphème, pardon ! je blasphème !... et vous ne me frappez pas! Pardon, pardon ! vous êtes bien le Dieu de la clémence et de la miséricorde.

Andrée sentit sa vue s'éteindre, ses muscles plier; elle e renversa inanimée, les cheveux épars, et resta comme un cadavre sur le parquet.

Lorsqu'elle se réveilla de ce froid sommeil, et que tout lui vint à l'esprit, fantômes et douleurs :

— Mon Dieu! murmura-t-elle avec un accent sinistre, vous avez été immiséricordieux; vous m'avez punie, je l'aime !... Oh! oui, je l'aime ! c'est assez, n'est-ce pas?

Maintenant, me le tuerez-vous?

XXX.

DÉLIRE.

Dieu avait sans doute entendu la prière d'Andrée. Monsieur de Charny ne succomba pas à son accès de fièvre.

Le lendemain, tandis qu'elle absorbait avec avidité toutes les nouvelles qui lui arrivaient du blessé, celui-ci, grâce aux soins du bon docteur Louis, passait de la mort à la vie. L'inflammation avait cédé à l'énergie et au remède. La guérison commençait.

Charny une fois sauvé, le docteur Louis s'en occupa moitié moins; le sujet cessait d'être intéressant. Pour le médecin le vivant est bien peu de chose, surtout lorsqu'il est convalescent ou qu'il se porte bien.

Seulement, au bout de huit jours, pendant lesquels Andrée se rassura tout à fait, Louis, qui avait sur le cœur toutes les manifestations de son malade pendant la crise, jugea bon de faire transporter Charny dans un endroit éloigné. Il voulait dépayser le délire.

Mais Charny, aux premières tentatives qui furent faites, se révolta. Il leva sur le docteur des yeux étincelans de colère, lui dit qu'il était chez le roi, et que nul n'avait le droit de chasser un homme à qui Sa Majesté donnait un asile.

Le docteur, qui n'était pas patient envers les convalescences revêches, fit entrer purement et simplement quatre valets en leur ordonnant d'enlever le blessé.

Mais Charny se cramponna au bois de son lit, et frappa

rudement un des hommes en menaçant les autres comme Charles XII à Bender.

Le docteur Louis essaya du raisonnement. Charny fut d'abord assez logique, mais comme les valets insistaient, il fit un tel effort que la plaie se rouvrit, et avec son sang sa raison se mit à s'enfuir. Il était rentré dans un accès de délire plus violent que le premier.

Alors il commença de crier qu'on voulait l'éloigner pour le priver des visions qu'il avait eues dans son sommeil, mais que c'était en vain, que les visions lui souriraient toujours, qu'on l'aimait et qu'on viendrait le voir malgré le docteur : celle qui l'aimait étant d'un rang à ne craindre les refus de personne.

A ces mots, le docteur tremblant se hâta de congédier les valets, reprit la blessure en sous-œuvre, et décidé à soigner la raison après le corps, il remit la matière en un état satisfaisant, mais il n'arrêta point le délire, ce qui commença à l'effrayer, attendu que de l'égarement ce malade pouvait passer à la folie.

Tout empira en un jour de telle sorte que le docteur Louis songea aux remèdes héroïques. Le malade, non-seulement se perdait, mais il perdait la reine; à force de parler il criait, à force de se souvenir il inventait; le pis était que dans ses momens lucides, et il en avait beaucoup, Charny était plus fou que dans sa folie.

Embarrassé au suprême degré, Louis, ne pouvant s'étayer de l'autorité du roi, car le malade s'en étayait aussi, résolut d'aller tout dire à la reine, et il profita pour faire cette démarche d'un moment où Charny dormait, fatigué d'avoir conté ses rêves et d'avoir appelé sa vision.

Il trouva Marie-Antoinette toute pensive et toute radieuse à la fois, car elle supposait que le docteur allait lui rendre bon compte de son malade.

Mais elle fut bien surprise; dès sa première question, Louis répondit vertement que le malade était très malade.

— Comment! s'écria la reine, hier il allait fort bien.

— Non, madame, il allait fort mal.

— Cependant j'ai envoyé Misery, et vous avez répondu par un bon bulletin.

— Je me leurrais et voulais vous leurrer.

— Qu'est-ce à dire, répliqua la reine fort pâle, s'il est mal, pourquoi me le cacher? Qu'ai-je à craindre, docteur, sinon un malheur, trop commun, hélas !

— Madame...

— Et s'il va bien, pourquoi me donner une inquiétude toute naturelle quand il s'agit d'un bon serviteur du roi?... Ainsi donc, répondez franchement par oui ou par non. Quoi sur la maladie? — Quoi sur le malade? — Y a-t-il danger?

— Pour lui, moins encore que pour d'autres, madame.

— Voilà où commencent les énigmes, docteur, fit la reine impatientée. Expliquez-vous.

— C'est malaisé, madame, répondit le docteur. Qu'il vous suffise de savoir que le mal du comte de Charny est tout moral. La blessure n'est qu'un accessoire dans les souffrances, un prétexte pour le délire.

— Un mal moral ! monsieur de Charny !

— Oui, madame; et j'appelle moral tout ce qui ne s'analyse point avec le scalpel. Epargnez-moi d'en dire plus long à Votre Majesté.

— Vous voulez dire que le comte... insista la reine.

— Vous le voulez ? fit le docteur.

— Mais sans doute, je le veux.

— Eh bien! je veux dire que le comte est amoureux, voilà ce que je veux dire. Votre Majesté demande une explication, je m'explique.

La reine fit un petit mouvement d'épaules qui signifiait : la belle affaire !

— Et vous croyez qu'on guérit comme cela d'une blessure, madame ? reprit le docteur ; non, le mal empire, et du délire passager, monsieur de Charny tombera dans une monomanie mortelle. Alors...

— Alors, docteur?

— Vous aurez perdu ce jeune homme, madame.

— En vérité, docteur, vous êtes surprenant avec vos façons. J'aurai perdu ce jeune homme ! Est-ce que je suis cause, moi, s'il est fou?

— Sans doute.

— Mais vous me révoltez, docteur.

— Si vous n'en êtes pas cause en ce moment, poursuivit l'inflexible docteur en haussant les épaules, vous le serez plus tard.

— Donnez des conseils alors, puisque c'est votre état, dit la reine un peu radoucie.

— C'est-à-dire que je fasse une ordonnance?

— Si vous voulez.

— La voici. Que le jeune homme soit guéri par le baume ou par le fer ; que la femme dont il invoque le nom à chaque instant le tue ou le guérisse.

— Voilà bien de vos extrêmes, interrompit la reine reprenant son impatience. Tuer... guérir... grands mots! Est-ce qu'on tue un homme avec une dureté? Est-ce qu'on guérit un pauvre fou avec un sourire?

— Ah! si vous êtes incrédule, vous aussi, dit le docteur, je n'ai plus rien à faire qu'à présenter mes très humbles respects à Votre Majesté.

— Mais, voyons, s'agit-il de moi, d'abord?

— Je n'en sais rien, et n'en veux rien savoir ; je vous répète seulement que monsieur de Charny est un fou raisonnable, que la raison peut à la fois rendre insensé et tuer, que la folie peut rendre raisonnable et guérir. Ainsi quand vous voudrez débarrasser ce palais de cris, de rêves et de scandale, vous prendrez un parti.

— Lequel?

— Ah! voilà, lequel? Moi, je ne fais que des ordonnances et je ne conseille pas. Suis-je bien sûr d'avoir entendu ce que j'ai entendu, d'avoir vu ce que mes yeux ont vu!

— Allons, supposez que je vous comprenne, qu'en résultera-t-il?

— Deux bonheurs : l'un, le meilleur pour vous comme pour nous tous, c'est que le malade, frappé au cœur par ce stylet infaillible qu'on nomme la raison, voie finir son agonie qui commence ; l'autre... eh bien! l'autre... Ah! madame, excusez-moi, j'ai eu le tort de voir deux issues au labyrinthe. Il n'y en a qu'une pour Marie-Antoinette, pour la reine de France.

— Je vous comprends ; vous avez parlé avec franchise,

docteur. Il faut que la femme pour laquelle monsieur de Charny a perdu la raison lui rende cette raison de gré ou de force.

— Très bien ! C'est cela.

— Il faut qu'elle ait le courage d'aller lui arracher ses rêves, c'est-à-dire le serpent rongeur qui vit replié au plus profond de son âme.

— Oui, Votre Majesté.

— Faites prévenir quelqu'un; mademoiselle de Taverney, par exemple.

— Mademoiselle de Taverney? fit le docteur.

— Oui, vous disposerez toutes choses pour que le blessé nous reçoive convenablement.

— C'est fait, madame.

— Sans ménagement aucun.

— Il le faut bien.

— Mais, murmura la reine, il est plus triste que vous ne croyez d'aller ainsi chercher la vie ou la mort d'un homme.

— C'est ce que je fais tous les jours quand j'aborde une maladie inconnue. L'attaquerai-je par le remède qui tue le mal ou par le remède qui tue le malade ?

— Vous, vous êtes bien sûr de tuer le malade, n'est-ce pas? fit la reine en frissonnant.

— Eh ! dit le docteur d'un air sombre, quand bien même il mourrait un homme pour l'honneur d'une reine, combien n'en meurt-il pas tous les jours pour le caprice d'un roi? Allons, madame, allons !

La reine soupira et suivit le vieux docteur, sans avoir pu trouver Andrée.

Il était onze heures du matin ; Charny, tout habillé, dormait sur un fauteuil après l'agitation d'une nuit terrible. Les volets de la chambre, fermés avec soin, ne laissaient passer qu'un reflet affaibli du jour. Tout ménageait pour le malade cette sensibilité nerveuse cause première de sa souffrance.

Pas de bruit, pas de contact, pas de vue. Le docteur Louis s'attaquait habilement à tous les prétextes d'une recrudescence, et cependant, décidé à frapper un grand coup, il ne reculait pas devant une crise qui pouvait tuer son malade. Il est vrai qu'elle pouvait aussi le sauver.

La reine, vêtue d'un habit du matin, coiffée avec une élégance tout abandonnée, entra brusquement dans le corridor qui menait à la chambre de Charny. Le docteur lui avait recommandé de ne pas hésiter, de ne pas essayer, mais de se présenter sur-le-champ, avec résolution, pour produire un violent effet.

Elle tourna donc si vivement le bouton ciselé de la première porte de l'antichambre, qu'une personne penchée sur la porte de la chambre de Charny, une femme enveloppée de sa mante, n'eut que le temps de se redresser et de prendre une contenance, dont sa physionomie bouleversée, ses mains tremblantes, démentaient la tranquillité.

— Andrée ! s'écria la reine surprise... Vous, ici ?

— Moi ! répliqua Andrée pâle et troublée, moi ! oui, Votre Majesté. Moi ! mais Votre Majesté n'y est-elle pas elle-même ?

— Oh ! oh ! complication, murmura le docteur.

— Je vous cherchais partout, dit la reine ; où étiez-vous donc ?

Il y avait dans ces paroles de la reine un accent qui n'était pas celui de sa bonté ordinaire. C'était comme le prélude d'un interrogatoire, c'était comme le symptôme d'un soupçon.

Andrée eut peur, elle craignait surtout que sa démarche inconsidérée ne donnât la clef de ses sentimens si effrayans pour elle-même. Aussi toute fière qu'elle fût, se décida-t-elle à mentir pour la seconde fois.

— Ici, vous le voyez.

— Sans doute ; mais comment ici ?

— Madame, répliqua-t-elle, on m'a dit que Votre Majesté me faisait chercher ; je suis venue.

La reine n'était pas au bout de sa défiance, elle insista.

— Comment avez-vous fait, dit-elle, pour deviner où j'allais ?

— C'était facile, madame ; vous étiez avec monsieur le docteur Louis, et l'on vous avait vue traverser les petits appartemens; vous n'aviez, dès lors, d'autre but que ce pavillon.

— Bien deviné, reprit la reine encore indécise mais sans dureté, bien deviné.

Andrée fit un dernier effort.

— Madame, dit-elle en souriant, si Votre Majesté avait l'intention de se cacher, il n'eût pas fallu se montrer sur les galeries découvertes, comme elle l'a fait tout à l'heure pour venir ici. Quand la reine traverse la terrasse, mademoiselle de Taverney la voit de son appartement, et ce n'est pas difficile de suivre ou de précéder quelqu'un qu'on a vu de loin.

— Elle a raison, dit la reine, et cent fois raison. J'ai une malheureuse habitude, qui est de ne deviner jamais; moi, réfléchissant peu, je ne crois pas aux réflexions des autres.

La reine sentait qu'elle allait avoir besoin d'indulgence, peut-être, puisqu'elle avait besoin de confidente.

Son âme, d'ailleurs, n'étant pas un composé de coquetterie et de défiance, comme l'âme des femmes vulgaires, elle avait foi dans ses amitiés, sachant qu'elle pouvait aimer. Les femmes qui se défient d'elles se défient encore bien plus des autres. Un grand malheur qui punit les coquettes, c'est qu'elles ne se croient jamais aimées de leurs amans.

Marie-Antoinette oublia donc bien vite l'impression que lui avait faite mademoiselle de Taverney devant la porte de Charny. Elle prit la main d'Andrée, lui fit tourner la clef de cette porte, et passant la première avec une rapidité extrême, elle pénétra dans la chambre du malade pendant que le docteur restait dehors avec Andrée.

A peine celle-ci eut-elle vu disparaître la reine qu'elle leva vers le ciel un regard plein de colère et de douleur, dont l'expression ressemblait à une imprécation furieuse.

Le bon docteur lui prit le bras et arpenta avec elle le corridor en lui disant :

— Croyez-vous qu'elle réussira?

— Réussir, et à quoi? mon Dieu! dit Andrée.

— A faire transporter ailleurs ce pauvre fou, qui mourra ici pour peu que sa fièvre dure.
— Il guérirait donc ailleurs? s'écria Andrée.
Le docteur la regarda, surpris, inquiet.
— Je crois que oui, dit-il.
— Oh! qu'elle réussisse alors! fit la pauvre fille.

XXXI.

CONVALESCENCE.

Cependant la reine avait marché droit au fauteuil de Charny.
Celui-ci leva la tête au bruit des mules qui criaient sur le parquet.
— La reine! murmura-t-il en essayant de se lever.
— La reine, oui, monsieur, se hâta de dire Marie-Antoinette, la reine qui sait comment vous travaillez à perdre la raison et la vie, la reine que vous offensez dans vos rêves, la reine que vous offensez éveillé, la reine qui a soin de son honneur et de votre sûreté! Voici pourquoi elle vient à vous, monsieur, et ce n'est pas ainsi que vous devriez la recevoir.
Charny s'était levé tremblant, éperdu, puis aux derniers mots il s'était laissé glisser sur ses genoux, tellement écrasé par la douleur physique et la douleur morale, que, courbé ainsi en coupable, il ne voulait ni ne pouvait se relever.
— Est-il possible, continua la reine touchée de ce respect et de ce silence, est-il possible qu'un gentilhomme,

renommé autrefois parmi les plus loyaux, s'attache comme un ennemi à la réputation d'une femme? Car notez ceci, monsieur de Charny, dès notre première entrevue, ce n'est pas la reine que vous avez vue et que je vous ai montrée, c'était une femme, et vous n'eussiez jamais dû l'oublier.

Charny, entraîné par ces paroles sorties du cœur, voulut essayer d'articuler un mot pour sa défense ; Marie-Antoinette ne lui en laissa pas le temps.

— Que feront mes ennemis, dit-elle, si vous donnez l'exemple de la trahison ?

— La trahison... balbutia Charny.

— Monsieur, voulez-vous choisir ? Ou vous êtes un insensé, et je vais vous ôter le moyen de faire le mal ; ou vous êtes un traître, et je vais vous punir.

— Madame, ne dites pas que je suis un traître. Dans la bouche des rois cette accusation précède l'arrêt de mort, dans la bouche d'une femme elle déshonore. Reine, tuez-moi ; femme, épargnez-moi.

— Etes-vous dans votre bon sens, monsieur de Charny? dit la reine d'une voix altérée.

— Oui, madame.

— Avez-vous conscience de vos torts envers moi, de votre crime envers... le roi?

— Mon Dieu ! murmura l'infortuné.

— Car, vous l'oubliez trop facilement, messieurs les gentilhommes, le roi est l'époux de cette femme que vous insultez tous en levant les yeux sur elle; le roi est le père de votre maître futur, mon dauphin. Le roi, c'est un homme plus grand et meilleur que vous tous, un homme que je vénère et que j'aime.

— Oh ! murmura Charny en poussant un sourd gémissement, et pour se soutenir, il fut obligé d'appuyer une de ses mains sur le parquet.

Son cri traversa le cœur de la reine. Elle lut dans le regard éteint du jeune homme qu'il venait d'être frappé à mort, si elle ne tirait promptement de la blessure le trait qu'elle y avait enfoncé.

C'est pourquoi, miséricordieuse et douce, elle s'effraya

de la pâleur et de la faiblesse du coupable, et fut près un moment d'appeler au secours.

Mais elle réfléchit que le docteur, qu'Andrée, interpréteraient mal cette pamoison du malade. Elle le releva de ses mains.

— Parlons, dit-elle, moi en reine, vous en homme. Le docteur Louis a essayé de vous guérir; cette blessure, qui n'était rien, empire par les extravagances de votre cerveau. Quand sera-t-elle guérie, cette blessure? Quand cesserez-vous de donner au bon docteur le spectacle scandaleux d'une folie qui l'inquiète? Quand partirez-vous du château?

— Madame, balbutia Charny, Votre Majesté me chasse... Je pars, je pars.

Et il fit un mouvement si violent pour partir, que, lancé hors de son équilibre, il vint tomber en chancelant dans les bras de la reine qui lui barrait le passage.

A peine eut-il senti le contact de cette poitrine brûlante qui le retenait, à peine eut-il plié sous l'étreinte involontaire du bras qui le portait, que sa raison l'abandonna entièrement, sa bouche s'ouvrit pour laisser passer un souffle dévorant qui n'était point une parole et n'osait être un baiser.

La reine elle-même, brûlée par ce contact, fléchie par cette faiblesse, n'eut pas le temps de pousser le corps inanimé sur son fauteuil, et elle voulut s'enfuir; mais la tête de Charny était retombée en arrière. Elle battait le bois du fauteuil, une légère nuance rosée colorait l'écume de ses lèvres, une goutte rose et tiède était tombée de son front sur la main de Marie-Antoinette.

— Oh! tant mieux, murmura-t-il, tant mieux! je meurs tué par vous.

La reine oublia tout. Elle revint, saisit Charny dans ses bras, le releva, pressa sa tête morte sur son sein, appuya une main glacée sur le cœur du jeune homme.

L'amour fit un miracle, Charny ressuscita. Il ouvrit les yeux, la vision disparut. La femme s'épouvantait d'avoir laissé un souvenir là où elle ne croyait donner qu'un dernier adieu.

Elle fit trois pas vers la porte avec une telle précipitation, que Charny eut à peine le temps de saisir le bas de sa robe en s'écriant :

— Madame, au nom de tout le respect que j'ai pour Dieu, moins grand que le respect que j'ai pour vous...

— Adieu ! adieu ! dit la reine.

— Madame ! oh ! pardonnez-moi !

— Je vous pardonne, monsieur de Charny.

— Madame, un dernier regard !

— Monsieur de Charny, fit la reine en tremblant d'émotion et de colère, si vous n'êtes pas le dernier des hommes, ce soir, demain vous serez mort ou parti du château.

Une reine prie quand elle commande en ces termes. Charny, joignant les mains avec ivresse, se traîna agenouillé jusqu'aux pieds de Marie-Antoinette.

Celle-ci avait déjà ouvert la porte pour fuir plus vite le danger.

Andrée, dont les yeux dévoraient cette porte depuis le commencement de l'entretien, vit ce jeune homme prosterné, la reine défaillante ; elle vit les yeux de celui-ci resplendir d'espoir et d'orgueil, les regards de celle-là pencher éteints vers le sol.

Frappée au cœur, désespérée, gonflée de haine et de mépris, elle ne courba point la tête. Quand elle vit revenir la reine, il lui sembla que Dieu avait trop donné à cette femme, en lui donnant comme superflu un trône et la beauté, puisqu'il venait de lui donner cette demi-heure avec monsieur de Charny.

Le docteur, lui, voyait trop de choses pour en remarquer aucune.

Tout entier au succès de la négociation entamée par la reine, il se contenta de dire :

— Eh bien, madame ?

La reine prit une minute pour se remettre et retrouver sa voix étouffée par les battemens de son cœur.

— Que fera-t-il ? répéta le docteur.

— Il partira, murmura la reine.

Et, sans faire attention à Andrée, qui fronçait le sourcil, et à Louis, qui se frottait les mains, elle traversa d'un pas rapide le corridor de la galerie, s'enveloppa machinalement de sa mante à ruche de dentelle, et rentra dans son appartement.

Andrée serra la main du docteur, qui courait retrouver son malade ; puis, d'un pas solennel comme celui d'une ombre, elle retourna dans son logis à elle, la tête baissée, l'œil fixe et la pensée absente.

Elle n'avait pas même songé à demander les ordres de la reine. Pour une nature comme celle d'Andrée, la reine n'est rien : la rivale est tout.

Charny, remis aux soins de Louis, ne parut plus être le même homme que la veille.

Fort jusqu'à l'exagération, hardi jusqu'à la fanfaronnade, il adressa au bon docteur des questions si pressées, si énergiques, au sujet de sa prochaine convalescence, sur le régime à suivre, sur les moyens de transport, que Louis crut à une rechute plus dangereuse, produite par une manie d'un autre ordre.

Charny le détrompa bientôt ; il ressemblait à ces fers rougis au feu dont la teinte s'affaiblit à l'œil à mesure que la chaleur diminue d'intensité. Le fer est noir et ne parle plus à la vue, mais il est encore assez brûlant pour dévorer tout ce qu'on lui présentera.

Louis vit le jeune homme reprendre son calme et sa logique des bons jours. Charny fut réellement si raisonnable qu'il se crut obligé d'expliquer au médecin le brusque changement de sa résolution.

— La reine, dit-il, m'a plus guéri en me faisant honte, que votre science, cher docteur, ne l'eût fait avec d'excellens remèdes ; me prendre par l'amour-propre, voyez-vous, c'est me dompter comme on dompte un cheval avec un mors.

— Tant mieux, tant mieux, murmurait le docteur.

— Oui, je me souviens qu'un Espagnol, ils sont assez vantards, me disait un jour pour me prouver sa force de volonté, qu'il lui avait suffi, dans un duel où il était blessé, de vouloir retenir son sang, pour que le sang ne coulât pas et ne réjouît pas l'œil de l'adversaire. J'ai ri de cet Espagnol, cependant je suis un peu comme lui ; si ma fièvre, si ce délire que vous me reprochez voulaient reparaître, je les chasserais, je gage, en disant : — délire et fièvre, vous ne reparaîtrez plus.

— Nous avons des exemples de ce phénomène, dit gravement le docteur. Toutefois, permettez-moi de vous féliciter. Vous voilà guéri moralement ?

— Oh ! oui.

— Eh bien ! vous ne tarderez pas à voir tout le rapport qu'il y a entre le moral et le physique de l'homme. C'est une belle théorie que je rédigerais en livre si j'avais le temps. Sain d'esprit, vous serez sain de corps en huit jours.

— Cher docteur, merci !

— Et pour commencer vous allez donc partir ?

— Quand il vous plaira. Tout de suite.

— Attendons ce soir. Modérons-nous. Procéder par les extrêmes, c'est risquer toujours.

— Attendons au soir, docteur.

— Irez-vous loin ?

— Au bout du monde, s'il le faut.

— C'est trop loin pour une première sortie, dit le docteur avec le même flegme. Contentons-nous de Versailles d'abord, hein ?

— Versailles soit, puisque vous le voulez.

— Il me semble, dit le docteur, que ce n'est pas une raison pour vous expatrier, que d'être guéri de votre blessure.

Ce sang-froid étudié acheva de mettre Charny sur ses gardes.

— C'est vrai, docteur, j'ai une maison à Versailles.

— Eh bien ! voilà notre affaire : on vous y portera ce soir.

— C'est que vous ne m'avez pas bien compris, docteur ; je désirais faire un tour dans mes terres !

— Ah ! dites donc cela. Vos terres, que diable ! mais vos terres ne sont pas au bout du monde.

— Elles sont sur les frontières de Picardie, à quinze ou dix-huit lieues d'ici.

— Vous voyez bien !

Charny serra la main du docteur, comme pour le remercier de toutes ses délicatesses.

Le soir, ces quatre valets qu'il avait si rudement éconduits lors de leur première tentative emportèrent Charny jusqu'à son carrosse, qui l'attendait au guichet des communs.

Le roi, ayant chassé toute la journée, venait de souper et dormait. Charny, un peu préoccupé de partir sans prendre congé, fut pleinement rassuré par le docteur, qui promit d'excuser le départ en le motivant par un besoin de changement.

Charny, avant d'entrer dans son carrosse, se donna la douloureuse satisfaction de regarder jusqu'au dernier moment les fenêtres de l'appartement de la reine. Nul ne pouvait le voir. Un des laquais, portant un flambeau à la main, éclairait le chemin, sans éclairer la physionomie.

Charny ne rencontra sur les degrés que plusieurs officiers, ses amis, prévenus assez à temps pour que le départ n'eût pas l'air d'une fuite.

Escorté jusqu'au carrosse par ces joyeux compagnons, Charny put permettre à ces yeux d'errer sur les fenêtres : celles de la reine resplendissaient de lumière. Sa Majesté, un peu souffrante, avait reçu les dames dans sa chambre à coucher.

Celles d'Andrée, mornes et noires, cachaient derrière le pli des rideaux de damas une femme toute anxieuse, toute palpitante, qui suivait sans être aperçue jusqu'au mouvement du malade et de son escorte.

Le carrosse partit enfin, mais si lentement qu'on entendait chaque fer des chevaux sur le pavé sonore.

— S'il n'est pas à moi, murmura Andrée, il n'est plus à personne, du moins.

— S'il lui reprend des envies de mourir, dit le docteur en entrant chez lui, au moins ne mourra-t-il ni chez moi ni dans mes mains. Diantre soit des maladies de l'âme ! on n'est pas le médecin d'Antiochus et de Stratonice pour guérir ces maladies-là.

Charny arriva sain et sauf à sa maison. Le docteur lui

vint rendre visite le soir, et le trouva si bien, qu'il se hâta d'annoncer que ce serait la dernière visite qu'il lui ferait.

Le malade soupa d'un blanc de poulet et d'une cuillerée de confitures d'Orléans.

Le lendemain, il reçut la visite de son oncle, M. de Suffren, la visite de M. de Lafayette, celle d'un envoyé du roi. Il en fut à peu près de même le surlendemain, et puis on ne s'occupa plus de lui.

Il se levait et marchait dans son jardin.

Au bout de huit jours, il pouvait monter un cheval de paisible allure ; ses forces étaient revenues. Sa maison n'étant pas encore assez délaissée, il demanda au médecin de son oncle et fit demander au docteur Louis l'autorisation de partir pour ses terres.

Louis répondit de confiance que la locomotion était le dernier degré de la médication des blessures ; que M. de Charny avait une bonne chaise, et que la route de Picardie était unie comme un miroir, et que demeurer à Versailles, quand on pouvait si bien et si heureusement voyager, serait folie.

Charny fit charger un gros fourgon de bagages ; il offrit ses adieux au roi, qui le combla de bontés, pria M. de Suffren de présenter ses respects à la reine, ce soir-là malade, et qui ne recevait pas. Puis, montant dans sa chaise à la porte même du château royal, il partit pour la petite ville de Villers-Cotterets, d'où il devait gagner le château de Boursonnes, situé à une lieue de cette petite ville qu'illustraient déjà les premières poésies de Dumoustier.

XXXII.

DEUX COEURS SAIGNANS.

Le lendemain du jour où la reine avait été surprise par Andrée fuyant Charny, agenouillé devant elle, mademoiselle de Taverney entra suivant son habitude dans la chambre royale, à l'heure de la petite toilette, avant la messe.

La reine n'avait pas encore reçu de visite. Elle venait seulement de lire un billet de Madame de La Motte, et son humeur était riante.

Andrée, plus pâle encore que la veille, avait dans toute sa personne ce sérieux et cette froide réserve qui appelle l'attention, et force les plus grands à compter avec les plus petits.

Simple, austère pour ainsi dire dans sa toilette, Andrée ressemblait à une messagère de malheur, ce malheur fût-il pour elle ou pour d'autres.

La reine était dans ses jours de distractions; aussi ne prit-elle point garde à cette démarche lente et grave d'Andrée, à ses yeux rougis, à la mate blancheur de ses tempes et de ses mains.

Elle tourna la tête tout juste autant qu'il fallait pour faire entendre son salut amical.

— Bonjour, petite.

Andrée attendit que la reine lui donnât une occasion de parler. Elle attendit, bien sûre que son silence, que son immobilité, finiraient par attirer les yeux de Marie-Antoinette.

Ce fut ce qui arriva. Ne recevant point de réponse autre qu'une grande révérence, la reine se tourna, et obliquement, aperçut ce visage frappé de douleur et de rigidité.

— Mon Dieu ! qu'y a-t-il, Andrée ? fit-elle en se retournant tout à fait; est-ce qu'il t'arrive malheur ?

— Un grand malheur, oui, madame, répondit la jeune femme.

— Quoi donc ?

— Je vais quitter Votre Majesté.

— Me quitter ! Tu pars ?

— Oui, madame.

— Où vas-tu donc ; quelle cause peut avoir ce départ précipité ?

— Madame, je ne suis pas heureuse dans mes affections...

La reine leva la tête.

— De famille, ajouta Andrée en rougissant.

La reine rougit à son tour, et l'éclair de leurs deux regards se croisa en brillant comme un choc d'épée.

La reine se remit la première.

— Je ne vous comprends pas bien, dit-elle ; vous étiez heureuse, hier, ce me semble ?

— Non, madame, répondit fermement Andrée ; hier fut encore un des jours infortunés de ma vie.

— Ah ! fit la reine devenue rêveuse.

Et elle ajouta :

— Expliquez-vous ?

— Il faudrait me résigner à fatiguer Votre Majesté de détails au-dessous d'elle. Je n'ai aucune satisfaction dans ma famille ; je n'ai rien à attendre des biens de la terre, et je viens demander un congé à Votre Majesté pour m'occuper de mon salut.

La reine se leva, et bien que cette demande parût coûter à son orgueil, elle vint prendre la main d'Andrée.

— Que signifie cette résolution de mauvaise tête, dit-elle ; n'aviez-vous pas hier un frère, un père, comme aujourd'hui? Etaient-ils moins gênans et moins nuisibles qu'aujourd'hui? Me croyez-vous capable de vous laisser dans l'embarras, et ne suis-je plus la mère de famille qui rend une famille à ceux qui n'en ont pas?

Andrée se mit à trembler comme une coupable, et, s'inclinant devant la reine, elle dit :

— Madame, votre bonté me pénètre, mais elle ne me dissuadera pas. J'ai résolu de quitter la cour, j'ai besoin de rentrer dans la solitude, ne m'exposez pas à trahir mes devoirs envers vous par le manque de vocation que je me sens.

— Depuis hier alors?

— Veuille Votre Majesté ne pas m'ordonner de parler sur ce sujet.

— Soyez libre, fit la reine avec amertume, seulement je mettais assez de confiance avec vous pour que vous en missiez avec moi. Mais à celui qui ne veut pas parler, folle qui demande une parole. Gardez vos secrets, mademoiselle; soyez plus heureuse au loin que vous n'avez été ici. Souvenez-vous d'une seule chose, c'est que mon amitié ne délaisse pas les gens malgré leurs caprices, et que vous ne cesserez pas d'être pour moi une amie. Maintenant, Andrée, allez, vous êtes libre.

Andrée fit une révérence de cour et sortit. A la porte, la reine la rappela.

— Où allez-vous, Andrée?

— A l'abbaye de Saint-Denis, madame, répondit mademoiselle de Taverney.

— Au couvent! oh! c'est bien, mademoiselle, vous n'avez peut-être rien à vous reprocher; mais n'eussiez-vous que l'ingratitude et l'oubli, c'est trop encore! vous êtes assez coupable envers moi; allez, mademoiselle de Taverney ; allez.

Il résulta de là que, sans donner d'autres explications sur lesquelles comptait le bon cœur de la reine, sans s'humilier, sans s'attendrir, Andrée prit au bond la permission de la reine et disparut.

Marie-Antoinette put s'apercevoir et s'aperçut que mademoiselle de Taverney quittait sur-le-champ le château.

En effet, elle se rendait dans la maison de son père, où, selon qu'elle s'y attendait, elle trouva Philippe au jardin. Le frère rêvait; la sœur agissait.

A l'aspect d'Andrée, que son service devait à une pareille heure retenir au château, Philippe s'avança surpris, presque effrayé.

Effrayé surtout de cette sombre mine, lui que sa sœur n'abordait jamais qu'avec un sourire d'amitié tendre, il commença comme avait fait la reine : il questionna.

Andrée lui annonça qu'elle venait de quitter le service de la reine ; que son congé était accepté, qu'elle allait entrer au couvent.

Philippe frappa dans ses mains avec force, comme un homme qui reçoit un coup inattendu.

— Quoi ! dit-il, vous aussi, ma sœur?

— Quoi ! moi aussi ? Que voulez-vous dire ?

— C'est donc un contact maudit pour notre famille que celui des Bourbons ? s'écria-t-il ; vous vous croyez forcée de faire des vœux ! vous ! religieuse par goût, par âme ; vous, la moins mondaine des femmes et la moins capable d'obéissance éternelle aux lois de l'ascétisme ! Voyons, que reprochez-vous à la reine?

— On n'a rien à reprocher à la reine, Philippe, répondit froidement la jeune femme ; vous qui avez tant compté sur la faveur des cours ; vous qui, plus que personne, y dûtes compter, pourquoi n'avez-vous pu demeurer? pourquoi n'y restâtes-vous pas trois jours? Moi j'y suis restée trois ans!

— La reine est capricieuse parfois, Andrée.

— Si cela est, Philippe, vous pouviez le souffrir, vous, un homme ; moi, femme, je ne le dois pas, je ne le veux pas ; si elle a des caprices, eh bien ! ses servantes sont là.

— Cela, ma sœur, fit le jeune homme avec contrainte, ne m'apprend pas comment vous avez eu des démêlés avec la reine.

— Aucun, je vous jure ; en eûtes-vous, Philippe, vous qui l'avez quittée? Oh ! elle est ingrate, cette femme !

— Il faut lui pardonner, Andrée. La flatterie l'a un peu gâtée ; elle est bonne au fond.

— Témoin ce qu'elle a fait pour vous, Philippe.

— Qu'a-t-elle fait ?

— Vous l'avez oublié déjà ? Oh ! moi, j'ai meilleure mémoire. Aussi dans un seul et même jour, avec une seule et même résolution, je paie votre dette et la mienne, Philippe.

— Trop cher, ce me semble, Andrée; ce n'est pas à votre âge, avec votre beauté, qu'on renonce au monde. Prenez garde, chère amie, vous le quittez jeune, vous le regretterez vieille, et, quand il ne sera plus temps, vous y rentrerez alors, désobligeant tous vos amis, dont une folie vous aura séparée.

— Vous ne raisonniez pas ainsi, vous, un brave officier tout pétri d'honneur et de sentiment, mais peu soucieux de sa renommée ou de sa fortune, que là où cent autres ont amassé titres et or vous n'avez su faire que des dettes et vous amoindrir, vous ne raisonniez pas ainsi quand vous me disiez : *elle* est capricieuse, Andrée, *elle* est coquette, *elle* est perfide ; j'aime mieux ne la point servir. Comme pratique de cette théorie, vous avez renoncé au monde, quoique vous ne vous soyez pas fait religieux, et de nous deux, celui qui est le plus près des vœux irrévocables, ce n'est pas moi qui vais les faire, c'est vous qui les avez déjà faits.

— Vous avez raison, ma sœur, et sans notre père...

— Notre père ! ah ! Philippe ne parlez pas ainsi, reprit Andrée avec amertume, un père ne doit-il pas être le soutien de ses enfans ou accepter leur appui. C'est à ces conditions seulement qu'il est le père. Que fait le nôtre, je vous le demande? Avez-vous jamais eu l'idée de confier un secret à monsieur de Taverney ? Et le croyez-vous capable de vous appeler pour vous dire un de ses secrets à lui ! Non, continua Andrée avec une expression de chagrin, non, monsieur de Taverney est fait pour vivre seul en ce monde.

— Je le veux bien, Andrée, mais il n'est pas fait pour mourir seul.

Ces mots, dits avec une sévérité douce, rappelaient à la jeune femme qu'elle laissait à ses colères, à ses aigreurs, à ses rancunes contre le monde, une trop grande place dans son cœur.

— Je ne voudrais pas, répondit-elle, que vous me prissiez pour une fille sans entrailles ; vous savez si je suis une sœur tendre ; mais ici-bas chacun a voulu tuer en moi l'instinct sympathique qui lui correspondait. Dieu m'avait donné en naissant, comme à toute créature, une âme et un corps ; de cette âme et de ce corps toute créature humaine peut disposer, pour son bonheur, en ce monde et dans l'autre. — Un homme que je ne connaissais pas a pris mon âme, — Balsamo. — Un homme que je connaissais à peine, et qui n'était pas un homme pour moi, a pris mon corps, — Gilbert. — Je vous le répète, Philippe, pour être une bonne et pieuse fille, il ne me manque qu'un père. Passons à vous, examinons ce que vous a rapporté le service des grands de la terre, à vous qui les aimiez.

Philippe baissa la tête.

— Epargnez-moi, dit-il ; les grands de la terre n'étaient pour moi que des créatures semblables à moi : je les aimais : Dieu nous a dit de nous aimer les uns les autres.

— Oh ! Philippe, dit-elle, il n'arrive jamais sur cette terre que le cœur aimant réponde directement à qui l'aime ; ceux que nous avons choisis en choisissent d'autres.

Philippe leva son front pâle et considéra longtemps sa sœur, sans autre expression que celle de l'étonnement.

— Pourquoi me dites-vous cela ? où voulez-vous en venir ? demanda-t-il.

— A rien, à rien, répondit généreusement Andrée, qui recula devant l'idée de descendre à des rapports ou à des confidences. Je suis frappée, mon frère. Je crois que ma raison souffre ; ne donnez à mes paroles aucune attention.

— Cependant...

Andrée s'approcha de Philippe et lui prit la main.

— Assez sur ce sujet, mon bien-aimé frère. Je suis venue vous prier de me conduire à un couvent : j'ai choisi Saint-Denis ; je n'y veux pas faire de vœux, soyez tranquille. Cela viendra plus tard, s'il est nécessaire. Au lieu de chercher dans un asile ce que la plupart des femmes y veulent trouver, l'oubli, moi j'y vais demander la mémoire. Il me semble que j'ai trop oublié le Seigneur. Il est le seul roi, le seul maître, l'unique consolation, comme l'unique réel afflicteur. En me rapprochant de lui, aujourd'hui que je le comprends, j'aurai plus fait pour mon bonheur que si tout ce qu'il y a de riche, de fort, de puissant et d'aimable dans ce monde avait conspiré pour me faire une vie heureuse. A la solitude, mon frère, à la solitude, ce vestibule de la béatitude éternelle !... Dans la solitude, Dieu parle au cœur de l'homme; dans la solitude, l'homme parle au cœur de Dieu.

Philippe arrêta Andrée du geste.

— Souvenez-vous, dit-il, que je m'oppose moralement à ce dessein désespéré : vous ne m'avez pas fait juge des causes de votre désespoir.

— Désespoir! fit-elle avec un souverain mépris, vous dites désespoir ! Ah ! Dieu merci ! je ne pars point désespérée, moi! Regretter avec désespoir ! Non ! non ! mille fois non !

Et d'un mouvement plein d'une fierté sauvage, elle jeta sur ses épaules la mante de soie qui reposait près d'elle sur un fauteuil.

— Cet excès même de dédain manifeste en vous un état qui ne peut durer, reprit Philippe ; vous ne voulez pas du mot désespoir, Andrée, acceptez le mot dépit.

— Dépit! répliqua la jeune femme, en modifiant son sourire sardonique par un sourire plein de fierté. Vous ne croyez pas, mon frère, que mademoiselle de Taverney soit si peu forte que de céder sa place en ce monde pour un mouvement de dépit. Le dépit, c'est la faiblesse des coquettes ou des sottes. L'œil qui s'est allumé par le dépit se mouille bientôt de pleurs, et l'incendie est éteint. Je n'ai pas de dépit, Philippe. Je voudrais bien que vous me crussiez, et pour cela, il ne s'agirait que de vous interroger vous-même, quand vous avez quelque grief à formuler. Répondez, Philippe, si demain vous vous retiriez à la Trappe, si vous vous faisiez chartreux, comment appelleriez-vous la cause qui vous aurait poussé à cette résolution?

— J'appellerais cette cause un incurable chagrin, ma sœur, dit Philippe avec la douce majesté du malheur.

— A la bonne heure, Philippe, voilà un mot qui me convient et que j'adopte. Soit, c'est donc un incurable chagrin qui me pousse vers la solitude.

— Bien! répondit Philippe, et le frère et la sœur n'auront pas eu de dissemblance dans leur vie. Heureux bien également, ils auront toujours été malheureux au même degré. Cela fait la bonne famille, Andrée.

Andrée crut que Philippe, emporté par son émotion, lui faisait une question nouvelle, et peut-être son cœur inflexible se fût-il brisé sous l'étreinte de l'amitié fraternelle.

Mais Philippe savait par expérience que les grandes âmes se suffisent à elles seules : il n'inquiéta pas celle d'Andrée dans le retranchement qu'elle s'était choisi.

— A quelle heure et quel jour comptez-vous partir? demanda-t-il.

— Demain ; aujourd'hui même, s'il était temps encore.

— Ne ferez-vous pas un dernier tour de promenade avec moi dans le parc ?

— Non, dit-elle.

Il comprit bien au serrement de main qui accompagna ce refus, que la jeune femme refusait seulement une occasion de se laisser attendrir.

— Je serai prêt quand vous me ferez avertir, répliqua-t-il.

Et il lui baisa la main, sans ajouter un mot, qui eût fait déborder l'amertume de leur cœur.

Andrée, après avoir fait les premiers préparatifs, se retira chez elle où elle reçut ce billet de Philippe :

« Vous pouvez voir notre père à cinq heures ce soir. L'adieu est indispensable. Monsieur de Taverney crierait à l'abandon, aux mauvais procédés. »

Elle répondit :

« A cinq heures, je serai chez monsieur de Taverney en habit de voyage. A sept heures nous pouvons être rendus à Saint-Denis. M'accorderez-vous votre soirée ? »

Pour toute réponse, Philippe cria par la fenêtre, assez proche de l'appartement d'Andrée pour qu'Andrée pût l'entendre :

— A cinq heures, les chevaux à la chaise.

XXXIII.

UN MINISTRE DES FINANCES.

Nous avons vu que la reine, avant de recevoir Andrée, avait lu un billet de madame de La Motte, et qu'elle avait souri.

Ce billet renfermait seulement ces mots, avec toutes les formules possibles de respect :

« ... *Et Votre Majesté peut être assurée qu'il lui sera fait crédit, et que la marchandise sera livrée de confiance.* »

Donc, la reine avait souri, et brûlé le petit billet de Jeanne.

Lorsqu'elle se fut un peu assombrie en la société de mademoiselle de Taverney, madame de Misery vint lui annoncer que monsieur de Calonne attendait l'honneur d'être admis auprès d'elle.

Il n'est pas hors de propos d'expliquer ce nouveau personnage au lecteur. L'histoire le lui a assez fait connaître, mais le roman, qui dessine moins exactement les perspectives et les grands traits, donne peut-être un détail plus satisfaisant à l'imagination.

Monsieur de Calonne était un homme d'esprit, d'infiniment d'esprit même, qui, sortant de cette génération de la dernière moitié du siècle, peu habituée aux larmes, bien que raisonneuse, avait pris son parti du malheur suspendu sur la France, mêlait son intérêt à l'intérêt commun, disait comme Louis XV : — Après nous la fin du monde ; — et cherchait partout des fleurs pour parer son dernier jour.

Il savait les affaires, était homme de cour. Tout ce qu'il y eut de femmes illustres par leur esprit, leur richesse et leur beauté, il l'avait cultivé par des hommages pareils à ceux que l'abeille rend aux plantes chargées d'arômes et de sucs.

C'était alors le résumé de toutes les connaissances que la conversation de sept à huit hommes et de dix à douze femmes. Monsieur de Calonne avait pu compter avec d'Alembert, raisonner avec Diderot, railler avec Voltaire, rêver avec Rousseau. Enfin il avait été assez fort pour rire au nez de la popularité de monsieur Necker.

Monsieur Necker le sage et le profond, dont le compte-rendu avait paru éclairer toute la France; Calonne l'ayant bien observé sur toutes ses faces, avait fini par le rendre ridicule, aux yeux même de ceux qui le craignaient le plus, et la reine et le roi, que ce nom faisait tressaillir, ne s'étaient accoutumés qu'en tremblant à l'entendre bafouer par un homme d'Etat élégant, de bonne humeur, qui, pour répondre à tant de beaux chiffres, se contentait de dire : — A quoi bon prouver qu'on ne peut rien prouver.

En effet, Necker n'avait prouvé qu'une chose, l'impossibilité où il se trouvait de continuer à gérer les finances. Monsieur de Calonne, lui, les accepta comme un fardeau trop léger pour ses épaules, et dès les premiers momens on peut dire qu'il plia sous le faix.

Que voulait monsieur Necker ? Des réformes. Ces réformes partielles épouvantaient tous les esprits. Peu de gens y gagnaient, et ceux qui y gagnaient y gagnaient peu de chose; beaucoup, au contraire, y perdaient et y perdaient trop. Quand Necker voulait opérer une juste répartition de l'impôt, quand il entendait frapper les terres de la noblesse et les revenus du clergé, Necker indiquait brutalement une révolution impossible. Il fractionnait la nation et l'affaiblissait d'avance quand il eût fallu concentrer toutes ses forces pour l'amener à un résultat général de rénovation.

Ce but, Necker le signalait et le rendait impossible à atteindre, par cela seulement qu'il le signalait. Parler d'une réforme d'abus à ceux qui ne veulent point que ces abus soient réformés, n'est-ce pas s'exposer à l'opposition des intéressés ? Faut-il prévenir l'ennemi de l'heure à laquelle on donnera l'assaut à une place ?

C'est ce que Calonne avait compris, plus réellement ami de la nation, en cela, que le Genévois Necker, plus ami, disons-nous, quant aux faits accomplis, car, au lieu de prévenir un mal inévitable, Calonne accélérait l'invasion du fléau.

Son plan était hardi, gigantesque, sûr ; il s'agissait d'entraîner en deux ans vers la banqueroute le roi et la noblesse, qui l'eussent retardée de dix ans ; puis la banqueroute étant faite, de dire : — Maintenant, riches, payez pour les pauvres, car ils ont faim et dévoreront ceux qui ne les nourriront pas.

Comment le roi ne vit-il pas tout d'abord les conséquences de ce plan ou ce plan lui-même ? Comment lui qui avait frémi de rage en lisant le compte-rendu, ne frissonna-t-il pas en devinant son ministre ? Comment ne choisit-il pas entre les deux systèmes, et préféra-t-il se laisser aller à l'aventure ? C'est le seul compte réel que Louis XVI, homme politique, ait à régler avec la postérité. C'était ce fameux principe auquel s'oppose toujours quiconque n'a pas assez de puissance pour couper le mal alors qu'il est invétéré.

Mais pour que le bandeau se soit épaissi de la sorte aux yeux du roi ; pour que la reine, si clairvoyante et si nette dans ses aperçus, se soit montrée aussi aveugle que son époux sur la conduite du ministre, l'histoire, on devrait plutôt dire le roman, c'est ici qu'il est le bienvenu, va donner quelques détails indispensables.

Monsieur de Calonne entra chez la reine.

Il était beau, grand de taille et noble de manières ; il savait faire rire les reines et pleurer ses maîtresses. Bien assuré que Marie-Antoinette l'avait mandé pour un besoin urgent, il arrivait le sourire sur les lèvres. Tant d'autres fussent venus avec une mine renfrognée pour doubler plus tard le mérite de leur consentement!

La reine aussi fut bien gracieuse, elle fit asseoir le ministre et parla d'abord de mille choses qui n'étaient rien.

— Avons-nous de l'argent, dit-elle ensuite, mon cher monsieur de Calonne?

— De l'argent? s'écria monsieur de Calonne, mais certainement, madame, que nous en avons, nous en avons toujours.

— Voilà qui est merveilleux, reprit la reine, je n'ai jamais connu que vous pour répondre ainsi à des demandes d'argent; comme financier vous êtes incomparable.

— Quelle somme faut-il à Votre Majesté? répliqua Calonne.

— Expliquez-moi d'abord, je vous en prie, comment vous avez fait pour trouver de l'argent là où monsieur Necker disait si bien qu'il n'y en avait pas?

— Monsieur Necker avait raison, madame, il n'y avait plus d'argent dans les coffres, et cela est si vrai que, le jour de mon avénement au ministère, le 5 novembre 1783, on n'oublie pas ces choses-là, madame, en cherchant le trésor public, je ne trouvai dans la caisse que deux sacs de douze cents livres. Il n'y avait pas un denier de moins.

La reine se mit à rire.

— Eh bien! dit-elle.

— Eh bien! madame, si monsieur Necker, au lieu de dire : Il n'y a plus d'argent, se fût mis à emprunter, comme je l'ai fait, cent millions la première année, et cent vingt-cinq la seconde; s'il était sûr, comme je le suis, d'un nouvel emprunt de quatre-vingt millions pour la troisième, monsieur Necker eût été un vrai financier : tout le monde peut dire : Il n'y a plus d'argent dans la caisse; mais tout le monde ne sait pas répondre: Il y en a.

— C'est ce que je vous disais; c'est sur quoi je vous félicitais, monsieur. Comment paiera-t-on? voilà la difficulté.

— Oh ! madame, répondit Calonne avec un sourire dont nul œil humain ne pouvait mesurer la profonde, l'effrayante signification, je vous réponds bien qu'on paiera.

— Je m'en rapporte à vous, dit la reine, mais causons toujours finances ; avec vous, c'est une science pleine d'intérêt ; ronce chez les autres, elle est un arbre à fruits chez vous.

Calonne s'inclina.

— Avez-vous quelques nouvelles idées, demanda la reine ; donnez-m'en la primeur, je vous en prie.

— J'ai une idée, madame, qui mettra vingt millions dans la poche des Français, et sept ou huit millions dans la vôtre ; pardon, dans la caisse de Sa Majesté.

— Ces millions seront les bienvenus ici et là. Par où arriveront-ils ?

— Votre Majesté n'ignore pas que la monnaie d'or n'a point la même valeur dans tous les Etats de l'Europe ?

— Je le sais. En Espagne, l'or est plus cher qu'en France.

— Votre Majesté a parfaitement raison, et c'est un plaisir que de causer finances avec elle. L'or vaut en Espagne, depuis cinq à six ans, dix-huit onces de plus par marc qu'en France. Il en résulte que les exportateurs gagnent sur un marc d'or qu'ils exportent de France en Espagne la valeur de quatorze onces d'argent à peu près.

— C'est considérable ! dit la reine.

— Si bien que, dans un an, continua le ministre, si les capitalistes savaient ce que je sais, il n'y aurait plus chez nous un seul louis d'or.

— Vous allez empêcher cela ?

— Immédiatement, madame ; je vais hausser la valeur de l'or à quinze marcs quatre onces, un quinzième de bénéfice. Votre Majesté comprend que pas un louis ne restera dans les coffres, quand on saura qu'à la Monnaie ce bénéfice est donné aux porteurs d'or. La refonte de cette monnaie se fera donc, et dans le marc d'or, qui contient aujourd'hui trente louis, nous en trouverons trente-deux.

— Bénéfice présent, bénéfice futur, s'écria la reine. C'est une idée charmante et qui fera fureur.

— Je le crois, madame, et je suis bien heureux qu'elle ait si complétement obtenu votre approbation.

— Ayez-en toujours de pareilles, et je suis bien certaine alors que vous paierez toutes nos dettes.

— Permettez-moi, madame, dit le ministre, d'en revenir à ce que vous désirez de moi.

— Serait-il possible, monsieur, d'avoir en ce moment...

— Quelle somme?

— Oh! beaucoup trop forte peut-être.

Calonne sourit d'une manière qui encouragea la reine.

— Cinq cent mille livres, dit-elle.

— Ah! madame, s'écria-t-il, quelle peur Votre Majesté m'a faite; j'ai cru qu'il s'agissait d'une vraie somme.

— Vous pouvez donc?

— Assurément.

— Sans que le roi...

— Ah! madame, voilà qui est impossible; tous mes comptes sont chaque mois soumis au roi; mais il n'y a pas d'exemples que le roi les ait lus, et je m'en honore.

— Quand pourrai-je compter sur cette somme?

— Quel jour Votre Majesté en a-t-elle besoin?

— Au cinq du mois prochain seulement.

— Les comptes seront ordonnancés le deux; vous aurez votre argent le trois, Madame.

— Monsieur de Calonne, merci.

— Mon plus grand bonheur est de plaire à Votre Majesté. Je la supplie de ne jamais se gêner avec ma caisse. Ce sera un plaisir tout d'amour-propre pour son contrôleur-général des finances.

Il s'était levé, avait salué gracieusement; la reine lui donna sa main à baiser.

— Un mot encore, dit-elle.

— J'écoute, Madame.

— Cet argent me coûte un remords.

— Un remords... dit-il.

— Oui. C'est pour satisfaire un caprice.

— Tant mieux, tant mieux... Sur la somme, alors, il y aura au moins moitié de vrais bénéfices pour notre industrie, notre commerce ou nos plaisirs.

— Au fait, c'est vrai, murmura la reine, et vous avez une façon charmante de me consoler, monsieur.

— Dieu soit loué ! madame ; n'ayons jamais d'autres remords que ceux de Votre Majesté, et nous irons droit au Paradis.

— C'est que, voyez-vous, monsieur de Calonne, ce serait trop cruel pour moi de faire payer mes caprices au pauvre peuple.

— Eh bien ! dit le ministre en appuyant avec son sourire sinistre sur chacune de ses paroles, n'ayons donc plus de scrupules, madame, car, je vous le jure, ce ne sera jamais le pauvre peuple qui paiera.

— Pourquoi? dit la reine surprise.

— Parce que le pauvre peuple n'a plus rien, répondi imperturbablement le ministre, et que là où il n'y a rien le roi perd ses droits.

— Il salua et sortit.

XXXIV.

ILLUSIONS RETROUVÉES. — SECRET PERDU.

A peine M. de Calonne traversait-il la galerie pour retourner chez lui, que l'ongle d'une main pressée gratta la porte du boudoir de la reine.

Jeanne parut.

— Madame, dit-elle, il est là.

— Le cardinal ? demanda la reine, un peu étonnée du mot *il*, qui signifie tant de choses prononcé par une femme.

Elle n'acheva pas. Jeanne avait déjà introduit M. de

Rohan et pris congé, en serrant à la dérobée la main du protecteur protégé.

Le prince se trouva seul à trois pas de la reine, à laquelle il fit bien respectueusement les saluts obligés.

La reine, voyant cette réserve pleine de tact, fut touchée ; elle tendit sa main au cardinal, qui n'avait pas encore levé les yeux sur elle.

— Monsieur, dit-elle, on m'a rapporté de vous un trait qui efface bien des torts.

— Permettez-moi, dit le prince en tremblant d'une émotion qui n'était pas affectée, permettez-moi, madame, de vous affirmer que les torts dont parle Votre Majesté seraient bien atténués par un mot d'explication entre elle et moi.

— Je ne vous défends point de vous justifier, répliqua la reine avec dignité, mais ce que vous me diriez jetterait une ombre sur l'amour et le respect que j'ai pour mon pays et ma famille. Vous ne pouvez vous disculper qu'en me blessant, monsieur le cardinal. Mais tenez, ne touchons pas à ce feu mal éteint, peut-être il brûlerait encore vos doigts ou les miens ; vous voir sous le nouveau jour qui vous a révélé à moi, obligeant, respectueux, dévoué...

— Dévoué jusqu'à la mort, interrompit le cardinal.

— A la bonne heure. Mais, fit Marie-Antoinette en souriant, jusqu'à présent, il ne s'agit que de la ruine. Vous me seriez dévoué jusqu'à la ruine, monsieur le cardinal ? C'est fort beau, bien assez beau. Heureusement, j'y mets bon ordre. Vous vivrez et vous ne serez pas ruiné, à moins que, comme on le dit, vous ne vous ruiniez vous-même.

— Madame...

— Ce sont vos affaires. Toutefois, en amie, puisque nous voilà bons amis, je vous donnerai un conseil : Soyez économe, c'est une vertu pastorale ; le roi vous aimera mieux économe que prodigue.

— Je deviendrai avare pour plaire à Votre Majesté.

— Le roi, reprit la reine avec une nuance délicate, n'aime pas non plus les avares.

— Je deviendrai ce que Votre Majesté voudra, interrompit le cardinal avec une passion mal déguisée.

— Je vous disais donc, coupa brusquement la reine, que vous ne seriez pas ruiné par mon fait. Vous avez répondu pour moi, je vous en remercie, mais j'ai de quoi faire honneur à mes engagemens; ne vous occupez donc plus de ces affaires qui, à partir du premier paiement, ne regarderont que moi.

— Pour que l'affaire soit terminée, madame, dit alors le cardinal en s'inclinant, il me reste à offrir le collier à Votre Majesté.

En même temps, il tira de sa poche l'écrin, qu'il présenta à la reine.

Elle ne le regarda même pas, ce qui accusait chez elle un bien grand désir de le voir, et tremblante de joie elle le déposa sur un chiffonnier, mais sous sa main.

Le cardinal essaya ensuite quelques propos de politesse qui furent très bien reçus, puis revint sur ce qu'avait dit la reine à propos de leur réconciliation.

Mais, comme elle s'était promis de ne pas regarder les diamans devant lui, et qu'elle brûlait de les voir, elle ne l'écouta plus qu'avec distraction.

Par distraction aussi elle lui abandonna sa main, qu'il baisa d'un air transporté. Alors il prit congé croyant gêner, ce qui la combla de joie. Un simple ami ne gêne jamais, un indifférent moins encore.

Ainsi se passa cette entrevue, qui ferma toutes les plaies du cœur du cardinal. Il sortit de chez la reine, enthousiasmé, ivre d'espérance, et prêt à prouver à madame de La Motte une reconnaissance sans bornes pour la négociation qu'elle avait si heureusement menée à bien.

Jeanne l'attendait dans son carrosse, cent pas en avant de la barrière; elle reçut la protestation ardente de son amitié.

— Eh bien! dit-elle, après la première explosion de cette gratitude, serez-vous Richelieu ou Mazarin? La lèvre autrichienne vous a-t-elle donné des encouragemens d'ambition ou de tendresse? Êtes-vous lancé dans la politique ou dans l'intrigue?

— Ne riez pas, chère comtesse, dit le prince; je suis fou de bonheur.

— Déjà !

— Assistez-moi, et dans trois semaines je puis tenir un ministère.

— Peste! dans trois semaines ; comme c'est long ; l'échéance des premiers engagemens est fixée à quinze jours d'ici.

— Oh ! tous les bonheurs arrivent à la fois : la reine a de l'argent, elle paiera ; j'aurai eu le mérite de l'intention, seulement. C'est trop peu, comtesse, d'honneur ! c'est trop peu. Dieu m'est témoin que j'eusse payé bien volontiers cette réconciliation au prix de cinq cent mille livres.

— Soyez tranquille, interrompit la comtesse en souriant, vous aurez ce mérite-là par-dessus les autres. Y tenez-vous beaucoup ?

— J'avoue que je le préférerais ; la reine devenue mon obligée...

— Monseigneur, quelque chose me dit que vous jouirez de cette satisfaction. Vous y êtes-vous préparé ?

— J'ai fait vendre mes derniers biens et engagé pour l'année prochaine mes revenus et mes bénéfices.

— Vous avez les cinq cent mille livres, alors ?

— Je les ai ; seulement, après ce paiement fait, je ne saurai plus comment faire.

— Ce paiement, s'écria Jeanne, nous donne un trimestre de tranquillité. En trois mois, que d'événemens, bon Dieu !

— C'est vrai ; mais le roi me fait dire de ne plus faire de dettes.

— Un séjour de deux mois au ministère vous mettra tous vos comptes au net.

— Oh ! comtesse...

— Ne vous révoltez pas. Si vous ne le faisiez pas, vos cousins le feraient.

— Vous avez toujours raison. Où allez-vous?

— Retrouver la reine, savoir l'effet qu'a produit votre présence.

— Très bien. Moi je retourne à Paris.

— Pourquoi ? Vous seriez revenu au jeu ce soir. C'est d'une bonne tactique ; n'abandonnez pas le terrain.

— Il faut malheureusement que je me trouve à un rendez-vous que j'ai reçu ce matin avant de partir.

— Un rendez-vous ?

— Assez sérieux, si j'en juge par le contenu du billet qu'on m'a fait tenir. Voyez...

— Une écriture d'homme! dit la comtesse.

Et elle lut :

« Monseigneur, quelqu'un veut vous entretenir du re-
» couvrement d'une somme importante. Cette personne se
» présentera ce soir chez vous, à Paris, pour obtenir l'hon-
» neur d'une audience. »

— Anonyme... Un mendiant.

— Non, comtesse, on ne s'expose pas de gaîté de cœur à être bâtonné par mes gens pour s'être joué de moi.

— Vous croyez ?

— Je ne sais pourquoi, mais il me semble que je connais cette écriture.

— Allez donc, monseigneur; d'ailleurs, on ne risque jamais grand chose avec les gens qui promettent de l'argent. Ce qu'il y aurait de pis, ce serait qu'ils ne payassent pas. Adieu, monseigneur.

— Comtesse, au bonheur de vous revoir.

— A propos, monseigneur, deux choses.

— Lesquelles ?

— Si, par hasard, il allait vous rentrer inopinément une grosse somme ?

— Eh bien ! comtesse ?

— Quelque chose de perdu ; une trouvaille ! un trésor !

— Je vous entends, espiègle, part à deux, voulez-vous dire ?

— Ma foi ! monseigneur...

— Vous me portez bonheur, comtesse ; pourquoi ne vous en tiendrais-je pas compte. Ce sera fait. L'autre chose à présent ?

— La voici. Ne vous mettez pas à entamer les cinq cent mille livres.

— Oh ! ne craignez rien.

Et ils se séparèrent. Puis le cardinal revint à Paris dans une atmosphère de félicités célestes.

La vie changeait de face pour lui en effet depuis deux heures. S'il n'était qu'amoureux, la reine venait de lui donner plus qu'il n'aurait osé espérer d'elle ; s'il était ambitieux, elle lui faisait espérer plus encore.

Le roi, habilement conduit par sa femme, devenait l'instrument d'une fortune que désormais rien ne pourrait arrêter. Le prince Louis se sentait plein d'idées ; il avait autant de génie politique que pas un de ses rivaux, il entendait la question d'amélioration, il ralliait le clergé au peuple pour former une de ces solides majorités qui gouvernent longtemps par la force et par le droit.

Mettre à la tête de ce mouvement de réforme la reine, qu'il adorait, et dont il eût changé la désaffection toujours croissante en une popularité sans égale : tel était le rêve du prélat, et ce rêve, un seul mot tendre de la reine Marie-Antoinette pouvait le changer en une réalité.

Alors, l'étourdi renonçait à ses faciles triomphes, le mondain se faisait philosophe, l'oisif devenait un travailleur infatigable. C'est une tâche aisée pour les grands caractères que de changer la pâleur des débauchés contre la fatigue de l'étude. Monsieur de Rohan fût allé loin, traîné par cet attelage ardent que l'on nomme l'amour et l'ambition.

Il se crut à l'œuvre dès son retour à Paris, brûla d'un coup une caisse de billets amoureux, appela son intendant pour ordonner des réformes, fit tailler des plumes par un secrétaire pour écrire des mémoires sur la politique de l'Angleterre, qu'il comprenait à merveille, et, depuis une heure au travail, il commençait à rentrer dans la possession de lui-même, lorsqu'un coup de sonnette l'avertit, dans son cabinet, qu'une visite importante lui arrivait.

Un huissier parut.

— Qui est là ? demanda le prélat.

— La personne qui a écrit ce matin à monseigneur.
— Sans signer?
— Oui, monseigneur.
— Mais cette personne a un nom. Demandez-le-lui.
L'huissier revint le moment d'après :
— Monsieur le comte de Cagliostro, dit-il.
Le prince tressaillit.
— Qu'il entre.
Le comte entra, les portes se refermèrent derrière lui.
— Grand Dieu! s'écria le cardinal, qu'est-ce que je vois?
— N'est-ce pas, monseigneur, dit Cagliostro avec un sourire, que je ne suis guère changé?
— Est-il possible... murmura monsieur de Rohan, Joseph Balsamo vivant, lui qu'on disait mort dans cet incendie. Joseph Balsamo...
— Comte de Fœnix, vivant, oui, monseigneur, et vivan plus que jamais.
— Mais, monsieur, sous quel nom vous présentez-vous alors... et pourquoi n'avoir pas gardé l'ancien?
— Précisément, monseigneur, parce qu'il est ancien et qu'il rappelle, à moi d'abord, aux autres ensuite, trop de souvenirs tristes ou gênans. Je ne parle que de vous, monseigneur; dites-moi, n'eussiez-vous pas refusé la porte à Joseph Balsamo?
— Moi! mais non, monsieur, non.
Et le cardinal, encore stupéfait, n'offrait pas même un siége à Cagliostro.
— C'est qu'alors, reprit celui-ci, Votre Éminence a plus de mémoire et de probité que tous les autres hommes ensemble.
— Monsieur, vous m'avez autrefois rendu un tel service...
— N'est-ce pas, monseigneur, interrompit Balsamo, que je n'ai pas changé d'âge, et que je suis un bien bel échantillon des résultats de mes gouttes de vie.
— Je le confesse, monsieur, mais vous êtes au-dessus de l'humanité, vous qui dispensez libéralement l'or et la santé à tous.

— La santé, je ne dis pas, monseigneur ; mais l'or... non, oh ! non pas...

— Vous ne faites plus d'or ?

— Non, monseigneur ?

— Et mais pourquoi ?

— Parce que j'ai perdu la dernière parcelle d'un ingrédien indispensable que mon maître, le sage Althotas, m'avait donné après sa sortie d'Egypte. La seule recette que je n'aie jamais eue en propre.

— Il l'a gardée.

— Non... c'est-à-dire oui, gardée ou emporté dans le tombeau, comme vous voudrez.

— Il est mort.

— Je l'ai perdu.

— Comment n'avez-vous pas prolongé la vie de cet homme, indispensable receleur de l'indispensable recette, vous qui vous êtes gardé vivant et jeune depuis des siècles, à ce que vous dites ?

— Parce que je puis tout contre la maladie, contre la blessure, mais rien contre l'accident qui tue sans qu'on m'appelle.

— Et c'est un accident qui a terminé les jours d'Althotas !

— Vous avez dû l'apprendre, puisque vous saviez ma mort, à moi.

— Cet incendie de la rue Saint-Claude, dans lequel vous avez disparu.

— A tué Althotas tout seul, ou plutôt le sage, fatigué de la vie, a voulu mourir.

— C'est étrange.

— Non, c'est naturel. Moi, j'ai songé cent fois à en finir de vivre à mon tour.

— Oui, mais vous y avez persisté, cependant.

— Parce que j'ai choisi un état de jeunesse dans lequel la belle santé, les passions, les plaisirs du corps me procurent encore quelque distraction ; Althotas, au contraire, avait choisi l'état de vieillesse.

— Il fallait qu'Althotas fît comme vous.

— Non pas, il était un homme profond et supérieur, lui ; de toutes les choses de ce monde, il ne voulait que la science. Et cette jeunesse au sang impérieux, ces passions, ces plaisirs, l'eussent détourné de l'éternelle contemplation ; monseigneur, il importe d'être exempt toujours de fièvre ; pour bien penser, il faut pouvoir s'absorber dans une somnolence imperturbable.

Le vieillard médite mieux que le jeune homme, aussi quand la tristesse le prend, n'y a-t-il plus de remède. Althotas est mort victime de son dévoûment à la science. Moi, je vis comme un mondain, je perds mon temps et ne fais absolument rien. Je suis une plante... je n'ose dire une fleur ; je ne vis pas, je respire.

— Oh ! murmura le cardinal, avec l'homme ressuscité, voilà tous mes étonnemens qui renaissent. Vous me rendez, monsieur, à ce temps où la magie de vos paroles, où le merveilleux de vos actions, doublaient toutes mes facultés, et rehaussaient à mes yeux la valeur d'une créature. Vous me rappelez les deux rêves de ma jeunesse. Il y a dix ans, savez-vous, que vous m'avez apparu.

— Je le sais, nous avons bien baissé tous deux, allez. Monseigneur, moi je ne suis plus un sage, mais un savant. Vous, vous n'êtes plus un beau jeune homme, mais un beau prince. Vous souvient-il, monseigneur, de ce jour où dans mon cabinet, rajeuni aujourd'hui par les tapisseries, je vous promettais l'amour d'une femme dont ma voyante avait consulté les blonds cheveux ?

Le cardinal pâlit, puis rougit tout à coup. La terreur et la joie venaient de suspendre successivement les battemens de son cœur.

— Je me souviens, dit-il, mais avec confusion...

— Voyons, fit Cagliostro en souriant, voyons si je pourrais encore passer pour un magicien. Attendez que je me fixe sur cette idée.

Il réfléchit.

— Cette blonde enfant de vos rêves amoureux, dit-il après un silence, où est-elle ? que fait-elle ? Ah ! parbleu ! je la vois ; oui... et vous-même l'avez vue aujourd'hui. Il y a plus encore, vous sortez d'auprès d'elle.

Le cardinal appuya une main glacée sur son cœur palpitant.

— Monsieur, dit-il si bas, que Cagliostro l'entendit à peine, par grâce...

— Voulez-vous que nous parlions d'autre chose, fit le devin avec courtoisie. Oh ! je suis bien à vos ordres, monseigneur. Disposez de moi, je vous prie.

Et il s'étendit assez librement sur un sofa que le cardinal avait oublié de lui indiquer depuis le commencement de cette intéressante conversation.

FIN DU DEUXIÈME VOLUME.

TABLE DES CHAPITRES.

I.	— Le bal de l'Opéra (suite)......................	1
II.	— Sapho..	8
III.	— L'académie de M. de Beausire..............	14
IV.	— L'ambassadeur.................................	28
V.	— MM. Bœhmer et Bossange..................	34
VI.	— A l'ambassade.................................	40
VII.	— Le marché.......................................	47
VIII.	— La maison du gazetier......................	54
IX.	— Comment deux amis deviennent ennemis...	66
X.	— La maison de la rue Neuve-Saint-Gilles.....	76
XI.	— La tête de la famille Taverney.............	88
XII.	— Le quatrain de M. de Provence............	95
XIII.	— La princesse de Lamballe..................	104
XIV.	— Chez la reine..................................	113
XV.	— Un alibi...	128
XVI.	— M. de Crosne..................................	139
XVII.	— La tentatrice..................................	146
XVIII.	— Deux ambitions qui veulent passer pour deux amours.................................	153
XIX.	— Où l'on commence à voir les visages sous les masques...............................	159
XX.	— Où M. Ducorneau ne comprend absolument rien à ce qui se passe.................	173
XXI.	— Illusions et réalités.........................	183
XXII.	— Où mademoiselle Oliva commence à se demander ce que l'on veut faire d'elle......	189

XXIII.	— La maison déserte	193
XXIV.	— Jeanne protectrice	200
XXV.	— Jeanne protégée	207
XXVI.	— Le portefeuille de la reine	216
XXVII.	— Où l'on retrouve le docteur Louis	222
XXVIII.	— Ægri somnia	229
XXIX.	— Où il est démontré que l'autopsie du cœur est plus difficile que celle du corps	236
XXX.	— Délire	245
XXXI.	— Convalescence	252
XXXII.	— Deux cœurs saignans	260
XXXIII.	— Un ministre des finances	268
XXXIV.	— Illusions retrouvées. — Secret perdu	274

FIN DE LA TABLE DU DEUXIÈME VOLUME.

CHEZ LES MÊMES ÉDITEURS.

BIBLIOTHÈQUE CONTEMPORAINE.

FORMAT IN-18 ANGLAIS.

1re SÉRIE A 3 FRANCS LE VOL

		VOL.
ALEX. DUMAS.	Le Vicomte de Bragelonne	6
—	Mém. d'un Médecin	5
—	Les Quarante-Cinq	3
—	Le Comte de Monte-Cristo	6
—	Le Capitaine Paul	1
—	Chev. d'Armental	1
—	Trois Mousquetaires	2
—	Vingt ans après	3
—	La Reine Margot	2
—	La Dame de Monsoreau	3
—	Jacques Ortis	1
—	Le Chev. de Maison Rouge	1
—	Georges	1
—	Fernande	1
—	Pauline et Pascal Bruno	1
—	Souvenirs d'Antony	1
—	Sylvandire	1
—	Le Maître d'armes	1
—	Fille du Régent	1
—	Guerre des femmes	2
—	Isabel de Bavière	2
—	Amaury	1
—	Cécile	1
—	Les Frères Corses	1
—	Impress. de Voyage.	
—	— Suisse	3
—	— Le Corricolo	2
—	— Midi de la France	1
—	Collier de la Reine	3
GEORGE SAND.	La Petite Fadette	1
E. DE GIRARDIN.	Études politiques	1
—	Quest. admínist. et financières	1
—	Le Pour et le Contre	1
—	Bon sens, bonne foi	1
—	Le Droit au travail au Luxembourg et à l'Assemblée nationale	2
EM. SOUVESTRE.	Un Philosophe sous les toits	1
—	Confes. d'un ouvrier	1
—	Derniers paysans	2
—	Chron. de la mer	1
—	Scènes de la Chouannerie	1
—	Dans la prairie	1
—	Les Clairières	1
—	Scènes de la vie intime	1
—	Le Foyer breton	2
—	Sous les filets	1
—	En Quarantaine	1
—	Histoires d'autrefois	1
—	Nouv. et romans	1
—	Derniers Bretons (s. presse)	2
PAUL FÉVAL.	Le Fils du diable	4
—	Myst. de Londres	2
—	Amours de Paris	2
L. VITET.	Les États d'Orléans	1
BAB. LARIVIÈRE.	Histoire de l'Assemblée nationale constituante	1
ALBERT AUBERT.	Les Illusions de jeunesse	1
F. LAMENNAIS.	La Société première	1

		VOL.
EUGÈNE SUE.	Les Sept Péchés capitaux	7
GAB. RICHARD.	Voy. autour de ma maîtresse	1
LOUIS REYBAUD.	Jérôme Paturot à la recherche de la meilleure des Républiques	4

IIe SÉRIE A 3 FRANCS LE VOL.

LAMARTINE.	Geneviève	1
—	3 mois au Pouvoir	1
JULES JANIN.	Hist. de la littérature dramatique	2
—	Contes d'été (s. pr.)	
—	Contes fantastiques et littéraires (s. p)	
PR. MÉRIMÉE.	Nouvelles (3e édit.)	1
—	Épisode de l'Hist. de Russie	
—	Les Deux Héritages	1
—	Études sur l'Hist. romaine	1
—	Mélanges historiques et littéraires (sous presse)	1
DE STENDHAL.	De l'Amour	1
—	Promen. dans Rome	2
—	Chartreuse de Parme	1
—	Rouge et Noir	1
CH. DE BERNARD.	Le Nœud Gordien	1
—	Gerfaut	1
—	Le Paravent	1
HENRI BLAZE.	Écrivains et Poëtes de l'Allemagne	1
—	Souv. et Récits des Camp. d'Autriche	1
—	Épisode de l'hist. du Hanovre (s. pr.)	
JOHN LEMOINNE.	Études critiques et biographiques	1
GUST. PLANCHE.	Portraits d'artistes	2
F. PONSARD.	Théâtre complet	1
—	Études antiques	1
EMILE AUGIER.	Poésies complètes	1
A. DE BROGLIE.	Études morales et littéraires	1
LOUIS REYBAUD.	Mœurs et Portraits	2
—	Jérôme Paturot à la recherche d'une position sociale	1
—	Nouvelles	1
—	Romans	1
—	La Comtesse de Mauléon	1
—	La Vie à rebours	1
—	Marines et voyages	1
Mme E. GIRARDIN	Marguerite	1
—	Nouvelles	1
—	Le Vicomte de Launay	1
—	Le marquis de Pontanges	1
ALPH. KARR.	Agathe et Cécile	1
—	Les Femmes	1
—	Soirées de Sainte-Adresse	
—	Raoul Desloges	1
—	Lettres écrites de mon jardin (s. p.)	
—	Au bord de la mer (sous presse)	1

		VOL.
TH. GAUTIER.	Les Grotesques	
—	De Paris à Constantinople (s. presse)	
—	En Grèce et en Afrique (s. presse)	
MÉRY.	Les Nuits anglaises	
—	Les Nuits italiennes	
DE PONTMARTIN.	Contes et Nouvelles	
OCT. FEUILLET.	Scènes et proverb.	
—	Bellah	
LÉON GOZLAN.	Hist. de 130 femmes	
—	Les Vendanges	
—	Nouvelles	
D'HAUSSONVILLE	Histoire de la politique extérieure du gouvernement franç. 1830-1848	
EUG. FOUCADE.	Études historiques	
HENRY MURGER.	Scèn. de la Bohème	
—	Scènes de la Vie de jeunesse	
—	Le pays Latin	
—	Scèn. de campagne	
—	Scènes de la vie de Théâtre (sous presse)	
CUVILL.-FLEURY	Portraits politiques et révolutionnaires (2e édit.)	
—	Portraits historiques et littéraires (sous presse)	
JULES SANDEAU.	Catherine	
—	Nouvelles	
—	Sacs et Parchemins	
—	Un Héritage	
E. TEXIER.	Critiques et Récits	
—	Contes et Voyages	
A. DUMAS FILS.	La Dame aux Camélias (3e édit.)	
—	Contes et Nouvelles	
—	La Vie à vingt ans	
—	Avent. de 4 femmes (sous presse)	
—	Antonine (s. presse)	
L. RATISBONNE.	L'enfer du Dante (trad. en vers, texte en regard)	
PAUL DELTUF.	Contes romanesq.	
P. DE MOLÈNES.	Caractères et Récits du temps	
—	Aventures du temps passé	
THÉOD. PAVIE.	Scènes et Récits des Pays d'outre-mer	
—	Études et Voyages (sous presse)	
CH. REYNAUD.	D'Athènes à Baalbek	
—	Épîtres, Contes et Pastorales	
HECT. BERLIOZ.	Les Soirées de l'orchestre	
F. DE CONCHES.	Léopold Robert	
L. P. D'ORLÉANS.	Mon Journal. Évèn.ements de 1815	
DE CROISFILLIEZ	Histoire de la Chute de Louis-Philippe (2e édit.)	
CHAMPFLEURY.	Contes vieux et nouveaux	
—	Les Excentriques	
EMILE THOMAS.	Hist. des Ateliers nationaux	

Paris. — Imprimerie de Mme Vve Dondey-Dupré, rue Saint-Louis, 46, au Marais.

www.ingramcontent.com/pod-product-compliance
Lightning Source LLC
Chambersburg PA
CBHW070739170426
43200CB00007B/582